高职高专土建专业"互联网+"创新规划教材

建筑工程经济

第四版

主　编◎张宁宁　查丽娟
副主编◎金巧兰　石　静
参　编◎李　艳　陆园园
　　　　冯乾飞　代庆斌
主　审◎刘　伟

内 容 简 介

本书突出职业教育特点，吸收工程经济研究领域的最新成果，体例新颖，案例丰富。全书共 9 章，主要内容有：绪论、工程经济分析的基本要素、资金时间价值与等值计算、投资方案的比较和选择、风险与不确定性分析、设备更新经济分析、建设项目的经济评价、价值工程、建设项目的可行性研究。各章均附有思维导图、导入案例、知识链接、特别提示及形式各异的复习思考题等，以达到学练同步的目的；同时，力求用案例说明知识点的应用，注重经济知识及其分析方法在建筑工程中的运用。

本书可作为高职高专建筑工程技术、工程造价、建设工程监理、建设工程管理、市政工程技术等专业的教材，也可作为注册建造师、注册监理工程师、注册造价工程师等有关技术人员的参考用书。

图书在版编目（CIP）数据

建筑工程经济/张宁宁，查丽娟主编. —4 版. —北京：北京大学出版社，2024.5
高职高专土建专业"互联网+"创新规划教材
ISBN 978-7-301-34868-0

Ⅰ. ①建… Ⅱ. ①张… ②查… Ⅲ. ①建筑经济学—工程经济学—高等职业教育—教材 Ⅳ. ①F407.9

中国国家版本馆 CIP 数据核字（2024）第 045501 号

书　　　名	建筑工程经济（第四版） JIANZHU GONGCHENG JINGJI（DI-SI BAN）
著作责任者	张宁宁　查丽娟　主编
策划编辑	刘健军　杨星璐
责任编辑	曹圣洁
标准书号	ISBN 978-7-301-34868-0
出版发行	北京大学出版社
地　　　址	北京市海淀区成府路 205 号　100871
网　　　址	http://www.pup.cn　新浪微博：@北京大学出版社
电子邮箱	编辑部 pup6@pup.cn　总编室 zpup@pup.cn
电　　　话	邮购部 010-62752015　发行部 010-62750672　编辑部 010-62750667
印刷者	河北文福旺印刷有限公司
经销者	新华书店
	787 毫米×1092 毫米　16 开本　15.75 印张　378 千字 2009 年 7 月第 1 版　2013 年 7 月第 2 版　2018 年 3 月第 3 版 2024 年 5 月第 4 版　2025 年 7 月第 3 次印刷（总第 44 次印刷）
定　　　价	49.00 元

未经许可，不得以任何方式复制或抄袭本书之部分或全部内容。
版权所有，侵权必究
举报电话：010-62752024　电子邮箱：fd@pup.cn
图书如有印装质量问题，请与出版部联系，电话：010-62756370

第四版前言

《建筑工程经济》自 2009 年 7 月出版以来，目前已出版至第四版。本书第三版连续入选"十三五"职业教育国家规划教材和"十四五"职业教育国家规划教材，获得河南省首届教材建设奖一等奖，并被评选为河南省职业教育优质教材。教材内容依据行业发展持续更新，始终紧跟国家职业教育教学要求、职业资格考试及行业岗位考试要求，表现形式紧密结合新时代融媒体技术，出版以来一直受到读者和教育同人的好评。

本书系统介绍了建筑工程经济的理论和实务，通过阐述建筑工程经济基本理论，演示经济评价方法、不确定性分析及价值工程，培养学生工程经济分析的能力，帮助项目投资者做出合理的投资决策。书中融入党的二十大精神，以实现职业教育育训结合的目标。积极顺应人工智能发展趋势，本书设置 AI 学伴，借助大语言模型技术实现 AI 对话式学习，同时提供 AI 伴学内容及提示词，引导学生利用生成式人工智能（GenAI）工具进行拓展学习。以教材内容为依据，开发全套在线教学资源，配套课程资源于 2023 年 12 月立项省级职业教育精品在线开放课程，上线"智慧职教 MOOC 学院"，进行资源全面开放共享。

本次改版主要依据 2023 年度专业技术人员职业资格考试更新内容，以及近年来职业院校对本书使用情况的实际需求和反馈，进行重新编排及撰写。全书共分 9 章，包括绪论、工程经济分析的基本要素、资金时间价值与等值计算、投资方案的比较和选择、风险与不确定性分析、设备更新经济分析、建设项目的经济评价、价值工程、建设项目的可行性研究。每章均配备思维导图、导入案例、知识链接、特别提示及复习思考题，相关知识点处设置职业资格考试真题及案例，重点掌握章节还设有综合实训，便于读者实践应用。

本书由河南建筑职业技术学院张宁宁、查丽娟任主编；河南建筑职业技术学院金巧兰、石静任副主编；河南建筑职业技术学院李艳、陆园园，中资锐诚工程项目管理有限公司冯乾飞，中鼎景宏工程管理有限公司代庆斌参编。全书由滨州职业学院刘伟主审。

本书在编写过程中，参考了国内外众多专家学者的工程经济专业研究成果及文献资料，在此谨向原作者表示衷心的感谢。本书虽经修订，但难免有不足之处，敬请广大读者朋友给予批评指正。

编 者

2024 年 1 月

资源索引

AI 伴学内容及提示词

AI 伴学工具：生成式人工智能工具，如 DeepSeek、Kimi、豆包、通义千问、文心一言、ChatGPT 等。

序号	AI 伴学内容	AI 提示词
1	第1章 绪论	举例介绍我国的伟大工程有哪些？
2		工程经济思维在大型项目中的重要性
3		地震灾区重建时，是快速盖低价房满足需求，还是提高标准保障长期安全？如何平衡"效率"与"人民生命安全"？
4		为什么说雄安新区建设是"千年大计"？从长期社会效益角度分析其经济性
5		如果一项工程能赚钱但污染环境，作为工程师该如何抉择？经济分析能否解决所有问题？
6	第2章 工程经济分析的基本要素	风险与收益一定是正比例关系吗？应该是什么关系？
7		企业在进行固定资产折旧计提时，可以选择哪些方法？
8		项目投资过程中发生的原材料采购、半成品或周转性材料的租赁费用应计入哪类成本中？
9		企业获取利润后，是否可以直接根据股份进行分红？
10		个人所得税的计算方法
11	第3章 资金时间价值与等值计算	现金的含义是什么？现金有哪些类型？
12		"时间就是金钱"这句话在工程经济中应如何理解？
13		银行存款、理财等业务中的利息计算方式有哪些？
14		房贷有的计算方法有哪些？
15		甲乙两人购房，同样的贷款金额、年利率、贷款时间，为什么他们每个月还款金额不同呢？
16		国家对银行存款利率的调整方式
17		什么是银行的"零存整取"业务？
18		"××宝""××通"等理财产品是如何计算利息的？什么是年化利率？
19	第4章 投资方案的比较和选择	施工企业在资金受限制时，如何对独立型方案进行优选？解释两种常用方法的核心逻辑
20		施工企业进行互斥型方案比选时，可选用哪几种评价方法？
21		施工项目投资方案的经济相关性受哪些因素影响？

续表

序号	AI 伴学内容	AI 提示词
22	第 4 章 投资方案的比较和选择	简述施工项目中互斥型方案比选的步骤，并说明寿命期不等时常用的处理方法
23		简述静态评价指标与动态评价指标的主要区别
24		施工项目互斥型方案比选需遵循哪两个关键步骤？若方案寿命期不等，常用的处理方法有哪些？
25		在施工方案评价中，IRR 指标的优缺点分别是什么？
26		在施工方案评价中，为何不能直接用 IRR 对互斥型方案进行排序？应如何正确比选？
27		简述投资方案相关性的影响因素，并举例说明施工项目中可能存在的互补型方案
28	第 5 章 风险与不确定性分析	投资中的风险能否消灭？风险产生的原因是什么？
29		建设项目中的原材料成本属于何种成本？
30		简述对建设项目进行敏感性分析的流程
31		如何用盈亏平衡点判断项目的盈利能力？
32		在项目投资中应如何合理规避风险？
33	第 6 章 设备更新经济分析	你有一台旧设备，运行速度变慢，但还能用，现在新型设备已经发布，你会选择立即更换还是继续使用？从经济角度（如沉没成本、机会成本、边际效益）进行分析
34		某建筑公司有一台使用 5 年的挖掘机，其维修费用逐年增加，新设备效率更高但价格昂贵，请用年费用法或净现值法做出决策
35		随着城市化进程中建筑设备的更新换代，大量淘汰的旧设备流向欠发达地区或二手市场，这会产生哪些经济和社会问题？
36		分析设备更新对就业结构的影响
37		如果你是一个小型施工队的老板，资金有限，你会选择租赁设备还是贷款购买？
38		分析税收优惠对设备更新净现值（NPV）的影响
39	第 7 章 建设项目的经济评价	在固定资产投资概略估算中，朗格系数法、生产能力指数法、设备系数法的适用场景有何区别？
40		如何根据项目阶段和行业特点选择合适的经济评价方法？
41		说明影子价格是如何修正市场失灵对项目经济性的影响的
42		某房地产项目流动比率>2，速动比率<1，资产负债率>60%，结合房地产项目的预售资金特点，提出项目优化建议
43		某化纤厂，若应税水污染物排放量年增 10%，如何计算环保税？
44		某房地产项目住宅销售收入 10 000 元/m^2，确定扣除项目金额。当增值额超过扣除金额 50%时，适用哪档税率？

续表

序号	AI 伴学内容	AI 提示词
45	第8章 价值工程	介绍一个采用双向型价值提升的工程建设案例
46		价值工程在绿色建筑产品中的应用有哪些？
47		如何利用价值工程对投标文件进行功能分析和价值评估，选择最优投标人？
48		在建筑工程中创新思维是如何打破传统思维模式的束缚，从而实现项目价值最大化的？介绍几个成功案例
49		结合建筑行业发展趋势与创新视角，提出建筑工程经济设计的头脑风暴框架
50		在建设工程中全面应用价值工程有哪些挑战和困难？如何克服？
51		介绍几个成功的建设项目功能目标成本管理案例
52	第9章 建设项目的可行性研究	编制一份开奶茶店的"迷你可行性研究"报告
53		共享单车公司如何决定在某个区域投放多少辆车？需考虑哪些数据？
54		某老旧小区改造项目需拆除违建，遭到部分居民反对，如何通过可行性研究平衡工程效率与群众满意度？
55		在沙漠建光伏电站虽发电量大，但可能破坏生态，如何通过可行性研究量化"环境成本"？
56		偏远山区修公路投资大、直接收益低，为何国家仍要推进？
57		京沪高铁盈利，但部分中西部高铁长期亏损，为何国家仍要建设中西部高铁？可行性研究中的"国家战略需求"如何体现？
58		通过农产品运输或旅游业，分析可行性研究中如何评估"间接效益"

目录

第1章 绪论 ······ 001
1.1 工程技术与经济的关系 ······ 002
1.2 工程经济学的研究对象和特点 ······ 004
1.3 工程经济分析的基本原则 ······ 006
本章小结 ······ 009
复习思考题 ······ 010

第2章 工程经济分析的基本要素 ······ 011
2.1 投资 ······ 012
2.2 成本与费用 ······ 017
2.3 收入、利润与税金 ······ 022
本章小结 ······ 028
复习思考题 ······ 028

第3章 资金时间价值与等值计算 ······ 031
3.1 现金流量 ······ 032
3.2 资金时间价值的含义与计算 ······ 034
3.3 资金等值计算及应用 ······ 040
本章小结 ······ 054
复习思考题 ······ 054

第4章 投资方案的比较和选择 ······ 057
4.1 投资方案的评价指标 ······ 058
4.2 投资方案的关系与分类 ······ 073
4.3 独立型方案的评价 ······ 076
4.4 互斥型方案的比较和分析 ······ 081
本章小结 ······ 091
复习思考题 ······ 091
综合实训 ······ 095

第5章 风险与不确定性分析 ······ 097
5.1 概述 ······ 098

5.2 盈亏平衡分析 099
5.3 敏感性分析 105
本章小结 110
复习思考题 111

第 6 章 设备更新经济分析 114

6.1 概述 115
6.2 设备的磨损及寿命期 119
6.3 设备原型更新和技术更新的经济分析 125
6.4 设备租赁分析 128
本章小结 132
复习思考题 133

第 7 章 建设项目的经济评价 135

7.1 概述 136
7.2 投资项目的财务评价 137
7.3 国民经济评价 168
本章小结 172
复习思考题 172
综合实训 175

第 8 章 价值工程 176

8.1 概述 178
8.2 价值、功能和寿命周期成本 179
8.3 工作程序 182
本章小结 203
复习思考题 203

第 9 章 建设项目的可行性研究 207

9.1 建设项目概述 208
9.2 可行性研究概述 209
9.3 可行性研究的内容 212
本章小结 218
复习思考题 218

附录 复利系数表 220

参考文献 239

第1章 绪　论

思维导图

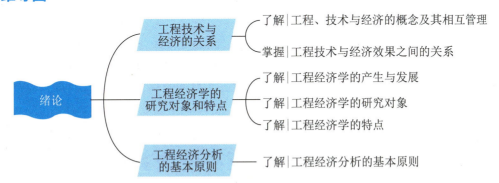

导入案例

港珠澳大桥是连接香港、珠海和澳门的特大型桥梁隧道结合工程,横跨珠江口伶仃洋海域,全长约55km。2008年7月29日,为加快港珠澳大桥项目进度,广东省、香港特别行政区、澳门特别行政区三地政府考虑由企业投资改为政府出资,以收费还贷的方式建设项目。

港珠澳大桥从设计到建成耗资约1 200亿元,建设中涉及的技术中国只掌握35%,荷兰和丹麦掌握50%,还有15%是全世界都需要突破的技术难题。港珠澳大桥建设前后实施了300多项课题研究,创新项目超过1 000个,创建工法40多项,形成62份技术标准,创造600多项专利技术,攻克了人工岛快速成岛、深埋沉管结构设计、隧道复合基础等十余项世界级技术难题。

如港珠澳大桥这样的大型工程项目,其决策必须经过系统论证、科学研究、技术攻关、方案比较、逐步完善的过程。只有对工程理念、工程的社会经济影响、工程资源的投入与运作、工程利益相关者的关系、工程规划和设计、工程的管理组织体系进行透彻分析,工程才能顺利实施和运营。

1.1 工程技术与经济的关系

工程经济学是一门把工程与经济有机结合在一起的学科。要了解工程经济学,首先应该弄清楚什么是工程,什么是经济,两者之间有什么关系。

1.1.1 工程

工程(engineering)是指按一定的计划,应用科学知识使各种资源最佳地为人类服务而进行的工作,如建筑、水利、开矿等。它的目的是将自然资源转变为有益于人类的产品,它的任务是应用科学知识解决生产和生活中存在的问题,来满足人们的需要。

工程不同于科学,也不同于技术,它是人们综合应用科学理论和技术手段去改造客观世界的具体实践活动,以及所取得的实际成果。在长期的生产和生活实践中,人们根据数学、物理学、化学、生物学等自然科学和经济、地理等社会科学理论,并应用各种技术手段去研究、开发、设计、制造产品或解决工艺使用等方面的问题,逐渐形成了门类繁多的专业工程,如机械工程、土木工程、航空航天工程等。而一项工程能被人们所接受,必须具备两个前提,即技术的可行性和经济的合理性。

1.1.2 技术

技术(technology)是人类在利用自然和改造自然的过程中积累起来并在生产劳动中体现出来的经验和知识。或者说,技术是生产和生活领域中,运用各种科学所揭示的客观规律,进行各种生产和非生产活动的技能,以及根据科学原理改造自然的一切方法。

技术与科学常被视为一体,但严格来说,科学和技术是有着根本区别的。科学是人类在探索自然和社会现象的过程中对客观规律的认识和总结,是发现;而技术是人类活动的技能和人类在改造自然的过程中采用的方法、手段,是创造和发明。要实现资源向产品或服务的转变,必须依赖一定的技术。因此,人们总在期盼着用先进的工程技术,达到投入少、产出多的目的。也因此,人们不断地学习、不断地创新,以期实现日常生活中的理想和愿望。

> **特别提示**
>
> 对技术内涵的理解,实际上存在随着经济社会的不断发展而逐渐深入和完善的一个过程,这一过程也反映出技术在人类社会发展历程中的重要性在不断增强。

1.1.3 经济

经济(economy)一词在我国古代有"经邦济世""经国济民"的意义,是治理国家、拯救庶民的意思,与现代的"经济"含义不同。现代汉语中使用的"经济"一词,是19世纪后半叶,由日本学者从英语"economy"翻译而来的。经济是一个多义词,通常有下列几方面的含义。

(1) 经济指生产关系。经济是人类社会发展到一定阶段的社会经济制度,是生产关系的总和,是政治和思想意识等上层建筑建立起来的基础。

(2) 经济指一国国民经济的总称,或指国民经济的各部门,如工业经济、农业经济、商业经济等。

(3) 经济指社会生产和再生产,即物质资料的生产、交换、分配、消费的现象和过程。

(4) 经济指节约或节省。在经济学中,经济的含义是从有限的资源中获得最大的利益。

工程经济学所研究的主要是人、财、物、时间等资源的节约和有效利用,以及技术经济决策所涉及的经济问题。任何工程项目的建设都伴随着资源的消耗,同时经历研究、开发、设计、建造、运行、维护、销售、管理等过程。工程实践活动必将产生经济效果、社会效果,以及对生态、环境产生影响,如何以最少的耗费达到较优的经济效果,这正是工程经济学研究的目的。

> **特别提示**
>
> 当"经济"一词用在不同的情境时,其内涵往往有较大的差别。因此要注意"经济"一词的用法和使用环境,以便正确理解其内涵。

1.1.4 工程技术与经济

技术和经济的关系十分密切,不可分割。发展经济所进行的活动必须运用一定的技术手段，而任何技术手段的运用都必须消耗或占用人力、物力和财力等资源。所以，技术与经济二者相互促进，是始终并存的两个方面。经济发展是技术进步的动力和方向，而技术进步是推动经济发展、提高经济效益的重要条件和手段。社会物质文化需要的满足、国民经济的发展都必须依靠技术的进步和应用。

技术与经济的不同特性，使它们在一定的背景下，又具有相互制约和矛盾的一面，具体表现在以下方面。

(1) 技术研究、开发、应用与经济可行性的矛盾。缺乏足够的资金，就不能进行重大领域的科学研究或引进、消化他人的先进技术为己所用。直接来看，这是经济对技术的制约；从后果来看，这将使技术与经济陷入双重落后的困境。

(2) 技术先进性与适用性的矛盾。技术的先进性反映技术的水平和创新程度，这是科研部门所追求的；技术的适用性则表示技术适应使用者的生产与市场需要的程度，这是企业所要求的。先进的技术不一定适用，适用的技术不一定先进。人们固然希望技术越先进越好，但技术只有在对使用者适用、为使用者掌握、具有增值的使用价值时，才会受到青睐，否则就不可能发挥先进性的作用，并将在闲置中随科技进步与经济环境的变化而贬值。特别是在市场经济条件下，技术成为商品，如果技术的研究与开发脱离了市场需求，就不可能实现其自身价值与使用价值。

(3) 技术效益的滞后性及潜在性与投资者渴望现实盈利的矛盾。技术成果的应用会带来超额利润，但其应用有一个消化、吸收、创新的过程，不一定会立竿见影带来效益；而投资者期望尽快得到资金回报，从而可能将资金转为他用，使技术得不到应用。投资者当然也可能由于舍弃先进技术的应用而造成机会成本损失。

(4) 技术研究开发应用效益与风险的矛盾。技术研究开发应用的效益与风险是并存的，研究开发应用成功，研发者往往因掌握了技术与市场的领先优势而赢得超额利润。但研究开发应用过程也充满风险，包括技术选择失策、开发失败、时机滞后、技术供求关系变化、竞争失利、技术应用达不到预期效益等。有时人们畏于风险而放弃新技术的开发应用，因此失去了获得效益的机遇。

(5) 技术研究开发应用成本与新增效益的矛盾。技术越先进，往往付出的代价越高，从而出现支付成本与预期效益的矛盾。先进技术开发应用的成本一定要低于预期效益，否则再先进的技术也难以推广应用。

1.2 工程经济学的研究对象和特点

工程经济学的发展史

1.2.1 工程经济学的产生与发展

1. 萌芽与形成(1887—1930 年)

美国的土木工程师亚瑟·M. 惠灵顿被公认为是最早探讨工程经济问题的人物。他于 1887 年出版了《铁路布局的经济理论》一书，是工程经济学产生的重要标志。

2. 发展(1930 年以后)

第二次世界大战之后，工程经济学受凯恩斯主义经济理论的影响，研究内容从单纯的工程经济费用效益分析扩大到市场供求和投资分配领域，从而取得了重大进展。到了 1930 年，E.L. 格兰特教授出版了《工程经济学原理》教科书，奠定了经典工程经济学的基础。1982 年，J.L. 里格斯出版了《工程经济学》，把工程经济学的学科水平向前推进了一大步。近代工程经济学的发展侧重于用概率统计进行风险性、不确定性分析等新方法的研究以及非经济因素的研究。

我国对工程经济的研究始于 20 世纪 50 年代。20 世纪 80 年代以后工程经济学在我国的发展才真正走上正轨。随着改革开放的推进，工程经济学的原理和方法已在经济建设宏观与微观的项目评价中得到广泛应用；对工程经济学学科体系、理论和方法、性质与对象的研究也十分活跃；有关工程经济的投资理论、项目评价等著作和文章大量出现，逐步形成了有体系的、符合我国国情的工程经济学。

1.2.2 工程经济学的研究对象

工程经济学的研究对象是工程项目技术经济分析的最一般方法，即研究采用何种方法、建立何种方法体系，才能正确评估工程项目的有效性，找到技术与经济的最佳结合点。

工程经济学从技术的可行性和经济的合理性出发，运用经济理论和定量分析方法，研究工程技术投资和经济效益的关系。例如，各种技术在使用过程中，如何以最小的投入取得最大的产出；如何用最低的寿命周期成本实现产品、作业或服务的必要功能。工程经济学不研究工程技术原理与应用本身，也不研究影响经济效果的各种因素自身，而是研究这些因素对工程项目产生的影响，研究工程项目的经济效果，具体内容包括工程项目的资金筹集、经济评价、优化决策，以及风险性和不确定性分析等。

1.2.3 工程经济学的特点

工程经济学以自然规律为基础而不研究自然规律本身，以经济科学作为理论指导和方法论而不研究经济规律。它是在尊重客观规律的前提下，对工程方案的经济效果进行分析和评价，从经济的角度为工程技术的采用和工程建设提供决策依据。工程经济学具有如下特点。

(1) 综合性。工程经济学横跨自然科学和社会科学两大类。工程技术的经济问题往往是多目标、多因素的，因此，工程经济学研究的内容也涉及技术、经济、社会与生态等多种因素。

(2) 实用性。工程经济学的研究对象来源于生产建设实际，其分析和研究成果直接用于建设与生产，并通过实践来验证分析结果的正确性。

(3) 定量性。工程经济学以定量分析为主，对难以定量的因素也要予以量化估计，用定量分析结果为定性分析提供科学依据。

(4) 比较性。工程经济分析通过经济效果的比较，从许多可行的技术方案中选择最优方案或满意的可行方案。

(5) 预测性。工程经济分析是对将要实现的技术政策、技术措施、技术方案进行事先的分析评价。

综上所述，工程经济学具有很强的技术和经济的综合性、技术成果的实用性、方案分析的定量性和方案差异的比较性、对未来的预测性等特点。

1.3 工程经济分析的基本原则

1.3.1 选择替代方案的原则

无论在什么情况下，要解决技术经济问题，都必须进行方案比较，而方案比较必须要有能解决统一问题的"替代方案"。所谓替代方案就是在做方案选择时，供做比较的或相互进行经济比较的一个或若干个方案。由于替代方案在方案比较中占有重要地位，因此，在选择和确定替代方案时应遵循"无疑、可行、准确、完整"的原则。无疑就是对实际上可能存在的替代方案都要很好地考虑；可行就是只考虑技术上可行的替代方案；准确就是从实际情况出发，选好、选准替代方案；完整就是指方案之间的比较必须是完整地相比较，而不是只比较方案的某个部分。

1.3.2 方案的可比性原则

为了使方案比较的结论合理、正确、切合实际，工程经济分析时要遵循方案的可比性原则，即满足需要可比原则、消耗费用可比原则、价格可比原则、时间可比原则、指标上的可比原则。

1. 满足需要可比原则

满足需要可比原则是指相比较的各个技术方案满足同样的社会实际需要。它包括产量可比、产品质量可比、功能可比几方面。

(1) 各种技术方案要满足产量(即生产规模)上的可比。

产量可比是指各技术方案实际满足社会需要的产品产量相等。当产量不等但差别不显著时，可将单位产品投资额和单位产品经营成本相比较；当产量不等且差别显著时，可重复建设一个方案再进行比较。

(2) 各种技术方案要满足产品质量(包括品种)上的可比。

如果对比技术方案的产品质量不同，应做质量可比的修正计算，就是将质量的差异换算成可比的产品质量，如采用产品使用效果系数的计算比较。例如，日光灯和白炽灯两种灯具方案，不能用数量互相比较，而应在相同的照度下进行比较。

(3) 各种技术方案要满足功能上的可比。

使用价值上的等同化是方案比较的共同基础，只有具备相同使用价值的方案，才能进行相互比较、相互替代。例如，住宅建筑就不能与工业厂房相比，旅馆就不能与体育馆相比，因为它们的功能不同，使用价值也不同。

2. 消耗费用可比原则

消耗费用可比原则是指在计算和比较费用指标时，不仅要计算和比较方案本身的各种费用，还应考虑相关费用，并且应采用统一的计算原则和方法来计算各种费用。

(1) 技术方案的消耗费用必须从社会全部消耗的角度，运用综合的、系统的观点和方法来计算。

根据这一要求，技术方案的消耗费用计算范围不仅包括实现技术方案本身直接消耗的费用，而且应包括与实现方案密切相关的纵向和横向的相关费用。例如，修建一座混凝土搅拌站的目的是向用户提供混凝土，因此，其消耗费用不仅要计算搅拌站本身的建设和生产费用，还要计算与之纵向相关的原材料的采购、运输费用和成品送至用户的运输等各项费用。又如，居住小区建设，除主要工程(住宅)的耗费外，还包括配套工程等的耗费，故在进行小区建设方案比较时，应将各方案主要工程的耗费和配套工程的耗费合并计算。

(2) 技术方案的消耗费用必须包括整个寿命周期内的全部费用。也就是说，既要计算实现方案的一次性投资费用，又要计算方案实现后的经营或使用费用。

(3) 计算技术方案的消耗费用时，还应统一规定费用结构和计算范围(如估算基本建设投资应包括固定资产和流动资金)；采用统一的计算方法，即指各项费用的计算方法、口径应一致(如对投资和生产成本的估算方法应采用相同的数学公式)；关于费用的计算基础数据要一致，就是指各项费用所采用的费率和价格应取一致。因此，还要求技术方案在价格上有可比性。

3. 价格可比原则

价格可比原则是指在对技术方案进行经济计算时，必须采用合理的、一致的价格。每个技术方案的消耗费用或创造的收益都是按价格来计算的。价格上的可比，就是要采用相应时期的统一价格指标，即应采用同一地区、同一时期的价格水平，否则就应该进行换算或调整。

4. 时间可比原则

经济寿命不同的技术方案在进行比较时，应采用相同的计算期作为基础。另外，技术方案在不同时期内发生的效益与费用，不能直接相加，必须考虑时间因素。技术方案的经济效果除了数量概念外，还有时间概念。时间上的可比，就是要采用相同的计算期，并考虑资金时间价值的影响。

5. 指标上的可比原则

每个技术方案的经济效果评价，都是通过建立评价指标以其计算值来进行的。指标上的可比，就是使设置的指标体系中所包含的内容、内涵统一，计算的方法、口径、规则一致等。

1.3.3 社会主义制度下经济效果的评价原则

经济效果就是技术方案实现后所取得的劳动成果(产出)与所消耗的劳动(投入)之间的比较。这里的劳动成果是指满足社会需要的劳务和产品。消耗的劳动包括实际劳动和其他有用物品的消耗。这里强调一下经济效益的含义：经济效益，可以理解为有益的经济效果，也就是在实际上取得属于经济方面的效益。在项目的经济评价中，所有的经济指标应以经济效益为主，但项目方案往往在项目实现之前已进行评价，即事前评价，此时，项目的经济效果一般可以与经济效益通用。社会主义制度下经济效果的评价原则，主要体现在以下几个方面。

(1) 坚持社会主义生产的目的，以最小的劳动消耗满足社会需求。
(2) 局部经济效果服从整体经济效果。
(3) 当前经济效果与长远经济效果相协调。
(4) 经济效果与其他社会效果相一致。

拓展讨论

党的二十大报告提出，坚持和完善社会主义基本经济制度，毫不动摇巩固和发展公有制经济，毫不动摇鼓励、支持、引导非公有制经济发展，充分发挥市场在资源配置中的决定性作用，更好发挥政府作用。

1. 经济的含义是什么？
2. 上网查阅资料，哪些实际工程的建设体现了中国特色社会主义基本经济制度的优越性？

综合应用案例

从 109 亿元到 69 亿元——镇海炼化的投资方案制定

浙江镇海炼油化工股份有限公司(以下简称镇海炼化)原是一家年加工原油 800 万吨、年产化肥 50 万吨的国有石油化工联合企业，现在是中国最大的炼化一体化企业。然而在世纪之交时，为了进一步与国际大公司论伯仲、比高低，他们决心在短短七八年时间里，在国家不注入资金的情况下，依靠自身的努力，再上一个 800 万吨炼油工程，以跻身世界炼油企业百强之列。

目标确定了，路该怎样走？最初的方案是投资 109 亿元，在老厂边上再建一个具有 12 套装置的新厂。方案送到了国家相关部门。根据权威评估，新建一个 800 万吨炼油厂，一般需要投资近 200 亿元，所以有关人士认为这一方案已十分优化，很了不起。但紧接着，镇海炼化根据原油市场新的发展趋势，对原方案仔细推敲，结果将投资从 109 亿元压缩到 98 亿元。相关部门认为他们在节约投资方面已动足了脑筋，而且主要经济指标均优于原方案，因此决定批准立项。

在旁人看来，项目被国家立项，已经是天大的喜事。然而出人意料的是，镇海炼化又把自己费了一年多心血编制的方案否定了。否定的直接原因是资金问题。这笔巨额贷款很难完全争取到,即使全部得到,这么沉重的还贷包袱背在企业身上,将使企业很难谈得上有什么效益,更不要说在国际市场上具有竞争力了。另一层考虑是,等新厂建成时,市场如果发生了变化,又该怎么办?国有大中型企业这样铺新摊子,结果造成浪费的事例并不少见。作为一个在国际市场上参与竞争的现代企业,不能不考虑投资效益,不能不三思而后行。

企业领导曾几度赴国外考察,从国际著名的埃克森美孚、阿莫科等石化大公司的发展史中总结出,他们都是通过对旧装置的改造更新、消除"瓶颈"才逐步发展成大型跨国公司的。

新思路就这样产生于一系列的设问之中。镇海炼化请来全国石化系统的专家们,反复论证、反复测算,一个全新的、科学的方案诞生了。新方案只需投资69亿元,而第一期工程只需向国内银行贷款十几亿元,2001年可基本还清;第二期工程则完全依靠自有资金滚动发展就可实现。

这是一次建立在严谨的科学态度之上的大胆探索。行业内的权威专家经过多方论证,都认为此方案"思路对头,技术可行"。

1996年8月,国务院总理办公会议通过了这一方案;9月,国家相关部门批准了这一项目的可行性研究报告。中国石化总公司高度评价了镇海炼化的这一新方案。中国石化总公司总经理认为,"照镇海炼化的经验,中国20世纪内乃至21世纪初,不再新建炼油厂和原油一次加工装置,通过走内涵发展的路子,同样可以实现作为支柱产业的国家炼油工业的战略目标"。

【案例评析】

本案例运用了3种基本原则进行方案优化:①通过对原方案的不断修改,将资金由原来的109亿元优化到69亿元,正是运用了选择替代方案的原则;②企业领导赴国外考察,对比国际著名石化大公司,从而体现了方案的可比性原则;③经济效果就是技术方案实现后所取得的投入与产出之间的比较,新方案第一期工程需向国内银行贷款十几亿元,2001年可基本还清,第二期工程则完全依靠自有资金滚动发展就可实现,坚持了社会主义生产的目的,以最小的劳动消耗满足社会需求,且国家相关部门也完全同意此方案,实现了局部经济效果服从整体经济效果,符合社会主义制度下经济效果的评价原则。

本 章 小 结

本章讲述了工程经济的基础知识,主要有工程技术与经济的相互关系,工程经济学的研究对象与工程经济学的特点,工程经济分析的基本原则。

工程经济学是技术与经济的边缘学科,弄清技术与经济之间的关系非常重要。工程经济学的研究对象是工程项目技术经济分析的最一般方法,只有清楚本学科研究的内容,才能正确评估工程项目的有效性,找到技术与经济的最佳结合点。工程经济分析的基本原则是重中之重,是指导我们如何进行方案技术经济分析的基础。工程经济分析主要有3种基本原则:选择替代方案的原则,方案的可比性原则,社会主义制度下经济效果的评价原则。

复习思考题

一、单项选择题

1. 工程经济学产生标志是（　　）。
   A.《工程经济学原理》的出版　　B.《铁路布局的经济理论》的出版
   C.《工程经济学》的出版　　　　D.《工程经济理论》的出版
2. 工程经济分析在比较时要遵循的原则是（　　）。
   A. 重要性原则　　　　　　　　B. 价格可比原则
   C. 一贯性原则　　　　　　　　D. 定量的经济分析原则

二、多项选择题

1. 经济的含义有（　　）。
   A. 生产关系　　B. 国民经济总称　　C. 社会生产和再生产
   D. 节约或节省　　E. 资源
2. 社会主义制度下经济效果的评价原则，主要体现在（　　）。
   A. 当前经济效果与长远经济效果相协调
   B. 局部经济效果服从整体经济效果
   C. 坚持社会主义生产的目的，以最小的劳动消耗满足社会需求
   D. 经济效果与其他社会效果相一致
   E. 有可供比较的代替方案
3. 工程经济学的特点有（　　）。
   A. 技术性　　B. 经济性　　C. 预测性
   D. 实用性　　E. 比较性
4. 工程经济分析的基本原则有（　　）。
   A. 方案的可比性原则　　　　B. 经济合理性原则
   C. 技术先进性原则　　　　　D. 选择替代方案的原则
   E. 重要性原则

三、简答题

1. 简述工程、技术与经济的概念及相互关系。
2. 简述工程经济学的特点。
3. 简述工程经济学的研究对象。
4. 工程经济学的研究内容包括哪些？
5. 工程经济分析的基本原则是什么？

在线答题

第 2 章　工程经济分析的基本要素

思维导图

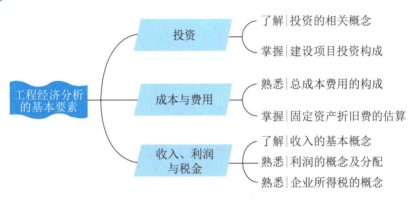

导入案例

房地产企业进行投资开发初期，一定会考虑提前做投资测算，比如测算开发项目的销售收入、开发成本和费用、需缴纳税金、项目总投资等。这些概念都属于经济学中的基本经济要素。

2.1 投　　资

2.1.1　投资的概念及构成

1. 投资的概念

在经济生活中，人们往往希望通过各种合法的手段，不断增加自身的财富或赚取利润，以满足未来的消费。这里经常会碰到或使用"投资"这一名词。那么什么是投资呢？在商品经济社会中，投资是普遍存在的经济现象，很多情况下，人们往往把能够带来报酬的支出行为称为投资。

投资是工程经济分析中重要的经济概念。广义的投资是指一切为了获得收益或避免风险而进行的资金经营活动；狭义的投资是指投资主体为了实现盈利或避免风险，通过各种途径投放资金的活动，也就是指以一定的资源(如资金、人力、技术、信息等)投入某项计划或工程，以获取所期望的报酬。

2. 建设项目投资构成

建设项目总投资是指为完成工程项目建设并达到使用要求或生产条件，在建设期内预计或实际投入的总费用。对工程建设项目来说，项目全过程主要包括两个阶段，即建设阶段及使用经营阶段，因此建设项目总投资由建设投资、建设期利息和流动资金三大部分构成。其中建设投资和建设期利息共同组成了固定资产投资，而流动资金形成了流动资产投资。建设项目总投资构成如图2.1所示。

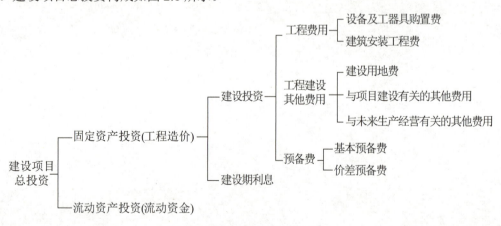

图 2.1　建设项目总投资构成图

(1) 建设投资由工程费用、工程建设其他费用、预备费组成。

① 工程费用是指建设期内直接用于工程建造、设备购置及其安装的费用,包括设备及工器具购置费和建筑安装工程费。

设备及工器具购置费是指购置或自制的达到固定资产标准的设备、工器具及生产家具等所需要的费用。设备及工器具购置费由设备原价、工器具原价和运杂费(包括设备成套公司服务费)组成。

建筑安装工程费可分为建筑工程费和安装工程费。建筑工程是指各种建筑物、构筑物的建造工程,如各种房屋、设备基础、为施工而进行的建筑场地的布置、原有建筑物和障碍物的拆除、平整土地以及建筑场地的清理和绿化等。所谓建筑工程费是指直接构成固定资产实体的各种工程费,它是建设项目投资的主要部分,所占的投资比例很大。安装工程是指永久性的需要安装设备的装配与装置工程,包括给排水、电气照明、空调通风、弱电设备及电梯和试验等各种需要安装的机械设备的装配与装置工程,与设备相连的工作台、梯子等装设工程,附属于被安装设备的管线铺设工程,被安装设备的绝缘、保温与油漆等工程,以及为测定安装工程质量而对单个设备进行的试车工作。以上工程中费用的投入,就是安装工程费。

如按照费用构成要素划分,建筑安装工程费则由人工费、材料(包含工程设备,下同)费、施工机具使用费、企业管理费、利润、规费和税金(增值税)组成。其中人工费、材料费、施工机具使用费、企业管理费和利润包含在分部分项工程费、措施项目费、其他项目费中。

建筑安装工程费组成如图 2.2 所示。

② 工程建设其他费用是指建设期发生的与土地使用权取得、整个工程项目建设以及未来生产经营有关的费用。工程建设其他费用可分为三类:第一类是建设用地费,包括土地征用及迁移补偿费和土地使用权出让金;第二类是与项目建设有关的其他费用,包括建设管理费、勘察设计费、研究试验费等;第三类是与未来生产经营有关的其他费用,包括专利及专有技术使用费、联合试运转费、生产准备费、办公及生活家具购置费。

③ 预备费,又称不可预见费,是为保证工程顺利进行,避免不可预见因素(如在可行性研究及投资估算、初步设计概算时难以预料的工程的费用,一般自然灾害造成的损失和预防自然灾害所采取的措施费用,工程建设阶段人工费、材料费、施工机具使用费和设备及工器具购置费价格有所调整等)造成投资不足而预先安排的一笔费用,包括基本预备费和价差预备费。

(2) 建设期利息,也称为资本化利息。建设期利息是指在建设期内应计的利息和在建设期内为筹集项目资金发生的费用。其包括各类借款利息、债券利息、贷款评估费、国外借款手续费及承诺费、汇兑损益、债券发行费用及其他债务利息支出或融资费用。

(3) 流动资金。流动资金是指为进行正常生产运营,用于购买原材料、燃料和支付工资及其他运营费用等所需的周转资金。在可行性研究阶段用于财务分析时,指的是全部流动资金;在初步设计及以后阶段用于计算"项目报批总投资"或"项目概算总投资"时,指的是铺底流动资金。铺底流动资金是指生产性建设项目为保证生产和经营正常进行,按规定应列入建设项目总投资的铺底流动资金,一般按流动资金的 30%计算。

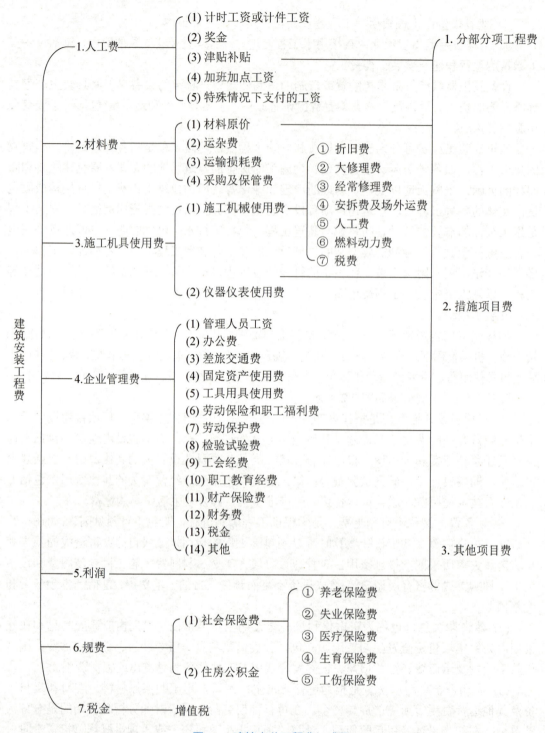

图 2.2 建筑安装工程费组成图

投产第一年所需的流动资金应在技术方案投产前安排，为了简化计算，技术方案经济效果评价中流动资金可从投产第一年开始安排。在整个项目寿命期结束时，全部流动资金才能退出生产与流通，以货币资金的形式被回收。

2.1.2 投资的特征

投资的特征主要表现在以下 4 个方面。

(1) 投资的目的在于得到报酬。投资活动以牺牲现在价值为手段，以赚取未来价值为目标。未来价值超过现在价值，投资者方能得到回报。投资的报酬可以是各种形式的收入(如利息、股息)，可以是价格变动的资本获利，也可以是本金的增值，还可以是各种财富的保值或权益的获得。

(2) 投资具有时间性。即投入的价值或牺牲的消费是现在的，而获得的价值或消费是将来的，也就是说，从现在支出到将来获得报酬，在时间上总要经过一定的间隔。这表明投资是一个行为过程，这个过程越长，未来报酬的获得越不稳定，风险就越大。

(3) 投资具有风险性。投资是一种有目的的经济行为。投资是现在支出一定价值的经济活动。从静态的角度来说，投资是现在垫支一定量的资金；从动态的角度来说，投资则是为了获得未来的报酬而采取的经济行为。现在投入的价值，对未来可能获得的预期收益具有不确定性，这种预期收益的不确定性称为投资的风险。由于收入是未来的价值，而未来的世界是不可预知的，受政治、经济、社会、科技、人的心理等诸多因素的影响，投资的收益很难达到预期，因而风险是投资过程中不可避免的。风险不仅包括负面的效应，也包括正面的效应，即风险可能给投资后的收益带来损失或危险，但也可能带来机会或获得比预期更高的收益。

(4) 投资影响不可逆。投资的过程是组合各种资源形成新的生产能力的过程，它主要是资金的物化过程，一旦投入的资金得到了物化，也就被固定在某一场所，具有显著的固定性和不可分割性。投资产生的效果无论好坏都将对国民经济产生持续的影响，如果某项投资行为被证明是错误的，在短期内将难以消除其不良影响；同时，扭转错误的投资行为，也需要付出巨大的代价。从相当长的一段时期来说，投资的影响通常是不可逆的。投资的这一特点要求人们在投资活动中保持谨慎的态度，尽力提高投资的质量。

> **特别提示**
>
> 风险是指在某一特定环境下，在某一特定时间段内，某种损失发生的可能性。风险是由风险因素、风险事故和风险损失等要素组成的。换句话说，在某一个特定时间段里，人们所期望的目标与实际的结果之间产生的距离称为风险。风险具有客观性、普遍性、必然性、可识别性、可控性、损失性、不确定性和社会性。风险的大小与投资的时间长短有关，时间越长，风险越大；风险也和投资的预测有关，预期收益越高，所含的风险越大。风险与收益往往呈现相同的趋势，即高收益往往隐含着高风险，而高风险又会给投资者带来高收益的机会。但是两者不一定成正比关系，追求额外的风险，不一定有额外的收益，具有相同的风险，也不一定具有相同的收益。对投资者而言，投资的基本目标是在一定的限制条件下取得可能的最大收益。

2.1.3 投资的作用与分类

投资与经济增长的关系非常紧密。在经济理论界，西方和我国有一个类似的观点，即认为经济增长情况主要由投资决定，投资是经济增长的基本推动力，是经济增长的必要前提。因此可以说投资的作用在于可以直接促进国民经济的增长，促使企业发展，提高生活水平，增强综合国力。

1. 投资是一个国家经济增长的基本推动力

只有增加一定量的投资，才可以为经济发展提供必要的要素和动力。同时由于投资的乘数效应，一定量的投资可以引起数倍于它的收入和总值的增长。

2. 投资是国民经济持续快速健康发展的关键因素

从生产力角度来考察，投资是企业发展的第一原动力。

(1) 企业的建立离不开投资。创建企业最基本的两个要素就是发起人和资本金，如果没有一笔资金的注入，那么企业将不可能注册并成立。由此可见，企业从诞生之时起就完全依赖于投资。

(2) 企业的发展离不开投资。即使企业已经建立，现有企业的发展也需要不断地投资和再投资，从而来满足其扩大再生产、技术改造、更新设备等活动对追加资本的需求。

(3) 企业作为一个经济实体也离不开投资活动。企业的优胜劣汰，企业间的兼并、合并，这些过程都是通过投资活动来实现的。

因此可以说，投资对企业的发展起着非常重要的作用。

3. 投资为改善人民物质文化生活水平创造了物质条件

由于投资具有促进企业发展和经济增长的作用，因此投资可以创造更多的就业机会，增加劳动者收入，从而使人民生活水平得到改善和提高。投资与人民生活水平紧紧相连。总之，投资可以促进经济增长、企业发展和人民生活水平的提高，而这一切必将创造一个良好的经济形势。

对投资进行适当的分类，是确定投资会计核算方法和如何在会计报表中列示的前提。其主要有按投资性质、按投资对象的变现能力、按投资目的和按投资用途等几种分类方式，如图 2.3 所示。

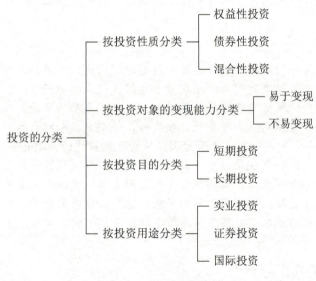

图 2.3　投资分类图

知识链接

实业投资是购买固定资产等实物资产，直接投资于生产活动，属于直接投资。一般来说，实业投资所涉及的是人与物、人与自然界的关系，而且其形成的资产能看、能摸、能用。实业投资生产的产品可以做到用途广泛，价值稳定，投资收益也不低。其投资决策程序为：估算投资方案的预期现金流量；估算预期现金流量的风险；确定资本成本的一般水平；确定投资方案的各项经济指标；通过经济指标与所需资本支出的比较，来对诸多的投资方案做决策。

证券投资是把资金用于购买股票、债券等金融资产。这些资金由买者转移到企业手中后再投入生产活动，故属于间接投资。证券投资的分析方法是证券分析，从证券市场中选择适宜的证券并将其组合作为证券投资方案。证券投资可以被视为一个项目，需要事先构造出被选方案，然后进行分析，研究其可行性和优劣顺序，从中选择方案。

国际投资是国际资本的流动。其投资主体和对象覆盖了各种产业；投资形式既有直接投资又有间接投资；投资工具既有有价证券、金融产品，也有生产要素和科技成果等；投资目标是追求收益和增值，扩大出口市场，调整产业结构，利用国际资源参与国际分工，促进经济技术发展等。

2.2 成本与费用

2.2.1 成本与费用的含义

工程经济分析中不严格区分成本与费用，而将它们均视为现金流出。工业产品的总成本是生产经营活动中活劳动与物化劳动消耗的货币表现。活劳动也称劳动消耗，是指劳动者在物质资料生产过程中脑力和体力的消耗。物化劳动也称劳动占用，是活劳动作用于生产资料后，凝结在劳动对象中，体现为新的使用价值的物质形态的劳动。

2.2.2 总成本费用的构成

总成本费用由生产成本和期间费用两部分构成。生产成本主要由生产过程中实际消耗的直接材料、直接工资和制造费用组成；期间费用是指在一定会计期间发生的管理费用、财务费用和销售费用。以上几种成本费用构成了总成本费用的六要素。表 2-1 给出了总成本费用的构成。

表 2-1　总成本费用构成表

总成本费用	生产成本	直接材料	原材料、辅助材料、备品备件、外购半成品、燃料、动力、包装物等
		直接工资	直接从事产品生产的人员的工资、奖金、津贴和各类补贴、福利费等
		制造费用	发生在生产单位(车间)的间接费用,包括生产单位管理人员工资、奖金、津贴、福利费;生产单位房屋和建筑物等固定资产折旧费;维修费;低值易耗品;取暖费、水电费、差旅费、保险费、劳动保护费等
	期间费用	管理费用	企业行政管理部门管理和组织经营活动而发生的各项费用,包括企业管理人员的工资、福利费及补贴;固定资产折旧费;无形资产及递延资产摊销费;办公费、差旅费、技术转让费;城镇土地使用税、车船税、房产税、印花税等
		财务费用	企业为筹集资金而发生的各项费用,包括利息支出、手续费等
		销售费用	企业为销售产品而发生的各项费用,包括运输费,折旧费,销售人员的工资、佣金及福利费,广告费等

2.2.3　费用估算

1. 成本和费用估算的方法

成本和费用估算方法总体上分为以下两类:定量估算法和定性估算法。其中,定量估算法中主要应用的有两种。其一,概略估算法。此法是在成本资料和定额缺乏的情况下所采用的,一般用于项目的初步可行性研究。其二,详细估算法。此法按照成本和费用的项目,根据有关规定和详细的资料逐项进行估算。其中,原材料、燃料、辅助材料及动力等费用项目,可根据单位产品的耗用量、单价及项目的产量规模等资料计算,如建筑工程产品可以以工程量乘以相应的定额来计算。定性估算法是依靠管理人员的专业知识、实践经验及判断能力,利用企业成本和费用的历史资料,对现有资料不多、难以进行定量估算的项目进行推断,如座谈会法、德尔菲法等。

知识链接

实践中所采用的估算方法大致有 3 种:一是分项类比估算法,即将产品成本分为材料费、人工费和制造费 3 部分,然后按照相关产品的类似程度及分项费用的比例关系估算产品的生产成本;二是差额调整法,即比较两种产品的差异,而后确定成本修正系数,以修正系数和可比实例的乘积作为估算成本;三是统计估算法,即通过收集工程产品的成本统计资料,计算成本与某些参数(如建筑面积、功率、产量等)的相互关系,然后按工程项目的相应参数要求进行估算。

2. 折旧费和摊销费的估算

在项目现金流量的估算中，经营成本是一个重要的概念。经营成本是为经济分析方便而从总成本费用中分离出来的一部分费用。顾名思义，经营成本是项目运营期间生产经营的费用，不包括折旧费和摊销费，也不包括利息支出。经营成本属于各年的现金流出。由于投资已在期初作为一次性支出计入现金流出，因此不能再以折旧和摊销的方式计为现金流出，否则会重复计算。另外由于全部投资现金流量表中利息支出不作为流出，而自有资金现金流量表中已将利息支出单列，因此经营成本不包括利息支出。折旧费和摊销费的估算是经营成本现金流量估算的一个难点。

(1) 折旧费的估算。折旧费是指固定资产在使用过程中由于磨损而逐步转移到产品价值中的那部分固定资产的价值，计算折旧的基本公式为

固定资产

$$应提折旧 = 折旧率 \times 折旧基数$$

固定资产是指使用年限在一个会计年度以上，单位价值在规定标准以上，使用过程中保持原物质形态的资产，如房屋建筑、机器设备等。

由于折旧率和折旧基数的确定方法不同，折旧方法也不同，目前我国常用的有平均年限法、工作量法、双倍余额递减法、年数总和法等。下面简要介绍这几种方法。

① 平均年限法。平均年限法是指按固定资产预计使用年限平均计算折旧的一种方法，按此方法计算提取的折旧额，在各个使用年份或月份都是相等的，因此又叫直线折旧法。平均年限法是最常用的固定资产折旧方法，但是该方法仅适用于生产较为均衡的固定资产。其计算公式为

$$年折旧率 l_平 = \frac{年折旧额 D_平}{固定资产原值 V_K} \times 100\% = \frac{1 - 预计净残值率 \rho}{折旧年限 N} \times 100\% \quad (2\text{-}1)$$

$$D_平 = V_K \times l_平 = \frac{V_K - 预计净残值 V_L}{N} \quad (2\text{-}2)$$

✅ 应用实例 2-1

某设备原值 25 000 元，预计能够使用 10 年，预计净残值 1 500 元，清理费 500 元，计算该设备年折旧额、年折旧率。

【实例评析】

$$年折旧额 = \frac{25\,000 - (1\,500 - 500)}{10} = 2\,400(元)$$

$$年折旧率 = \frac{2\,400}{25\,000} \times 100\% = 9.6\%$$

所以该设备的年折旧额为 2 400 元，年折旧率为 9.6%。

② 工作量法。工作量法是根据实际工作量计提折旧的一种方法，工作量可以是产量、行驶里程或工时数。这种方法是平均年限法的一种改进，在各期使用固定资产的时间或产量不均衡时，采用此方法更加符合配比原则。其计算公式为

单位里程折旧额 $d = \dfrac{V_K - V_L}{\text{规定的总行驶里程}M}$ (2-3)

每期折旧额 $D_i = d \times \text{每期行驶里程}m$ (2-4)

每工作小时折旧额 $d = \dfrac{V_K - V_L}{\text{规定的总工作小时}H}$ (2-5)

每期折旧额 $D_i = d \times \text{每期工作小时}h$ (2-6)

✅ 应用实例 2-2

某大型机器购买价格 150 000 元，运输费 5 000 元，净残值 3 000 元，按规定可以使用 2 000 个台班。2022 年 1 月实际使用了 30 个台班，求 1 月份的折旧额。

【实例评析】

$$\text{每台班的折旧额} = \dfrac{(150\,000 + 5\,000) - 3\,000}{2\,000} = 76(\text{元})$$

1 月份折旧额 = 76×30 = 2 280(元)

③ 双倍余额递减法(加速折旧法)。双倍余额递减法是在不考虑固定资产残值的情况下，按双倍直线折旧率和固定资产净值来计提折旧的方法。其计算公式为

$$\text{年折旧率}\,l_{双} = \dfrac{2}{N} \times 100\%$$ (2-7)

$$\text{年折旧额}\,D_{双} = \text{固定资产期初账面净值} \times l_{双}$$ (2-8)

采用此方法，应当在其固定资产折旧年限到期前两年内，将固定资产净值扣除预计净残值后的净额平均摊销。

最后两年折旧额 = (固定资产期初账面净值 - 预计净残值)/2 (2-9)

✅ 应用实例 2-3

某设备原值 64 000 元，使用 5 年，预计净残值 2 000 元，采用双倍余额递减法计算各年折旧额。

【实例评析】

$$\text{年折旧率} = \dfrac{2}{N} \times 100\% = \dfrac{2}{5} \times 100\% = 40\%$$

第 1 年折旧额 = 64 000×40% = 25 600(元)

第 2 年折旧额 = (64 000 - 25 600)×40% = 15 360(元)

第 3 年折旧额 = (64 000 - 25 600 - 15 360)×40% = 9 216(元)

第 4 年折旧额 = 第 5 年折旧额 = (64 000 - 25 600 - 15 360 - 9 216 - 2 000)/2 = 5 912(元)

④ 年数总和法(加速折旧法)。年数总和法是将固定资产的原值减去净残值后的净额乘以一个逐年递减的分数来计算每年的折旧额。其计算公式为

$$\text{年折旧率}\,l_{年} = \dfrac{N - \text{已使用年数}}{N \times (N+1) \div 2} \times 100\%$$ (2-10)

$$\text{年折旧额}\,D_{年} = (V_K - V_L) \times l_{年}$$ (2-11)

应用实例 2-4

针对应用实例 2-3 的数据，采用年数总和法计算各年折旧额。

【实例评析】

第 1 年折旧率 $= \dfrac{5-0}{5\times(5+1)\div 2} = \dfrac{5}{15}$ 第 2 年折旧率 $= \dfrac{5-1}{5\times(5+1)\div 2} = \dfrac{4}{15}$

第 3 年折旧率 $= \dfrac{5-2}{5\times(5+1)\div 2} = \dfrac{3}{15}$ 第 4 年折旧率 $= \dfrac{5-3}{5\times(5+1)\div 2} = \dfrac{2}{15}$

第 5 年折旧率 $= \dfrac{5-4}{5\times(5+1)\div 2} = \dfrac{1}{15}$

第 1 年折旧额 $=(64\,000-2\,000)\times \dfrac{5}{15} \approx 20\,666.67(元)$

第 2 年折旧额 $=(64\,000-2\,000)\times \dfrac{4}{15} \approx 16\,533.33(元)$

第 3 年折旧额 $=(64\,000-2\,000)\times \dfrac{3}{15} = 12\,400(元)$

第 4 年折旧额 $=(64\,000-2\,000)\times \dfrac{2}{15} \approx 8\,266.67(元)$

第 5 年折旧额 $=(64\,000-2\,000)\times \dfrac{1}{15} \approx 4\,133.33(元)$

固定资产折旧费的计算：年数总和法

(2) 摊销费的估算。摊销费是指无形资产和递延资产在一定期限内分期摊销的费用，也指投资不能形成固定资产的部分。

无形资产是指企业拥有或者控制的没有实物形态的可辨认非货币性资产。无形资产具有广义和狭义之分，广义的无形资产包括货币资金、应收账款、金融资产、长期股权投资、专利权、商标权等，因为它们没有物质实体，而是表现为某种法定权利或技术。但是，会计上通常将无形资产做狭义的理解，只将专利权、商标权等称为无形资产。递延资产是指本身没有交换价值，不可转让，一经发生就已消耗，但能为企业创造未来收益，并能从未来收益的会计期间抵补的各项支出。递延资产又指不能全部计入当年损益，应在以后年度内较长时期摊销的除固定资产和无形资产以外的其他费用支出，包括开办费、租入固定资产改良支出，以及摊销期在一年以上的长期待摊费用等。

无形资产摊销的关键是确定摊销期限。无形资产应按规定期限分期摊销，即法律和企业申请书分别规定有法定有效期和受益年限的，按照孰短的原则确定；企业合同或者企业申请书分别规定有受益年限的，按照规定的受益年限确定；没有规定期限的，按不少于 10 年的期限分期摊销。递延资产中的开办费按照不少于 5 年的期限分期摊销。

2.3 收入、利润与税金

2.3.1 收入及销售收入

1. 收入

(1) 收入的定义。收入是企业在销售商品、提供劳务及让渡资产使用权等日常活动中形成的经济利益的总流入，包括销售商品收入、提供劳务收入、利息收入、使用费收入、租金收入和股利收入等；但不包括为第三方或客户代收的款项。日常活动是指企业为完成其经营目标从事的所有活动以及与之相关的其他活动，如制造业的商品销售。经济利益是指现金或最终能转化为现金的非现金资产。

(2) 收入的特点。收入的特点主要体现在如下 4 个方面。

① 收入是从企业日常活动中产生的，而不是从偶发的交易或事项中产生的，如制造业的收入来自商品的销售等。

② 收入可能表现为企业资产的增加，如银行存款、应收账款、企业负债的减少等。

③ 收入能导致所有者权益的增加，但所有者权益的增加与否取决于收入扣除相关成本费用后的净额。

④ 收入只包括本企业经济利益的流入。

(3) 收入的分类。按收入的性质可分为销售商品收入、提供劳务收入和让渡资产使用权等取得的收入。按经营业务的主次可分为主营业务收入和其他业务收入。

2. 销售收入

销售收入是指企业向社会出售商品或提供劳务的货币收入。企业的销售收入包括产品销售收入和其他销售收入。产品销售收入包括销售产成品、自制半成品、工业性劳务取得的收入；其他销售收入包括材料销售、技术转让、包装物出租、外购商品销售、承担运输等非工业性劳务所取得的收入。

> **特别提示**
>
> 销售收入与总产值是有区别的。总产值是企业生产的成品、半成品和处于加工过程中的在制品的价值总和，可按当前市场价格或不变价格计算；而销售收入是指出售商品的货币收入，是按出售时的市场价格计算的。企业生产的产品只有在市场上实现销售，才能给企业带来收益，才能成为有用的劳动成果。因此，销售收入才是反映工业项目真实收益的经济参数。

2.3.2 利润的概念、构成与分配

1. 利润的概念

利润是企业在一定时期内全部生产经营活动的最终成果。利润的实现表明企业生产耗费得到了补偿,并取得了盈利。对利润进行核算可以及时反映企业在一定时期的经营业绩和获利能力,反映企业的投入产出效率和经济效益。

利润

2. 利润的构成

利润是指企业在一定会计期间的经营成果,它包括营业利润、利润总额和净利润等。

> **知识链接**
>
> 营业利润是指主营业务收入减去主营业务成本和主营业务税金及附加,加上其他业务利润,再减去营业费用、管理费用和财务费用后的金额。
>
> 利润总额是指营业利润加上投资收益、补贴收入、营业外收入,减去营业外支出后的金额。
>
> 投资收益是指企业对外投资所取得的收益,减去发生的投资损失和计提的投资减值准备后的净额。
>
> 补贴收入是指企业按规定实际收到退还的增值税,或按销量或工作量等依据国家规定的补助定额计算并按期给予的定额补贴,以及属于国家财政扶持的领域而给予的其他形式的补贴。
>
> 营业外收入和营业外支出是指企业发生的与其生产经营活动无直接关系的各项收入和各项支出。营业外收入包括固定资产盘盈、处置固定资产净收益、处置无形资产净收益、罚款净收入等。营业外支出包括固定资产盘亏、处置固定资产净损失、处置无形资产净损失、债务重组损失、计提的固定资产减值准备、计提的在建工程减值准备、罚款支出、捐赠支出、非常损失等。营业外收入和营业外支出应当分别核算,并在利润表中分列项目反映。营业外收入和营业外支出还应当按照具体收入和支出设置明细项目,进行明细核算。
>
> 所得税是指企业应当计入当期损益的企业所得税费用。
>
> 净利润是指利润总额减去所得税后的金额,即税后利润。

3. 利润的分配

《中华人民共和国公司法》规定的公司税后利润的分配原则可以概括为以下几个方面。

(1) 按法定顺序分配原则。不同利益主体的利益要求,决定了公司税后利润的分配必须从全局出发,照顾各方利益关系。这既是公司税后利润分配的基本原则,也是公司税后利润分配的基本出发点。

(2) 非有盈余不得分配原则。这一原则强调的是公司向股东分配股利的前提条件。非有盈余不得分配原则的目的是维护公司的财产基础及其信用能力。股东会、股东大会或者董事会违反规定,在公司弥补亏损和提取法定公积金之前向股东分配利润的,股东必须将违反规定分配的利润退还公司。

(3) 同股同权、同股同利原则。同股同权、同股同利不仅是公开发行股份时应遵循的原则，也是公司向股东分配股利应遵守的原则之一。

(4) 公司持有的本公司股份不得分配利润。

对企业来说，税后利润一般按下列优先顺序进行分配。

(1) 被没收的财物损失、支付各项税收的滞纳金和罚款。

(2) 弥补企业以前年度的亏损。

(3) 提取法定盈余公积金。法定盈余公积金按照税后利润扣除前两项后的10%提取。盈余公积金已达注册资金的50%时不可再提取。

(4) 提取公益金。公益金主要用于职工集体福利设施支出，提取率为5%。

(5) 向投资者分配利润。企业以前年度未分配的利润，可以并入本年度并向投资者分配。

2.3.3 税金

税金是国家依据法律对有纳税义务的单位和个人征收的财政资金。税收是国家凭借政治权利参与国民收入分配和再分配的一种方式，具有强制性、无偿性和固定性的特点。税收是国家取得财政收入的主渠道，也是国家对各项经济活动进行宏观调控的重要杠杆。本节对税金中的企业所得税做重点阐述。

1. 企业所得税的概念

企业所得税是对我国境内企业(除外商投资企业和外国企业外)的生产、经营所得和其他所得征收的一种税。

《中华人民共和国企业所得税法》规定，在中华人民共和国境内，企业和其他取得收入的组织(以下统称"企业")为企业所得税的纳税人，依照本法的规定缴纳企业所得税。居民企业应当就其来源于中国境内、境外的所得缴纳企业所得税。非居民企业在中国境内设立机构、场所的，应当就其所设机构、场所取得的来源于中国境内的所得，以及发生在中国境外但与其所设机构、场所有实际联系的所得，缴纳企业所得税。企业所得税的税率为25%。

非居民企业在中国境内未设立机构、场所的，或者虽设立机构、场所但取得的所得与其所设机构、场所没有实际联系的，应当就其来源于中国境内的所得缴纳企业所得税，适用税率为20%。

2. 企业所得税的计税基础

企业所得税以应纳税所得额为计税基础。企业每一纳税年度的收入总额，减除不征税收入、免税收入、各项扣除以及允许弥补的以前年度亏损后的余额，为应纳税所得额。

(1) 收入总额。企业以货币形式和非货币形式从各种来源取得的收入，为收入总额。收入总额包括下列各项。

① 销售货物收入：企业销售商品、产品、原材料、包装物、低值易耗品以及其他存货取得的收入。

② 提供劳务收入：企业从事建筑安装、修理修配、交通运输、仓储租赁、金融保险、邮电通信、咨询经纪、文化体育、科学研究、技术服务、教育培训、餐饮住宿、中介代理、

卫生保健、社区服务、旅游、娱乐、加工以及其他劳务服务活动取得的收入。

③ 转让财产收入：企业转让固定资产、生物资产、无形资产、股权、债权等财产取得的收入。

④ 股息、红利等权益性投资收益：企业因权益性投资从被投资方取得的收入。

⑤ 利息收入：企业将资金提供他人使用但不构成权益性投资，或者因他人占用本企业资金取得的收入，包括存款利息、贷款利息、债券利息、欠款利息等收入。

⑥ 租金收入：企业提供固定资产、包装物或者其他有形资产的使用权取得的收入。

⑦ 特许权使用费收入：企业提供专利权、非专利技术、商标权、著作权以及其他特许权的使用权取得的收入。

⑧ 接受捐赠收入：企业接受的来自其他企业、组织或者个人无偿给予的货币性资产、非货币性资产。

⑨ 其他收入：企业取得的除上述第①~⑧项外的其他收入，包括企业资产溢余收入、逾期未退包装物押金收入、确实无法偿付的应付款项、已作坏账损失处理后又收回的应收款项、债务重组收入、补贴收入、违约金收入、汇兑收益等。

收入总额中，货币形式的收入包括现金、存款、应收账款、应收票据、准备持有至到期的债券投资以及债务的豁免等，非货币形式的收入包括固定资产、生物资产、无形资产、股权、存货、不准备持有至到期的债券投资、劳务以及有关权益等。企业以非货币形式取得的收入，应当按照公允价值确定收入额。

知识链接

下列收入为不征税收入。

(1) 财政拨款。各级人民政府对纳入预算管理的事业单位、社会团体等组织拨付的财政资金，但国务院和国务院财政、税务主管部门另有规定的除外。

(2) 依法收取并纳入财政管理的行政事业性收费、政府性基金。行政事业性收费，是指依照法律法规等有关规定，经国务院规定程序批准，在实施社会公共管理以及在向公民、法人或者其他组织提供特定公共服务过程中，向特定对象收取并纳入财政管理的费用。政府性基金，是指企业依照法律法规等有关规定，代政府收取的具有专项用途的财政资金。

(3) 国务院规定的其他不征税收入。这类收入是指企业取得的，由国务院财政、税务主管部门规定专项用途，并经国务院批准的财政性资金。

(2) 各项扣除。扣除应按下列规定执行。

① 企业实际发生的与取得收入有关的、合理的支出，包括成本、费用、税金、损失和其他支出，准予在计算应纳税所得额时扣除。

② 企业发生的公益性捐赠支出，在年度利润总额12%以内的部分，准予在计算应纳税所得额时扣除。超过年度利润总额12%的部分，准予结转后3年内在计算应纳税所得额时扣除。

③ 企业按照规定计算的固定资产折旧费，准予在计算应纳税所得额时扣除。但下列固定资产不得计算折旧费扣除：房屋、建筑物以外未投入使用的固定资产，以经营租赁方式租入的固定资产，以融资租赁方式租出的固定资产，已足额提取折旧仍继续使用的固定资

产，与经营活动无关的固定资产，单独估价作为固定资产收入账的土地，其他不得计算折旧扣除的固定资产。

④ 企业按照规定计算的无形资产摊销费，准予在计算应纳税所得额时扣除。但下列无形资产不得计算摊销费扣除：自行开发的支出已在计算应纳税所得额时扣除的无形资产，自创商誉，与经营活动无关的无形资产，其他不得计算摊销费扣除的无形资产。

⑤ 企业发生的下列支出作为长期待摊费用，按照规定摊销的，准予在计算应纳税所得额时扣除：已足额提取折旧的固定资产的改建支出，租入固定资产的改建支出，固定资产的大修理支出，其他应当作为长期待摊费用的支出。

⑥ 企业对外投资期间，投资资产的成本在计算应纳税所得额时不得扣除。

⑦ 企业使用或者销售存货，按照规定计算的存货成本，准予在计算应纳税所得额时扣除。

⑧ 企业转让资产，该项资产的净值，准予在计算应纳税所得额时扣除。

⑨ 企业在汇总计算缴纳企业所得税时，其境外营业机构的亏损不得抵减境内营业机构的盈利。

⑩ 企业纳税年度发生的亏损，准予向以后年度结转，用以后年度的所得弥补，但结转年限最长不得超过5年。

3. 企业所得税的应纳税额

企业的应纳税所得额乘以适用税率，减除依照《中华人民共和国企业所得税法》关于税收优惠的规定减免和抵免的税额后的余额，为应纳税额。其计算公式为

$$应纳税额=应纳税所得额×适用税率-减免税额-抵免税额 \tag{2-12}$$

> **知识链接**
>
> 应纳税额计算公式中的减免税额和抵免税额，是指依照《中华人民共和国企业所得税法》和国务院的税收优惠规定减征、免征和抵免的应纳税额。
>
> (1) 居民企业来源于中国境外的应税所得，以及非居民企业在中国境内设立机构、场所，取得发生在中国境外但与该机构、场所有实际联系的应税所得，已在境外缴纳的所得税税额，可以从其当期应纳税额中抵免，抵免限额为该项所得依照式(2-12)计算的应纳税额；超过抵免限额的部分，可以在以后5个年度内，用每年度抵免限额抵免当年应抵税额后的余额进行抵补。
>
> (2) 居民企业从其直接或者间接控制的外国企业分得的来源于中国境外的股息、红利等权益性投资收益，外国企业在境外实际缴纳的所得税税额中属于该项所得负担的部分，可以作为该居民企业的可抵免境外所得税税额，在(1)中规定的抵免限额内抵免。

> **拓展讨论**
>
> 党的二十大报告提出，构建高水平社会主义市场经济体制。健全现代预算制度，优化税制结构，完善财政转移支付体系。
>
> 1. 我国现行税制结构中包括哪些税种？
> 2. 我国财税体制经历过哪些深刻变革？

综合应用案例

某项目投资总额为 5 263.9 万元，其中包括无形资产 600 万元。该项目建设期为 2 年，运营期为 8 年。

该项目资金为自有资金和贷款，自有资金在建设期内均衡投入，贷款总额为 2 000 万元，在建设期内每年贷 1 000 万元，年利率为 10%。贷款合同约定：投产期前 4 年等额还本付息。无形资产在运营期 8 年中均匀摊入成本。固定资产残值 300 万元，按照平均年限法计提，折旧年限 12 年。相关数据见表 2-2。

表 2-2 建设项目发生的资金投入、收益及成本   单位：万元

序号	项目		1	2	3	4	5~10
1	建设投资	自有资金部分	1 529.45	1 529.45			
		贷款(不含贷款利息)	1 000	1 000			
2	营业额				3 500	4 500	5 000
3	年经营成本				2 490.84	3 202.51	3 558.34
4	流动资产				532	684	760
5	流动负债				89.83	115.5	128.33
6	流动资金				442.17	568.5	631.67

问题：

(1) 计算固定资产折旧费、无形资产摊销费。

(2) 计算建设期贷款利息，并计算各年还本付息额。

(3) 计算运营期各年的总成本费用，并填入总成本费用表。

【案例评析】

(1) 计算各年固定资产折旧费和无形资产摊销费。

$$固定资产年折旧费 = \frac{5\,263.9 - 600 - 300}{12} \approx 363.66(万元)$$

$$无形资产摊销费 = \frac{600}{8} = 75(万元)$$

(2) 计算建设期贷款利息及各年还本付息额。

各年应计利息 = (年初贷款本息累计 + 本年贷款额/2) × 年利率

$$第1年贷款利息 = \frac{1\,000}{2} \times 10\% = 50(万元)$$

$$第2年贷款利息 = \left(1\,000 + 50 + \frac{1\,000}{2}\right) \times 10\% = 155(万元)$$

建设期贷款利息 = 50 + 155 = 205(万元)

建设期本利和 = 1 000 + 50 + 1 000 + 155 = 2 205(万元)

因为采用等额还本付息的办法，所以

各年还本付息额=$2\,205\times\dfrac{10\%\times(1+10\%)^4}{(1+10\%)^4-1}\approx 695.61$(万元)

第3年贷款利息=2 205×10%=220.5(万元)

第4年贷款利息=[2 205-(695.61-220.5)]×10%≈172.99(万元)

第5年贷款利息=[2 205-(695.61-220.5)-(695.61-172.99)]×10%≈120.73(万元)

第6年贷款利息=[2 205-(695.61-220.5)-(695.61-172.99)-(695.61-120.73)]×10%≈63.24(万元)

(3) 计算运营期各年总成本费用，填入表2-3。

表2-3　总成本费用表　　　　　　　　　　　　　　　　　　　　单位：万元

序号	费用名称	年份							
		3	4	5	6	7	8	9	10
1	年经营成本	2 490.84	3 202.51	3 558.34	3 558.34	3 558.34	3 558.34	3 558.34	3 558.34
2	年折旧费	363.66	363.66	363.66	363.66	363.66	363.66	363.66	363.66
3	年摊销费	75	75	75	75	75	75	75	75
4	建设期贷款利息	220.5	172.99	120.73	63.24	0	0	0	0
5	总成本费用	3 150	3 814.16	4 117.73	4 060.24	3 997	3 997	3 997	3 997

本章小结

正确进行工程经济分析必须具备必要的经济基础知识。本章的教学目标在于使学生掌握工程经济分析的基本要素：了解投资与实物资本的关系；掌握建设项目投资构成；熟悉总成本费用、经营成本、固定成本与变动成本的概念及其相互关系；学会运用常用的几种折旧方法；了解企业销售收入、利润与税金的概念、分类及其相互关系。通过本章的学习，我们对企业从投资到赢利的整个过程有了基本了解，从而为以后各章分析方法的学习做好经济理论准备。

复习思考题

一、单项选择题

1. 下列施工企业收取的款项中，不能计入企业收入的是(　　)。
   A. 代扣职工个人的所得税　　　　　B. 收到的工程价款
   C. 转让施工技术取得的收入　　　　D. 售卖材料价款收入

2. 下列施工企业的费用中，在会计核算时应计入生产成本的是(　　)。
   A. 企业质量管理部门办公费　　　　B. 项目部管理人员工资
   C. 经营部门人员工资　　　　　　　D. 企业融资的财务费用

3. 施工企业支付给银行的短期借款利息计入企业的(　　)。
   A. 管理费用　　B. 生产成本　　C. 财务费用　　D. 销售费用

第 2 章 工程经济分析的基本要素

4．施工企业购买施工现场用安全帽的费用应从( )列支。
　　A．人工费用　　B．材料费用　　C．资产使用费　　D．管理费用

5．某施工机械预算价格为 200 万元，预计可使用 10 年，每年平均工作 250 个台班，预计净残值 40 万元。按工作量法计算折旧，则该机械台班折旧费为( )万元。
　　A．0.8　　B．0.64　　C．0.06　　D．0.064

6．某企业购置一台运输设备，成本为 24 万元，使用年限为 10 年，按照双倍余额递减法，第 3 年的折旧额为( )元。
　　A．19 530　　B．30 720　　C．16 600　　D．23 400

7．某固定资产原值 400 万元，使用寿命 10 年，净残值 50 万元，该固定资产年折旧额是( )万元。
　　A．40　　B．90　　C．135　　D．35

8．某台吊车，原价 10 万元，预计净残值率 10%，可使用 1 000 个台班，第 1 年使用 100 个台班，第 2 年使用 150 个台班，按照工作量法，则第 2 年的折旧额为( )元。
　　A．14 450　　B．13 500　　C．8 250　　D．3 400

二、多项选择题

1．根据相关规定，下列资产中，属于流动资产的有( )。
　　A．预付款项
　　B．长期应收款
　　C．长期股权投资
　　D．债权投资
　　E．交易性金融资产

2．下列固定资产相关费用中，构成固定资产原值的有( )。
　　A．固定资产购买价款
　　B．购置固定资产发生的装卸费
　　C．固定资产大修费用
　　D．固定资产的预计净残值
　　E．固定资产达到预定可使用状态前的安装费

3．下列选项中，属于生产成本的有( )。
　　A．原材料费
　　B．生产人员工资
　　C．企业管理人员工资
　　D．筹资费用
　　E．销售人员工资

4．某施工企业 2019 年 8 月购入一台施工设备 100 万元，购入其他公司三年期债券 50 万元，购入钢模板 60 万元，购入一项商标权 80 万元，购入运输机械 15 万元，其中属于固定资产的有( )。
　　A．商标权
　　B．施工设备
　　C．债券
　　D．运输机械
　　E．钢模板

5．建设工程项目经济效果评价中的总投资包括( )。
　　A．设备及工器具购置费
　　B．建设期利息
　　C．总成本费用
　　D．流动资金
　　E．预备费

三、简答题

简述固定资产折旧费计算的方法及公式。

四、计算题

1．某施工企业购入一台施工机械，原价 60 000 元，预计净残值率 3%，使用年限 8 年，按年限平均法计提折旧，该设备每年应计提的折旧额是多少元？

2．某固定资产原值 10 万元，预计净残值率 5%，一共可以使用 2 000h，第 3 年使用了 300h。用工作量法计算第 3 年的年折旧额。

3．某施工机械购置费用为 120 万元，折旧年限 6 年，年平均工作 250 个台班，预计净残值率 3%。试用双倍余额递减法、年数总和法分别计算每年的折旧额。

在线答题

第 3 章 资金时间价值与等值计算

思维导图

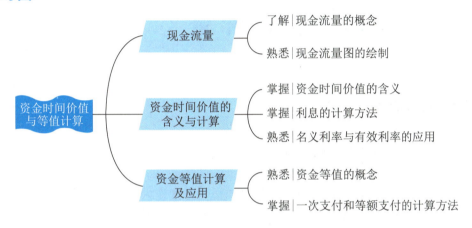

导入案例

在现代社会的经济生活中,按揭贷款及分期付款成为人们常用的支付形式,大到房产、汽车,小到计算机、手机等电子产品,以及工程项目的建设中,都可以采用这种支付方式。如果某施工企业需要贷款 1 000 万元用于项目施工,按照银行贷款利率 4%,按月计息复利结算,3 年后该企业需要归还多少本利和?这些归还的资金中,有一部分我们可以称为资金时间价值,你知道是哪一部分吗?学完本章内容,你将能毫不费力地回答这两个问题。

3.1 现金流量

现金流量的基本概念

3.1.1 现金流量的概念

工程经济分析的主要目的就是对各种方案的投资支出和投资收益进行比较分析,以选择投资效果最佳的方案。

在工程经济分析中,通常是将工程项目或技术方案作为一个独立的经济系统,通过考察该系统的经济效果,进而判断项目或技术方案的可行性。

对该系统而言,在整个寿命期间各时间点上实际发生的货币流出或货币流入称为现金流量。其中,流出系统的货币称为现金流出,用符号 CO_t 表示;流入系统的货币称为现金流入,用符号 CI_t 表示;同一时点上现金流入和现金流出的代数和称为净现金流量,用符号 $(CI-CO)_t$ 表示。

一个项目或技术方案的实施,往往要延续一段时间。在项目或技术方案的寿命期内,各种现金流量的数额和发生的时间都不尽相同。为了便于分析不同时间点上的现金流入和现金流出,计算其净现金流量,通常采用现金流量表(表 3-1)或现金流量图(图 3.1)的形式来表示特定系统在一段时间内发生的现金流量。本节着重介绍现金流量图。

表 3-1 现金流量表 单位:元

年序	0	1	2	3	4	5	…	$n-1$	n
现金流入	—	—	—	1 300	1 900	2 500	…	2 500	2 900
现金流出	6 000	—	—	500	700	900	…	900	900
净现金流量	-6 000	0	0	800	1 200	1 600	…	1 600	2 000

第 3 章 资金时间价值与等值计算

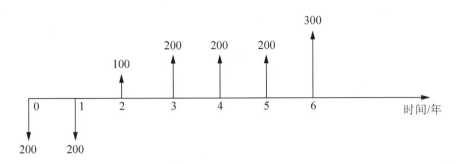

图 3.1 现金流量图

3.1.2 现金流量图的绘制

现金流量图是一种反映项目或技术方案资金运动状态的图示，通过把项目或技术方案的现金流量绘入时间坐标图，表示出各现金流入、现金流出与相应时间的对应关系，如图 3.1 所示。现金流量图可以全面、形象、直观地表达某项目或技术方案的资金运动状态。

现以图 3.2 说明现金流量图的绘制方法和规则。

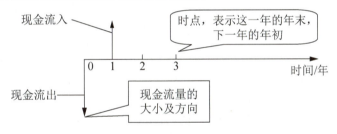

图 3.2 现金流量图绘制要点

(1) 横轴是时间轴，向右表示时间的延续。横轴等分成若干间隔，每一间隔代表一个时间单位(通常是年，特殊情况下也可以是季或半年等)。时间轴上的点称为时点。标注时间序号的时点通常是该时间序号所表示的年份的年末，同时也是下一年的年初。例如：0 时点即为第一年开始的时点，1 代表第一年年末和第二年年初，依次类推。整条横轴就可以看作是所考察的某项目或技术方案的寿命期。

(2) 与横轴相连的垂直线，代表流入或流出系统的现金流量。垂直线的长短与现金流量的绝对值的大小成比例。垂直线上标注箭头，箭头向上表示现金流入，箭头向下表示现金流出。箭线上方(或下方)注明每一笔现金流量的数额。

(3) 箭线的长短与现金流量数额的大小本应成比例，但由于项目或技术方案中各时点现金流量常常差额悬殊而无法成比例绘出，故在现金流量图绘制中，箭线的长短只需适当体现各时点现金流量数额的差异，同时在箭线上方(或下方)注明其具体数额。

(4) 箭线与时间轴的交点即为现金流量发生的时点。

可见，要正确绘制现金流量图，必须把握好现金流量的三要素，即现金流量的大小(现金流量数额)、方向(现金流入或现金流出)和作用点(现金流量发生的时点)。

> **特别提示**
>
> 如无特别说明，现金流量图中的时间单位均为年，并假设投资均发生在年初，销售收入、经营成本及残值回收等均发生在年末。

3.2 资金时间价值的含义与计算

3.2.1 资金时间价值的含义

"时间就是金钱"是对资金时间价值的最好解读。你更愿意得到现在的 100 元还是 5 年后的 100 元？毫无疑问你会选择现在的 100 元。因为现在的 100 元无论是存在银行或是用作其他投资，其 5 年后的价值肯定会超过 100 元。这中间就隐含着财务管理中的一个重要的基本观念——资金时间价值。

例如，我们把 1 000 元存入银行，年利率为 3%，那么一年后可得 1 030 元。这说明资金随着时间的流逝在流通过程中产生了增值。同理，两笔等额的资金，如果发生在不同的时间点，它们在价值上就会存在差别，发生在前的资金价值要高于发生在后的资金价值。产生这种现象的根源就在于资金具有时间价值。

资金的时间价值有两个含义：其一是将货币用于投资，通过资金的运动而使资金增值；其二是将货币存入银行，相当于个人失去对这笔资金的使用权，按时间计算这种牺牲的代价。

资金的时间价值随着时间的推移而发生变化，影响资金时间价值的因素很多，其中主要有以下几点。

(1) 资金的使用时间。在单位时间的资金增值率一定的条件下，资金使用时间越长，资金的时间价值就越大；使用时间越短，资金的时间价值就越小。

(2) 资金数量的大小。在其他条件不变的情况下，资金数量越大，资金的时间价值就越大；反之，资金的时间价值则越小。

(3) 资金投入和回收的特点。在总资金一定的情况下，前期投入的资金越多，资金的负效益越大；反之，后期投入的资金越多，资金的负效益越小。在资金回收额一定的情况下，距投资初始期越近的时间回收的资金越多，资金的时间价值就越大；反之，距投资初始期越远的时间回收的资金越多，资金的时间价值就越小。

(4) 资金周转的速度。资金周转越快，在一定的时间内等量资金的时间价值越大；反之，资金的时间价值越小。

总之，资金的时间价值是客观存在的，投资经营的一项基本原则就是充分利用资金的时间价值并最大程度地获得其时间价值，这就要加速资金周转，在较短时间内收回资金，并不断从事利润较高的投资活动。任何资金的闲置，都是损失资金的时间价值。

资金的时间价值在市场经济中，具体以利息和利润的形式表现出来。

3.2.2 利息的计算

利息和利率是衡量资金时间价值的尺度,计算资金的时间价值即为计算利息。

利息有单利和复利之分。当计息周期在一个以上时,就需要考虑单利与复利的问题。复利是相对单利而言的,是以单利为基础来进行计算的。所以要了解复利的计算,必须先了解单利的计算。

1. 单利的计算

所谓单利是指利息与时间成线性关系,即只对本金计算利息,而对每期的利息不再计息,从而使每期利息固定不变的一种计算方法,也就是通常所说的"利不生利"的计息方法。其计算式如下。

$$I_t = P \times i_{单} \tag{3-1}$$

式中:I_t——第 t 个计息周期的利息额;

P——本金;

$i_{单}$——计息周期单利利率。

n 期末单利本利和 F 等于本金加上总利息,即

$$F = P + I_n = P(1 + n \times i_{单}) \tag{3-2}$$

式中:I_n——n 个计息周期所付或所收的单利总利息,即

$$I_n = \sum_{t=1}^{n} I_t = \sum_{t=1}^{n}(P \times i_{单}) = P \times i_{单} \times n \tag{3-3}$$

在以单利计息的情况下,总利息与本金、利率以及计息周期数成正比的关系。

此外,在利用式(3-2)计算本利和 F 时,要注意式中 n 和 $i_{单}$ 反映的时期要一致。如 $i_{单}$ 为年利率,则 n 应为计息的年数;若 $i_{单}$ 为月利率,则 n 应为计息的月数。

✓ 应用实例 3-1

有一笔 60 000 元的借款,借期 4 年,按每年 5%的单利利率计息,试求到期时应归还的本利和为多少。

【实例评析】

用单利法计算,根据式(3-2)可得

$$F = P(1 + n \times i_{单}) = 60\,000 \times (1 + 4 \times 5\%) = 72\,000(元)$$

即到期应归还的本利和为 72 000 元。

✓ 应用实例 3-2

假如某企业以单利方式借入 1 000 万元,年利率 5%,第 4 年年末偿还,各年利息和本利和见表 3-2。

表 3-2 单利计算分析表 单位：万元

使用年限/年	年初款额	年末利息	年末本利和	年末偿还
1	1 000	50	1 050	0
2	1 050	50	1 100	0
3	1 100	50	1 150	0
4	1 150	50	1 200	1 200

【实例评析】

由表 3-2 可见，单利的年利息额都仅由本金所产生，其新生利息不再加入本金产生利息，此即"利不生利"。这不符合客观的经济发展规律，没有反映资金随时间的变化而"增值"的概念，也没有完全反映资金的时间价值。因此，在工程经济分析中单利使用得较少，通常只适用于短期投资或短期贷款。

知识链接

利率是各国发展国民经济的重要杠杆之一，利率的高低由以下因素决定。①利率的高低首先取决于社会平均利润率的高低，并随之变动。在通常情况下，平均利润率是利率的最高界限，因为如果利率高于利润率，即无利可图，自然不会去借款。②在平均利润率不变的情况下，利率高低取决于金融市场上借贷资本的供求情况。借贷资本供大于求，利率便下降；求大于供，利率便上升。③借出资本要承担一定的风险，风险越大，利率也就越高。④通货膨胀对利率的波动有直接影响，资金贬值往往会使利息无形中成为负值。⑤借出资本的期限长短。贷款期限长，不可预见因素多，风险大，利率就高；反之，利率就低。

2. 复利的计算

复利法以单利法为基础，但克服了单利只对本金计息的弊端，其基本思路是：将前一期的本金与利息之和(本利和)作为下一期的本金来计算下一期的利息。除本金计息外，利息再计利息，也即"利生利""利滚利"的计息方式。其表达式如下。

$$I_t = i \times F_{t-1} \tag{3-4}$$

式中：i——计息周期复利利率；

F_{t-1}——$(t-1)$期末复利本利和。

t 期末复利本利和的表达式如下。

$$F = P(1+i)^n \tag{3-5}$$

式(3-5)的推导过程见表 3-3。

第3章 资金时间价值与等值计算

表3-3 复利法计算本利和的推导过程

计息期数	期初本金	期末利息	期末本利和
1	P	$P \cdot i$	$F_1 = P + P \cdot i = P(1+i)$
2	$P(1+i)$	$P(1+i) \cdot i$	$F_2 = P(1+i) + P(1+i) \cdot i = P(1+i)^2$
3	$P(1+i)^2$	$P(1+i)^2 \cdot i$	$F_3 = P(1+i)^2 + P(1+i)^2 \cdot i = P(1+i)^3$
…	…	…	…
$n-1$	$P(1+i)^{n-2}$	$P(1+i)^{n-2} \cdot i$	$F_{n-1} = P(1+i)^{n-2} + P(1+i)^{n-2} \cdot i = P(1+i)^{n-1}$
n	$P(1+i)^{n-1}$	$P(1+i)^{n-1} \cdot i$	$F_n = P(1+i)^{n-1} + P(1+i)^{n-1} \cdot i = P(1+i)^n$

应用实例 3-3

数据同应用实例 3-2，按复利计算，则各年利息和本利和见表 3-4。

表3-4 复利计算分析表　　　　　　　　　　　　　　　　　　　单位：万元

使用年限/年	年初款额	年末利息	年末本利和	年末偿还
1	1 000	50	1 050	0
2	1 050	52.5	1 102.5	0
3	1 102.5	55.125	1 157.625	0
4	1 157.625	57.881 25	1 215.506 25	1 215.506 25

从表 3-2 和表 3-4 可以看出，同一笔借款，在利率和计息周期数均相同的情况下，用复利计算出的利息额比用单利计算出的利息额多。如应用实例 3-3 与应用实例 3-2 两者相差 1 215.506 25 万元-1 200 万元=15.506 25 万元。本金数额越大，利率越高，计息周期数越多，两者差距就越大。复利计息比较符合资金在社会再生产过程中运动的实际状况，因此在实际中得到了广泛的应用。在工程经济分析中，一般采用复利计算。

知识链接

利息和利率在工程经济活动中的作用如下。①利息和利率是以信用方式动员和筹集资金的动力。以信用方式筹集资金有一个特点就是自愿性，而自愿性的动力在于利息和利率。例如，一个投资者首先要考虑的是投资某一项目所得到的利息是否比把这笔资金投入其他项目所得的利息多。如果多，投资者就可以在这个项目投资；如果所得的利息达不到其他项目利息水平，投资者就可能不在这个项目上投资。②利息促进投资者加强经济核算，节约使用资金。投资者借款需付利息，增加支出负担，这就促使投资者必须精打细算，把借入资金用到刀刃上，减少借入资金的占用以少付利息。同时可以使投资者自觉压缩库存限额，减少多环节占压资金。③利息和利率是宏观经济管理的重要杠杆。国家在不同的时期制定不同的利息政策，对不同地区、不同部门规定不同的利率标准，就会对整个国民经济产生影响。例如，对于限制发展的部门和企业，利率规定得高一些；对于提倡发展的部门和企业，利率规定得低一些，从而引导部门和企业的生产经营服从国民经济发展的总方向。同样，占用资金时间短的，收取低息；占用时间长的，收取高息。对产品适销对路、质量好、

负利率时代

信誉高的企业，在资金供应上给予低息支持；反之，收取较高利息。④利息和利率是金融机构经营发展的重要条件。金融机构作为企业，必须获取利润。由于金融机构的存放款利率不同，其差额成为金融机构的业务收入，此款扣除业务费后就是金融机构的利润，因此利息和利率能刺激金融机构的经营发展。

3.2.3 名义利率与有效利率

前面讨论的都是计息周期以年为单位的情况，但在实际应用中，计息周期并不一定以一年为周期，可以按半年、按季度或按月计息一次，在伦敦、纽约、巴黎等金融市场上，短期利率通常以日计算。

在复利计算中，利率的计息周期也可以是一年、半年、一个季度、一个月、一旬、一周或一天。因此，即使本金相同、年利率相同，但在一年中的计息次数不同，相同本金所产生的利息也不同。当利率所标明的计息周期单位与计算利息实际所用的计息周期单位不一致时，就出现了名义利率与有效利率的概念。

1. 名义利率

名义利率(用 r 表示)又称非有效利率。名义利率一般以一年为计息基础，等于每一计息周期的利率 i 与每年的计息次数 m 的乘积，即

$$r = i \times m \tag{3-6}$$

例如，每月存款月利率为3‰，则名义年利率为3.6%，即 3‰×12=3.6%。很显然，计算名义利率时忽略了前面各期利息再生的因素，这与单利的计算相同。通常所说的年利率都是名义利率。

2. 有效利率

有效利率又称为实际利率，有效利率包括计息周期有效利率和年有效利率两种情况。

(1) 计息周期有效利率，即计息周期利率 i，由式(3-6)可得

$$i = \frac{r}{m} \tag{3-7}$$

(2) 年有效利率。若用计息周期利率来计算年利率，并将年内的利息再生因素考虑进去，这时所得的年利率称为年有效利率(又称年实际利率)。根据利率的概念即可推导出年有效利率的计算式。

已知某年年初有资金 P，名义利率为 r，一年内计息 m 次，则计息周期利率为 $i = \frac{r}{m}$。根据一次支付终值公式 $F = P(1+i)^n$ (3.3 节中将进一步介绍)可得该年的本利和 F，即

$$F = P\left(1 + \frac{r}{m}\right)^m$$

根据利息的定义可得该年的利息 I 为

$$I = F - P = P\left(1 + \frac{r}{m}\right)^m - P = P\left[\left(1 + \frac{r}{m}\right)^m - 1\right]$$

再根据利率的定义可得该年的实际利率，即有效利率 i_{eff} 为

$$i_{\text{eff}} = \frac{I}{P} = \left(1 + \frac{r}{m}\right)^m - 1 \tag{3-8}$$

例如，每月存款月利率为3‰，则有效年利率为3.66%，即$(1+3‰)^{12}-1≈3.66\%$。由此可见，有效利率和名义利率的关系实质上与复利和单利的关系一样。

> **特别提示**
>
> 在后面将介绍的资金等值计算公式中所使用的利率应为有效利率。

3. 名义利率与有效利率的应用

图 3.3 所示为年有效利率计算现金流量图。

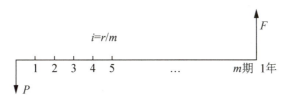

图 3.3　年有效利率计算现金流量图

✓ 应用实例 3-4

现设年名义利率 $r=10\%$，则年、半年、季、月、日的年有效利率见表 3-5。

表 3-5　应用实例 3-4 用表

年名义利率	计息周期	年计息次数	计息周期利率	年有效利率
10%	年	1	10%	10%
	半年	2	5%	10.25%
	季	4	2.5%	10.38%
	月	12	0.833%	10.47%
	日	365	0.027 4%	10.51%

【实例评析】

从式(3-7)和表 3-5 中可以看出：

(1) 当实际计息周期为一年，即 $m=1$ 时，有效利率与名义利率相等，当实际计息周期短于一年时，有效利率大于名义利率；

(2) 每年计息次数 m 越多，i_{eff} 与 r 相差越大；

(3) 名义利率不能完全反映资金的时间价值，有效利率才真实地反映了资金的时间价值。

可见，同一笔资金在占用总时间相同的情况下，所付的利息会有明显的差别。结算次数越多，给定利率下产生的利息就越多。因此在进行方案的经济比较时，必须先把各方案中的名义利率全部换算成有效利率，然后进行比较。在复利计算中，对于名义利率有两种处理方法：其一是将名义利率换算成有效利率，再计算复利；其二是将计息周期利率代入复利公式，计息次数变为 $m×n$ 次。

应用实例 3-5

某人要贷款，A 银行年名义利率 6%，半年计息一次；B 银行年名义利率 6%，一个月计息一次。问应选择哪家银行贷款？

【实例评析】

由于两家银行计息周期不一样，应分别计算 A、B 银行的有效利率，选择具有较低有效利率的银行贷款。

$$A \text{ 银行 } i_{eff} = \left(1 + \frac{r}{m}\right)^m - 1 = \left(1 + \frac{6\%}{2}\right)^2 - 1 = 6.09\%$$

$$B \text{ 银行 } i_{eff} = \left(1 + \frac{r}{m}\right)^m - 1 = \left(1 + \frac{6\%}{12}\right)^{12} - 1 \approx 6.17\%$$

因为 A 银行有效利率小于 B 银行有效利率，所以应选择 A 银行贷款。

应用实例 3-6

某施工企业欲订购大型设备，有两家银行可以提供贷款，甲银行年利率为 8%，按月计息；乙银行年利率为 9%，按半年计息，均为复利计算。试比较哪家银行贷款条件更优越。

【实例评析】

$$\text{甲银行 } i_{eff} = \left(1 + \frac{r}{m}\right)^m - 1 = \left(1 + \frac{8\%}{12}\right)^{12} - 1 \approx 8.30\%$$

$$\text{乙银行 } i_{eff} = \left(1 + \frac{r}{m}\right)^m - 1 = \left(1 + \frac{9\%}{2}\right)^2 - 1 \approx 9.20\%$$

由于甲银行有效利率小于乙银行有效利率，故甲银行的贷款条件更优越。

> **知识链接**
>
> 按期计息的方法称为离散式计息(本书讲的是离散式计息，也是常用的方式)，按瞬时计息的方式称为连续计息(在经济评价中应用得很少)，同学们可查阅相关书籍，了解连续计息的相关知识。

3.3 资金等值计算及应用

3.3.1 资金等值的概念

资金必须和时间结合，才能表现出其真正的价值。在考虑资金时间价值的情况下，不同时点上发生的现金流量即使金额相同，其价值也不相同，不能直接加减计算。这里我们可以借用资金等值计算的方法，把不同时点上发生的现金流量换算为同一时点上等价的现金流量，然后进行计算和分析。

资金等值是指在时间因素的作用下，发生在不同时点、数额不等的资金却具有相同的价值。在工程经济分析中，资金等值是一个很重要的概念，它是进行技术经济分析、比较和评价不同时期资金使用效果的重要依据。

> **特别提示**
>
> 资金等值的特点是：在利率大于零的条件下，资金的数额相等，发生的时间不同，其价值肯定不等；资金的数额不等，发生的时间也不同，其价值却可能相等。

利用资金等值的概念，可以把在一个时点发生的资金数额换算成另一时点的等值金额，这一过程叫作资金等值计算。

1. 资金等值的决定因素

(1) 资金的数额。

(2) 资金发生的时间。

(3) 利率。

2. 资金等值计算的相关概念

(1) 利率 i，也称折现率或贴现率。工程经济分析中把根据未来的现金流量求现在的现金流量时所使用的利率称为折现率。本书中利率和折现率一般不加以区分。

(2) 计息次数 n，是指投资项目在从开始投入资金(开始建设)到项目的寿命期终结为止的整个期限内，计算利息的次数。

(3) 现值 P，是指资金发生在某一特定时间序列始点上的价值。在工程经济分析中，现值表示在现金流量图中 0 点的资金数额，或投资项目的现金流量折算到 0 点时的价值。如 2020 年 1 月 1 日的 10 000 元就是 2021 年 1 月 1 日 11 000 元的现值(i=10%)。

(4) 终值 F，是指资金发生在某一特定时间序列终点上的价值。其含义是期初投入或产出的资金转换为计算期末的终值，即期末本利和的价值。如上述 2020 年 1 月 1 日的一笔 10 000 元的资金，其他条件同上，其在 2021 年 1 月 1 日的终值就是 11 000 元；在 2022 年 1 月 1 日的终值是 12 000 元。

(5) 年金 A，是指各期等额收入或支付的金额，通常以等额序列表示，即在某一特定时间序列内，每隔相同时间收支的等额款项。年金的形式多种多样，现实生活中常见的形式如保险费、租金、等额分期收款、等额分期付款及零存整取储蓄等。

在工程经济分析中，以上 5 个参数只要已知 3 个，就可以求出另外 2 个。其中，利率 i 是核心，在进行工程经济分析时，常根据利率做出决策。

3.3.2 资金等值计算的公式

根据资金支付方式和等值计算时点的不同，资金等值计算公式可分为两类：一次支付类型和等额支付类型。

1. 一次支付的终值和现值计算

一次支付终值公式是计算现在时点发生的一笔资金的将来值,而一次支付现值公式是计算将来某一时点发生的资金的现值。一次支付的终值或现值公式是资金等值计算的最基本公式。

一次支付又称整付,它是指所分析系统的现金流量,无论是流入还是流出,均在某一个时点上一次发生,如图3.4所示。

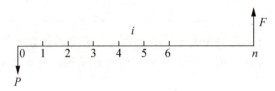

图3.4 一次支付现金流量图

图3.4中,i 为计息周期复利率;n 为计息次数;P 为现值(即现在的资金价值或本金);F 为终值(即 n 期末的资金值或本利和)。

(1) 终值计算(已知 P,求 F)。现有一项资金 P,年利率 i 按复利计算,n 年以后的本利和为多少?根据复利的定义即可求得 n 年末本利和(即终值)F。

$$F=P(1+i)^n \tag{3-9}$$

式中:$(1+i)^n$——一次支付终值系数,用$(F/P, i, n)$表示。故式(3-9)也可表示为

$$F=P(F/P, i, n) \tag{3-10}$$

> **特别提示**
>
> 在$(F/P, i, n)$这类符号中,括号内斜线上的符号表示所求的未知数,斜线下的符号表示已知数。$(F/P, i, n)$表示在已知 P、i 和 n 的情况下求解 F 的值。

 应用实例3-7

某人借款50 000元,年复利率 $i=3\%$,试问第5年年末连本带利一次需偿还多少?

【实例评析】
按式(3-9)计算得

$$F=P(1+i)^n=50\ 000\times(1+3\%)^5\approx57\ 964(元)$$

按式(3-10)计算得

$$F=P(F/P, i, n)=50\ 000\times(F/P, 3\%, 5)=50\ 000\times1.159=57\ 950(元)$$

(2) 现值计算(已知 F,求 P)。由式(3-9)的逆运算即可得出现值 P 的计算式。

$$P=\frac{F}{(1+i)^n}=F(1+i)^{-n} \tag{3-11}$$

式中:$(1+i)^{-n}$——一次支付现值系数,用$(P/F, i, n)$表示。故式(3-11)又可表示为

$$P=F(P/F, i, n) \tag{3-12}$$

> **特别提示**
>
> "一次支付现值系数"这个名称描述了它的功能,即未来一笔资金乘上该系数就可求出其现值。计算现值的过程叫"折现"或"贴现"。其所使用的利率常称为折现率或贴现率。故$(1+i)^{-n}$或$(P/F, i, n)$也可叫作折现系数或贴现系数。

应用实例 3-8

折现率

某企业对折现率为 10%的项目进行投资,希望第 4 年年末有 1 464.1 万元资金,问现在需投资多少?

【实例评析】

由式(3-11)计算得

$$P = F(1+i)^{-n} = 1\,464.1 \times (1+10\%)^{-4} = 1\,000(万元)$$

由式(3-12)计算得

$$P = F(P/F, i, n) = 1\,464.1 \times (P/F, 10\%, 4) = 1\,464.1 \times 0.688\,0 \approx 1\,007(万元)$$

由以上两个实例可知,现值与终值的概念和计算方法正好相反,现值系数与终值系数互为倒数,即$(P/F, i, n) = \dfrac{1}{(F/P, i, n)}$。

> **特别提示**
>
> 在 P 不变、n 相同时,i 越大,F 越大;在 i 相同时,n 越大,F 越大。在 F 一定、n 相同时,i 越大,P 越小;在 i 相同时,n 越大,P 越小。

2. 等额支付系列的计算

在等额支付的分析中,现金流量需要满足 3 个条件:现金流量连续发生在各时点;现金流量的金额大小相等;现金流量发生的方向相同。这样的资金序列就是本章内容前述的年金 A。

年金的形式是多种多样的,按其发生的时点不同,可以分为普通年金、即付年金、递延年金和永续年金。普通年金(ordinary annuity)是指每期期末收付等额款项的年金,也称后付年金。这种年金在日常生活中最为常见。即付年金(prepaid annuity)是指每期期初收付的年金,也称先付年金。递延年金(deferred annuity)也称延期年金,它是指第一次收付款项发生时间不在第一期期末,而是隔若干期后才开始发生的系列等额收付款项,它是普通年金的特殊形式。永续年金(perpetual annuity)也称永久年金或无限期年金,它是指无限期等额收付的年金,也可视为普通年金的特殊形式。在本节内容中,重点介绍普通年金和即付年金。

1) 普通年金系列

(1) 年金终值计算(已知 A,求 F)。年金终值计算指从第一个计息周期的期末开始,以后各个计息周期期末都向银行存入一笔钱 A,年利率以 i 表示(A 表示年金,F 表示终值),求 n 年后的资金价值是多少。其现金流量图如图 3.5 所示。

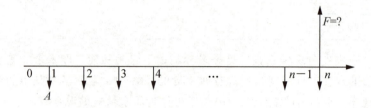

图 3.5 年金终值计算的现金流量图

$$F = \sum_{t=1}^{n} A_t (1+i)^{n-t} = A[(1+i)^{n-1} + (1+i)^{n-2} + \cdots + (1+i) + 1]$$

$$F = A \frac{(1+i)^n - 1}{i} \tag{3-13}$$

式中：$\frac{(1+i)^n - 1}{i}$——等额支付系列终值系数或年金终值系数，用 $(F/A, i, n)$ 表示。则式(3-13)又可写成

$$F = A(F/A, i, n) \tag{3-14}$$

✓ 应用实例 3-9

某大型工程项目计划 5 年建成，每年年末投资 5 000 万元，设年利率为 6%，求第 5 年年末的实际累计总投资额。

【实例点评】

这是一个已知年金求终值的问题，其现金流量图如图 3.6 所示。

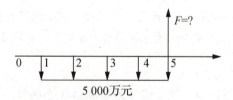

图 3.6 应用实例 3-9 现金流量图

$$A = 5\,000 \text{ 万元}, \quad n = 5, \quad i = 6\%$$

$$F = 5\,000 \times \frac{(1+6\%)^5 - 1}{6\%} \approx 28\,185.5 \text{(万元)}$$

或

$$F = 5\,000 \times (F/A, i, n) = 5\,000 \times (F/A, 6\%, 5) = 5\,000 \times 5.637 = 28\,185 \text{(万元)}$$

(2) 偿债基金(或存储基金)计算(已知 F，求 A)。若已知在第 n 年年末应还清的本利和为 F，年利率为 i，每年应等额偿还的偿还额就叫作偿债基金。反过来，若在第 n 年年末需要从银行取出资金 F，年利率为 i，从现在开始，每年年末应向银行存入多少钱？此时求得的数值就叫作存储基金。其现金流量图如图 3.7 所示。

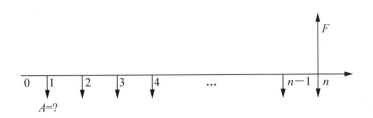

图 3.7 偿债基金计算的现金流量图

由式(3-13)得

$$A=F\frac{i}{(1+i)^n-1} \tag{3-15}$$

式中：$\dfrac{i}{(1+i)^n-1}$——偿债基金系数，表达式为$(A/F,i,n)$，因此偿债基金公式又可以写成

$$A=F(A/F,i,n) \tag{3-16}$$

应用实例 3-10

某企业 5 年后需要一笔 200 万元的资金用于技术改造，如果年利率为 10%，问该企业从现在起每年应存入银行多少钱？

【实例评析】

已知 $F=200$ 万元，$i=10\%$，$n=5$

$$A=200\times\frac{10\%}{(1+10\%)^5-1}\approx 32.76(万元)$$

(3) 资本回收计算(已知 P，求 A)。资本回收计算指在第一年年初从银行借入一笔资金 P，年利率为 i，这笔资金在以后的 n 年内等额偿还，求每年应偿还多少。其现金流量图如图 3.8 所示。

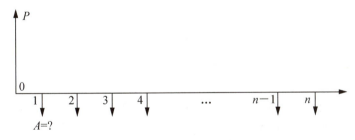

图 3.8 资本回收计算的现金流量图

由式(3-15)和式(3-9)得

$$A=F\frac{i}{(1+i)^n-1}=P\frac{i(1+i)^n}{(1+i)^n-1} \tag{3-17}$$

式中：$\dfrac{i(1+i)^n}{(1+i)^n-1}$——资本回收系数，表达式为$(A/P,i,n)$，因此资本回收公式又可以写成

$$A=P(A/P,i,n) \tag{3-18}$$

应用实例 3-11

某项目投资 200 万元,计划在 10 年内等额收回投资,若已知年利率为 10%,问该项目每年平均净收益至少应达到多少?

【实例评析】

$$P=200 \text{ 万元},\ i=10\%,\ n=10$$

$$A=P\frac{i(1+i)^n}{(1+i)^n-1}=200\times\frac{10\%\times(1+10\%)^{10}}{(1+10\%)^{10}-1}\approx 32.55(\text{万元})$$

(4) 年金现值计算(已知 A,求 P)。若已知每年年末都有一笔固定金额的收入(从第一年的年末开始),年利率为 i,将 n 个计息周期期末的年金均折算到 0 点,问相当于现值多少,这个问题就是年金现值的计算。其现金流量图如图 3.9 所示。

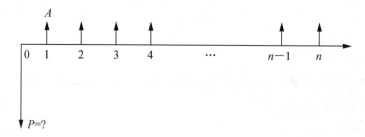

图 3.9 年金现值计算的现金流量图

由式(3-17)得

$$P=A\frac{(1+i)^n-1}{i(1+i)^n} \tag{3-19}$$

式中:$\frac{(1+i)^n-1}{i(1+i)^n}$——年金现值系数,表达式为 $(P/A,i,n)$,因此年金现值的计算公式又可以写成

$$P=A(P/A,i,n) \tag{3-20}$$

应用实例 3-12

某项目现金流量图如图 3.10 所示,年收益率 10%,寿命期 5 年,每年年末可获得 5 000 元的收益,问现在需要投入多少钱?

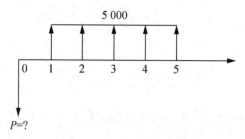

图 3.10 应用实例 3-12 现金流量图

【实例评析】

$$A=5\,000\,元,\ i=10\%,\ n=5$$

$$P=5\,000\times\frac{(1+10\%)^5-1}{10\%\times(1+10\%)^5}\approx 18\,953.93(元)$$

六个基本公式及其系数符号

以上介绍的六个基本公式在工程经济分析中经常用到,其中以一次支付终值(或现值)公式为最基本的公式,其他公式都是在此基础上经过简单数学运算得到的。为便于理解和查阅,现将这六个公式列于表 3-6 中。公式中的六个系数,可根据不同的 i 值和 n 值计算得到,也可直接查询本书附录部分的复利系数表得到。

表 3-6 资金等值计算基本公式

公式名称		已知	未知	复利系数	公式
一次支付	终值	P	F	$(F/P,i,n)$	$F=P(1+i)^n$
	现值	F	P	$(P/F,i,n)$	$P=F(1+i)^{-n}$
等额支付系列	年金终值	A	F	$(F/A,i,n)$	$F=A\dfrac{(1+i)^n-1}{i}$
	偿债基金	F	A	$(A/F,i,n)$	$A=F\dfrac{i}{(1+i)^n-1}$
	资本回收	P	A	$(A/P,i,n)$	$A=P\dfrac{i(1+i)^n}{(1+i)^n-1}$
	年金现值	A	P	$(P/A,i,n)$	$P=A\dfrac{(1+i)^n-1}{i(1+i)^n}$

特别提示

资金等值计算基本公式在推导时的应用前提条件有以下几个:①实施方案的投资假定发生在方案的寿命期初;②实施方案中发生的经常性收益和费用假定发生在计息周期的期末;③本期的期末为下期的期初;④现值 P 是当前期间开始时发生的;⑤终值 F 是当前以后的第 n 期期末发生的;⑥年值 A 是在考察期间间隔发生的;⑦当问题包括求 P 和 A 时,系列的第一个 A 是在 P 发生一个计息周期后发生的;⑧当问题包括求 F 和 A 时,系列的最后一个 A 是与 F 同时发生的。

2) 即付年金系列

即付年金是指每期期初发生收入或支出的年金,也称先付年金,为便于区分,用 A' 表示。即付年金的计算可以在普通年金的基础上进行。即付年金与普通年金的区别就在于年金发生的时间,一个在各年年初,一个在各年年末,那么可以利用一个简单的计算来进行换算:$A=A'\times(1+i)$,然后利用等额支付系列公式进行计算即可。

(1) 即付年金现值计算(已知 A',求 P)。即付年金现值计算指每年年初都有一笔等额的现金 A' 存入银行,年利率为 i,若将 n 个计息期初的年金均折算到 0 点,求相当于多少现值。其现金流量图如图 3.11 所示。

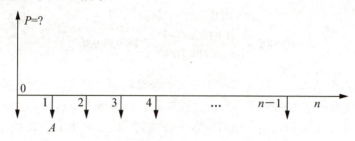

图 3.11 即付年金现值计算公式的现金流量图

由式(3-19)得

$$P=A'\left[\frac{(1+i)^{n-1}-1}{i(1+i)^{n-1}}+1\right] \tag{3-21}$$

式中：$\dfrac{(1+i)^{n-1}-1}{i(1+i)^{n-1}}$——即付年金现值系数，表达式为$(P/A, i, n-1)$，因此即付年金现值的计算公式又可以写成

$$P=A'[(P/A, i, n-1)+1] \tag{3-22}$$

✓ 应用实例 3-13

以应用实例 3-12 的数据为例，若每年年初可收益 5 000 元，问现在需要投入多少钱？

【实例评析】

$$A'=5\,000\text{ 元}, i=10\%, n=5$$

$$P=5\,000\times\left[\frac{(1+10\%)^4-1}{10\%\times(1+10\%)^4}+1\right]\approx 20\,849.33(\text{元})$$

(2) 即付年金终值计算(已知 A'，求 F)。即付年金终值计算指从第一个计息期初开始，以后各个计息期末都向银行存入一笔钱 A'，年利率以 i 表示，求第 n 年年末的资金价值是多少。其现金流量图如图 3.12 所示。

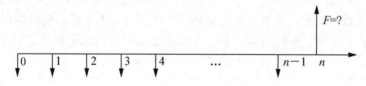

图 3.12 即付年金终值计算公式的现金流量图

由式(3-13)得

$$F=A'\left[\frac{(1+i)^{n+1}-1}{i}-1\right] \tag{3-23}$$

式中：$\dfrac{(1+i)^{n+1}-1}{i}$——即付年金终值系数，表达式为$(F/A, i, n+1)$，因此即付年金终值的计算公式又可以写成

$$F = A'[(F/A, i, n+1)-1] \quad (3\text{-}24)$$

✓ 应用实例 3-14

某人购买一份保险,每年年初向保险公司交纳保险费 2 500 元,连续 20 年,年利率为 5%,问第 20 年年末可以获得多少钱?

【实例评析】

$$A=2\ 500\ 元,\ n=20,\ i=5\%$$

$$F = 2\ 500 \times \left[\frac{(1+5\%)^{21}-1}{5\%} - 1 \right] \approx 86\ 798.13(元)$$

知识链接

除了以上介绍的资金等值计算公式,还有一些其他形式的现金流量时间价值的计算公式,如等比型、等差型等。有能力的学生可以查阅相关网站及参考《工程经济学概论》、一级建造师培训教材等资料进行拓展学习。

3.3.3 资金等值的应用

1. 计息期等于支付期

计息期与支付期一致,说明有效利率与名义利率相同,可以用等值公式直接进行计算。

✓ 应用实例 3-15

某人要按揭贷款购置新车,贷款额为 10 万元,贷款年利率为 6%,贷款期限为 5 年,该人每年还款额是多少?

【实例评析】

$$A = P(A/P, i, n) = 10 \times (A/P, 6\%, 5) = 10 \times 0.237\ 4 = 2.374(万元)$$

该人每年还款额为 2.374 万元。

✓ 应用实例 3-16

年利率为 12%,每半年计息一次,从现在起连续 3 年,每半年等额支付 100 万元,问与其等值的现值为多少?

【实例评析】

计息期(半年)的利率

$$i = \frac{12\%}{2} = 6\%$$

3 年的计息次数

$$n = 2 \times 3 = 6(次)$$

则所求现值为

$$P = A(P/A, i, n) = 100 \times (P/A, 6\%, 6) = 100 \times 4.917\ 3 = 491.73(万元)$$

应用实例 3-17

某人从第 1 年到第 4 年每年年末到银行存款 1 万元，年利率为 10%，那么第 10 年年末其账户上有多少元？现金流量图如图 3.13 所示。

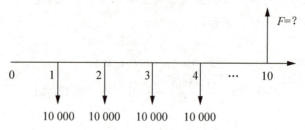

图 3.13　应用实例 3-17 现金流量图

【实例评析】

由 $F = A\,(F/A, i, n)$ 得

$$F_4 = A\,(F/A, i, n) = 10\,000 \times (F/A, 10\%, 4) = 46\,410(元)$$

$F = P\,(F/P, i, n)$ 得

$$F_{10} = P\,(F/P, i, n) = 46\,410 \times (F/P, 10\%, 6) = 82\,238.52(元)$$

到第 10 年年末其账户上有 82 238.52 元。

应用实例 3-18

某建筑公司打算贷款买一部 10 万元的建筑机械，年利率为 10%。预测此机械使用年限为 10 年，每年平均可获净利润 2 万元，问所得净利润是否足以偿还银行贷款？

【实例评析】

已知 $A=2$ 万元，$i=10\%$，$n=10$，求 P 是否不小于 10 万元。

$$\begin{aligned}P &= A(P/A, i, n)\\&= 2 \times (P/A, 10\%, 10)\\&= 2 \times 6.144\,6\\&= 12.289\,2(万元) > 10\,万元\end{aligned}$$

净利润足以偿还贷款。

应用实例 3-19

一学生上大学，每年年末贷款 6 000 元，年利率为 5%，第 4 年毕业，毕业 1 年后开始还款，6 年内还清，问每年应该还多少钱？现金流量图如图 3.14 所示。

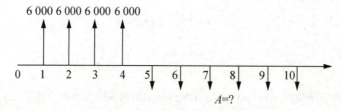

图 3.14　应用实例 3-19 现金流量图

【实例评析】

该实例应先将前 4 年的贷款换算为第 4 年年末的本利和，然后将本利和换算为连续 6 年每年支付的年金。

$$A = 6\,000 \times (F/A, 5\%, 4) \times (A/P, 5\%, 6) = 5\,094.42(元)$$

该学生每年需还 5 094.42 元。

2. 计息期小于支付期

当计息期小于支付期时，等值的计算方法有两种：一是按计息期实际利率计算；二是按支付期年实际利率计算。

应用实例 3-20

某企业 5 年内每年年末投资 1 000 万元用于某项目，贷款年利率为 8%，若每年计息 4 次，问此项投资在第 5 年年末的本利和是多少？其现值又是多少？现金流量图如图 3.15 所示。

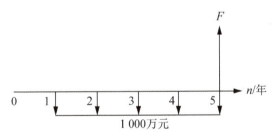

图 3.15　应用实例 3-20 现金流量图

【实例评析】

1. 支付期向计息期靠拢

由公式 $A=F(A/F, i, n)$ 将每年年末的 1 000 万元折算到当年的各季末，如图 3.16 所示。

$$A = 1\,000 \times (A/F, 2\%, 4) = 1\,000 \times 0.242\,6 = 242.60(万元)$$

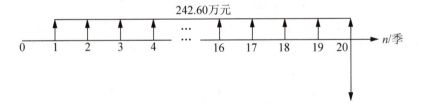

图 3.16　各年折算后的现金流量图

然后运用公式 $F=A(F/A, i, n)$ 将其折算到第 20 季末(即第 5 年年末)，即得此项投资在第 5 年年末的本利和。

$$F = A(F/A, 2\%, 20) = 242.60 \times 24.297\,4 \approx 5\,894.55(万元)$$

再运用等额支付现值公式 $P=A(P/A, i, n)$ 将其折算到第 1 年年初，即得此项投资的现值。

$$P = A(P/A, 2\%, 20) = 242.60 \times 16.351\,4 \approx 3\,966.85(万元)$$

2. 计息期向支付期靠拢

先求出年实际利率，再运用等额支付终值公式 $F=A(F/A, i, n)$ 将其折算到第 5 年年末，即得此项投资在第 5 年年末的本利和。

$$i_{\text{eff}} = \left(1+\frac{8\%}{4}\right)^4 - 1 \approx 8.24\%$$

$$F = 1\,000 \times \frac{(1+8.24\%)^5 - 1}{8.24\%} \approx 5\,894.74(万元)$$

再运用一次支付现值公式 $P=F(P/F, i, n)$ 将第 5 年年末的本利和折算到第 1 年年初，即得此项投资现值。

$$P = 5\,894.74 \div (1+8.24\%)^5 \approx 3\,967.58(万元)$$

> **特别提示**
>
> 有时上述两法的计算结果有很小的差异，这是由计算过程的尾数误差造成的，此差异是允许的。

应用实例 3-21

若年利率为 10%，每半年计息一次，从现在起连续 3 年年末等额支付 500 元，求与其等值的现值是多少？

【实例评析】

(1) 先求出年实际利率，再运用等额支付现值公式 $P=A(P/A, i, n)$ 将其折算到第 1 年年初，即得与其等值的现值。现金流量图如图 3.17 所示。

$$i_{\text{eff}} = \left(1+\frac{10\%}{2}\right)^2 - 1 = 10.25\%$$

$$P = 500 \times \frac{(1+10.25\%)^3 - 1}{10.25\% \times (1+10.25\%)^3} \approx 1\,237.97(元)$$

(2) 先运用等额支付偿债基金公式 $A=F(A/F, i, n)$ 将每年年末的 500 元折算到当年的各半年末，如图 3.18 所示。然后运用等额支付现值公式 $P=A(P/A, i, n)$ 将其折算到第 1 个半年年初(即第 1 年年初)，即得与其等值的现值。

$$A = F(A/F, 5\%, 2) = 500 \times 0.487\,8 = 243.90(元)$$

$$P = A(P/A, 5\%, 6) = 243.90 \times 5.075\,7 \approx 1\,237.96(元)$$

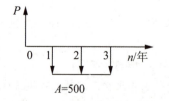

图 3.17 以年为计息期的现金流量图

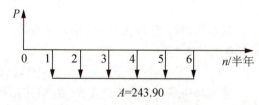

图 3.18 以半年为计息期的现金流量图

> **特别提示**
>
> 对等额支付系列现金流量,只有计息期与支付期一致时才能按计息期名义利率计算。否则,只能用实际利率计算。

3. 计息期大于支付期

当计息期大于支付期时,在计息期所收或付的款项不计算利息,通常是存款必须存满整个计息期才计算利息。即某计息期间存入的款项,相当于在下一个计息期初存入的,在计息期内提取的款项,相当于在前一个计息期末提取的。

应用实例 3-22

某公司投资一个项目,项目寿命期内的现金流量图如图 3.19 所示。年利率为 10%,半年计息一次,求该项目的终值。

【实例评析】

按照计息期所收或付的款项不计算利息的规定,将如图 3.19 所示的现金流量图整理为如图 3.20 所示之后再进行计算。

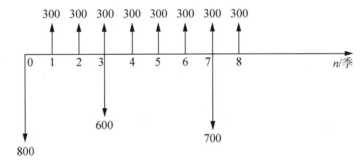

图 3.19 应用实例 3-22 现金流量图

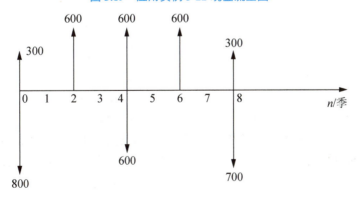

图 3.20 整理后的现金流量图

$F = (300-800) \times (F/P, 5\%, 4) + 600 \times (F/P, 5\%, 3) + 600 \times (F/P, 5\%, 1) - (700-300) = 316.80(元)$

该项目终值为 316.80 元。

本章小结

本章对资金的时间价值进行了详细的阐述，资金的时间价值对工程经济分析是至关重要的。

利息的计算方式有单利和复利两种，复利计算有离散式计息和连续计息之分，一般应用离散式计息。

在实际应用中，计息周期可以是一年、半年、一个季度、一个月、一旬或一周，当计息周期小于一年时，就出现了名义利率和有效利率的概念。

资金等值计算是对项目进行财务评价和可行性研究的基础，六个基本计算公式作为等值计算的基础，必须熟练掌握，正确应用。

复习思考题

一、单项选择题

1. 在现金流量表中，列入现金流出项目的是(　　)。
   A. 政府补贴　　　　　　　　B. 借款本金偿还
   C. 回收固定资产余值　　　　D. 营业收入

2. 在图3.21所示现金流量图中，若时间单位为年，则数额为40的现金流量的发生时点为(　　)。

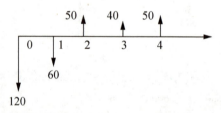

图3.21　单项选择题2的现金流量图

   A. 第2年年末　　B. 第3年年初　　C. 第3年年中　　D. 第3年年末

3. 已知年名义利率为8%，每季度计息一次，则年有效利率为(　　)。
   A. 8.80%　　　　B. 8.24%　　　　C. 8.16%　　　　D. 8.00%

4. 在进行工程经济分析时，不仅要着眼于技术方案资金量的大小，而且要考虑(　　)。
   A. 资金的使用成本　　　　　B. 资金节约的数量
   C. 资金的机会成本　　　　　D. 资金发生的时间

5. 当年利率为10%时，现在的10 000元等于5年后的(　　)元。
   A. 13 310　　　B. 14 604　　　C. 16 110　　　D. 19 487

6. 某施工企业每年年末存入银行100万元，用于3年后的技术改造，已知银行存款年利率为5%，按年复利计息，则到第3年年末可用于技术改造的资金总额为(　　)万元。

A．331.0　　　　B．330.8　　　　C．315.3　　　　D．315.0

7．现有4个贷款方案：甲方案年贷款利率6.11%，每季度复利一次；乙方案年贷款利率6%，每季度复利一次；丙方案年贷款利率6%，每月复利一次；丁方案年贷款利率6%，每半年复利一次。则贷款利率最低的方案是(　　)方案。

A．甲　　　　　B．乙　　　　　C．丙　　　　　D．丁

8．要正确绘制现金流量图，必须把握好现金流量的三要素，这三要素不包括(　　)。

A．大小　　　　B．方向　　　　C．来源渠道　　　D．作用点

9．对等额支付系列流量，只有满足一定条件才能按计息期利率计算，该条件是(　　)。

A．计息期与支付期一致　　　　　B．计息期与支付期不一致
C．计息期小于支付期　　　　　　D．计息期大于支付期

10．某施工单位拟投资一项目，在投资总额和年收益不变的情况下，4个备选方案各年投资比例见表3-7(投资时点均相同)，则对该单位较为有利的方案是(　　)。

表3-7　4个备选方案各年投资比例表

备选方案	第1年	第2年	第3年	合计
方案一	50%	40%	10%	100%
方案二	40%	40%	20%	100%
方案三	30%	40%	30%	100%
方案四	10%	40%	50%	100%

A．方案一　　　B．方案二　　　C．方案三　　　D．方案四

二、多项选择题

1．关于现金流量图绘制规则的说法，正确的有(　　)。

A．横轴为时间轴，向右延伸表示时间的延续
B．对投资人而言，横轴向上的箭线表示现金流出
C．垂直箭线代表不同时点的现金流量情况
D．箭线长短应体现各时点现金流量数值的差异
E．箭线与时间轴的交点即为现金流量发生的时点

2．影响资金等值的因素有(　　)。

A．利息　　　　　　　　　　B．利率或折现率
C．资金发生的时点　　　　　D．资金量的大小
E．资金等值换算的方法

3．关于年有效利率与名义利率的说法，正确的有(　　)。

A．当每年计息次数大于1时，名义利率大于年有效利率
B．年有效利率比名义利率更能准确反映资金的时间价值
C．名义利率一定时，计息周期越短，年有效利率与名义利率差异越小
D．名义利率为r，一年内计息m次，则计息周期利率为$r×m$
E．当每年计息次数等于1时，则年有效利率等于名义利率

4. 关于资金时间价值的说法中，正确的有( )。
   A. 在总资金一定的情况下，前期投入的资金越少，资金的效益越好；反之，后期投入的资金越少，资金的负效益越大
   B. 在单位时间的资金增值率一定的条件下，资金使用时间越长，资金的时间价值就越小
   C. 在其他条件不变的情况下，资金数量越多，资金的时间价值就越大
   D. 在一定的时间内，等量的资金周转的次数越多，资金的时间价值就越多
   E. 任何资金的闲置，都会损失资金的时间价值

5. 下列选项中，( )可以视为年金的形式。
   A. 每月从社保部门领取的养老金
   B. 从保险公司领取的养老金
   C. 每月定额缴纳的房屋贷款
   D. 基金的定额定投
   E. 每月固定的房租

三、简答题

1. 什么是现金流量图？它由哪些要素组成？
2. 资金时间价值的概念是什么？影响因素都有哪些？
3. 什么是名义利率？什么是有效利率？

四、计算题

1. 某建筑公司进行技术改造，第1年年初投资100万元，第2年年初投资200万元，第2年到第5年，每年收入400万元，第5年支付税金4万元，回收残值3万元，请绘制现金流量图。

2. 每半年存款1 000元，年利率为8%，每季复利一次，则第5年年末存款余额为多少？

3. 某企业投资期初贷款3 000万元，10年后归还所有本息，若贷款利率为5%，则第10年年末应归还的资金是多少？

4. 某厂欲积累一笔设备更新基金，用于4年后更新设备。此项投资总额为500万元，银行利率12%，问每年年末至少要存款多少？

5. 某项工程的投资为贷款，第1年贷款1 000万元，1年后贷款1 500万元，2年后贷款2 000万元，第3年建成投产。投资全部由同一银行贷款，年利率为8%。贷款从第3年开始每年年末等额偿还，还款期10年，问每年应偿还银行多少万元？

在线答题

第 4 章　投资方案的比较和选择

思维导图

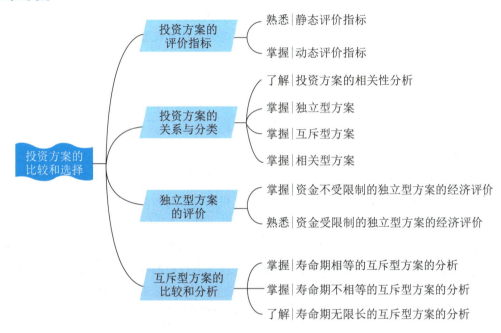

导入案例

某项目建设投资1000万元，建设期为1年，静态投资回收期为6年。投产首年仅达到设计生产能力的80%，以后各年均达到设计生产能力，期末回收固定资产余值，现金流量情况如下。

第2年：现金流入642.4万元，现金流出537.92万元。

第3~6年：现金流入均为678万元，现金流出分别为413.23万元、453.65万元、491.15万元、453.65万元。

第7年：现金流入1268.08万元，现金流出453.65万元。

已知行业基准收益率为10%，企业投资者可接受的最低收益率为15%，计算项目净现值和内部收益率，并判断项目的财务可行性。

4.1 投资方案的评价指标

在工程经济研究中，经济评价是在拟订工程项目方案、投资估算和融资方案的基础上，对工程项目方案计算期内各种有关技术经济因素和方案投入与产出的财务资料数据进行调查、分析、预测，对工程项目方案的经济效果进行计算、评价。

经济评价是工程经济分析的核心内容。其目的在于确保决策的正确性和科学性，避免或最大限度地减小工程项目投资的风险，明了建设方案投资的经济效果，最大限度地提高工程项目投资的综合经济效益。为此，正确选择经济评价指标和方法是十分重要的。

如果按照投资项目的资金回收速度、获利能力和资金使用效率进行分类，投资项目的经济评价指标可分为时间型指标、价值型指标(即以货币量来表示的指标)和效率型指标；按是否考虑资金的时间价值，经济评价指标分为静态评价指标和动态评价指标，静态、动态评价指标分别适用于不同的方案评价问题。投资方案的评价指标详见表4-1。

表4-1 投资方案的评价指标

指标类型	具体指标	静/动态评价指标
时间型指标	投资回收期	静态、动态
	差额投资回收期	静态、动态
	固定资产投资借款偿还期	动态
价值型指标	净现值，净年值，净将来值	动态
	费用现值，费用年值	动态

续表

指标类型	具体指标	静/动态评价指标
效率型指标	投资收益率，投资利税率	静态
	内部收益率，外部收益率	动态
	换汇成本，节汇成本(涉外项目)	动态
	净现值指数	动态
	效益-费用比	动态
	差额内部收益率	静态

4.1.1 静态评价指标

不考虑资金时间价值的评价指标称为静态评价指标。静态评价指标主要用于技术经济数据不完备和不精确的项目初选阶段，或对寿命期比较短的项目以及逐年收益大致相等的项目进行评价。静态评价指标的优点是计算简便、直观，因而广泛用来对投资效果进行粗略化估计；它的主要缺点是没有考虑资金的时间价值和不能反映项目整个寿命期间的全面情况，因此在对投资项目进行经济评价时，应以动态分析为主，必要时另加某些静态评价指标进行辅助分析。

1. 静态投资回收期

投资回收期也称投资返本期，是反映技术方案投资回收能力的重要指标，分为静态投资回收期和动态投资回收期。

技术方案静态投资回收期是在不考虑资金时间价值的条件下，以技术方案的净收益回收其总投资(包括建设投资和流动资金)所需要的时间，一般以年为单位。

投资回收期的起点一般应从项目投资建设之日算起，有时也从投产之日或贷款之日算起，但应予以注明。投资回收期一般是越短越好。

从建设开始年算起，静态投资回收期 P_t 的表达式为

$$\sum_{t=0}^{P_t}(CI-CO)_t = 0 \tag{4-1}$$

式中： CI——现金流入量；
　　　 CO——现金流出量；
$(CI-CO)_t$——第 t 年的净现金流量；
　　　 P_t——静态投资回收期，年。

静态投资回收期也可根据全部投资的财务现金流量表中的累计净现金流量计算求得，分为以下两种情况。

(1) 若项目建成投产后各年的净现金流量均相同，则

$$P_t = \frac{K}{A} \tag{4-2}$$

式中：K——全部投资额；
　　　 A——每年的净现金流量。

应用实例 4-1

某投资方案一次性投资 1 000 万元，估计投产后各年的平均净现金流量为 180 万元，求该方案的静态投资回收期。

【实例评析】

$$P_t = \frac{K}{A} = \frac{1000}{180} \approx 5.56(年)$$

应用实例 4-2

某技术方案的净现金流量如图 4.1 所示，求该方案的静态投资回收期。

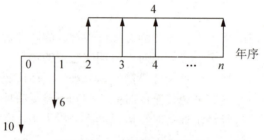

图 4.1 应用实例 4-2 现金流量图(单位：万元)

【实例评析】

根据现金流量图可知，该方案的年净现金流量是等额的，其全部投资为 K=10+6=16(万元)。根据公式 $P_t = \dfrac{K}{A}$ 可得

$$P_t = \frac{K}{A} = \frac{16}{4} = 4(年)$$

即自投产年算起，项目的投资回收期为 4 年。

自项目建设开始年算起的投资回收期为 4+1=5(年)。

(2) 若项目建成投产后各年的净现金流量均不同，静态投资回收期可根据累计净现金流量求得，也就是在技术方案投资现金流量表中累计净现金流量由负值变为零的时点，计算公式为

$$P_t = \left(\begin{array}{c} 累计净现金流量 \\ 开始出现正值年数 \end{array} \right) - 1 + \frac{上年累计净现金流量绝对值}{当年净现金流量} \tag{4-3}$$

应用实例 4-3

某项目各年的净现金流量如图 4.2 所示，试根据投资回收期法判断该项目是否可行。

第4章 投资方案的比较和选择

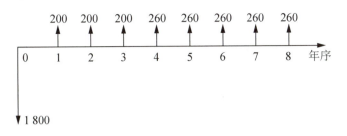

图 4.2 应用实例 4-3 现金流量图(单位：万元)

【实例评析】

列出该投资方案的累计净现金流量，见表 4-2。

表 4-2 该项目现金流量情况表　　　　　　　　　　　　　　　单位：万元

年序	0	1	2	3	4	5	6	7	8
净现金流量	-1 800	200	200	200	260	260	260	260	260
累计净现金流量	-1 800	-1 600	-1 400	-1 200	-940	-680	-420	-160	100

根据式(4-3)，有

$$P_t = 8 - 1 + \frac{|-160|}{260} \approx 7.615 (年)$$

用静态投资回收期评价投资项目时，需要与根据同类项目的历史数据和投资者意愿确定的基准投资回收期相比较。设基准投资回收期为 P_c，判别准则如下：

若 $P_t \leq P_c$，则项目可以考虑接受；

若 $P_t > P_c$，则项目应予以拒绝。

应用实例 4-4

某项目净现金流量见表 4-3，试判断项目是否可行(P_c=5 年)。

表 4-3 应用实例 4-4 现金流量情况表　　　　　　　　　　　　　单位：万元

年序	0	1	2	3	4	5	6	7
净现金流量	-700	-200	200	300	300	300	300	300

【实例评析】

根据该项目净现金流量列出累计净现金流量，见表 4-4。

表 4-4 该项目现金流量情况表　　　　　　　　　　　　　　　单位：万元

年序	0	1	2	3	4	5	6	7
净现金流量	-700	-200	200	300	300	300	300	300
累计净现金流量	-700	-900	-700	-400	-100	200	500	800

静态投资回收期

$$P_t = 5 - 1 + \frac{|-100|}{300} \approx 4.33 \text{(年)}$$

项目静态投资回收期小于基准投资回收期(5年)，所以项目是可行的。

 应用实例 4-5

某项目各年的现金流量预计见表 4-5，试根据投资回收期法判断该项目是否可行($P_c = 6$ 年)。

表 4-5 应用实例 4-5 现金流量情况表   单位：万元

年序	0	1～3	4～8	9
投资支出	2 800			
营业收入		500	680	700
经营成本		100	220	230

【实例评析】

投资回收期计算见表 4-6。

表 4-6 投资回收期计算表   单位：万元

年序	净现金流量	累计净现金流量
0	-2 800	-2 800
1	400	-2 400
2	400	-2 000
3	400	-1 600
4	460	-1 140
5	460	-680
6	460	-220
7	460	240
8	460	700
9	470	1 170

由表 4-6 可知

$$P_t = 7 - 1 + \frac{|-220|}{460} \approx 6.48 \text{(年)} > 6 \text{年}$$，所以该项目不可行。

> **特别提示**
>
> 项目决策面临着未来的不确定性因素的挑战，这种不确定性所带来的风险随着时间的延长而增加，因为离现时越远，人们所能把握的信息就越少。为了减少这种风险，就必然希望投资回收期越短越好。

静态投资回收期指标的优点，第一是概念清晰，简单易用；第二是它可反映项目的风险大小。其缺点也很明显，它舍弃了回收期以后的收入与支出数据，故不能全面反映项目在寿命期内的真实效益，难以对不同方案的比较选择做出正确判断。静态投资回收期不是全面衡量建设项目的理想指标，它只能用于粗略评价或者作为辅助指标。

2. 投资收益率

投资收益率又叫投资利润率，它是指在项目达到设计能力后，其每年的净收益与项目全部投资额的比值，是考察项目单位投资盈利能力的指数。根据分析目的的不同，技术方案的投资收益率又可分为总投资收益率、资本金净利润率。

投资收益率的一般表达式为

$$R = \frac{NB}{K} \times 100\% \qquad (4\text{-}4)$$

式中：K——投资总额，全部投资额或投资者的权益投资额；

NB——正常年份的净收益(或平均年收益)，根据不同的分析目的，NB可以是纯利润，也可以是利润和税金总额，还可以是年净现金流入等；

R——投资收益率，根据K和NB的具体含义，它可以表现为各种不同的具体形态。

采用投资收益率评价投资方案的经济效果，需要与基准投资收益率做比较。设基准投资收益率为R_0，判别准则如下：

若$R \geqslant R_0$，则项目可以考虑接受；

若$R < R_0$，则项目应予以拒绝。

✓ 应用实例 4-6

某项目投资与收益情况见表 4-7，试计算投资利润率。

表 4-7 某项目投资与收益情况表　　　　　　　　　　　　　　　单位：万元

年序	0	1	2	3	4	5	6
投资支出	-271 792						
息税前利润		19 943	28 269	27 824	27 311	27 311	27 421

【实例评析】

年平均息税前利润=(19 943+28 269+27 824+27 311+27 311+27 421)/6=26 346.5(万元)

总投资收益率=26 346.5/271 792×100%≈9.69%，即总投资收益率为 9.69%。

它反映了项目总投资的盈利水平，运营期内年平均息税前利润与总投资额的比值。

✓ 应用实例 4-7

某项目资本金投资为 750 万元，正常年份的销售收入为 500 万元，年净利润为 150 万元，试求资本金净利润率。若行业基准资本金净利润率 R_0=15%，试判断项目的财务可行性。

【实例评析】

资本金净利润率 $R = 150/750 \times 100\% = 20\%$

$R > R_0 = 15\%$，故项目可以考虑接受。

用总投资收益率衡量整个技术方案的获利能力，要求技术方案的总投资收益率应大于行业的基准投资收益率，总投资收益率越高，从技术方案中获得的收益就越多。而资本金净利润率则用于衡量技术方案资本金的获利能力，资本金净利润率越高，资本金所取得的利润就越多，权益投资盈利水平也就越高；反之，则情况相反。对于技术方案而言，若总投资收益率或资本金净利润率高于同期银行利率，适度举债是有利的，但过高的负债比率也将损害企业和投资者的利益。由此可以看出，总投资收益率或资本金净利润率指标不仅可以用来衡量技术方案的获利能力，而且可以作为技术方案筹资决策参考的依据。

投资收益率指标的优点：计算简便，能够直观地衡量项目的经营成果；适用于各种投资规模。投资收益率指标的不足在于没有考虑投资收益的时间因素，忽视了资金具有时间价值的重要性；计算过程中的主观随意性太大，对于应该如何计算投资资金占用，如何确定利润，都存在一定的不确定性和人为因素。因此以投资收益率指标作为主要的决策依据不太可靠。

3. 静态评价方法小结

(1) 工程技术经济分析的静态评价方法的最大优点是简便、直观，主要适用于方案的粗略评价。

(2) 静态投资回收期、投资收益率等指标都要与相应的基准值比较，由此形成评价方案的约束条件。

(3) 静态投资回收期和投资收益率是绝对指标，即只能判断方案是否可行，不能判断两个或两个以上的方案孰优孰劣。

(4) 静态评价方法也有一些缺点。

① 不能客观地反映方案在寿命期内的全部经济效果。

② 未考虑各方案经济寿命的差异对经济效果的影响。

③ 没有引入资金的时间因素，当项目运行时间较长时，不宜采用这种方法进行评价。

4.1.2 动态评价指标

动态评价指标是一种考虑了资金时间价值的技术经济评价指标。它是将项目研究期内不同时期的现金流量换算成同一时点的价值，作为进行分析比较的依据。这对投资者和决策者合理利用资金、不断提高经济效益具有很重要的意义。动态评价指标一般可分为净现值、净现值指数、净年值、费用现值、费用年值、动态投资回收期和内部收益率等。

1. 净现值

净现值是指按一定的折现率(基准收益率i_c)，将各年的净现金流量折现到同一时点(计算基准年，通常是期初)的现值累加值。其表达式为

$$\text{NPV} = \sum_{t=0}^{n} (\text{CI} - \text{CO})_t (1 + i_c)^{-t} \tag{4-5}$$

式中：i_c——基准收益率；

NPV——净现值；

n——计算期。

如果净现值大于或等于零，即NPV≥0，说明该投资方案的收益率高于或等于基准收益率水平，该方案在经济上是可行的，净现值越大，投资方案就越优。反之，净现值小于零，即NPV<0，说明该投资方案的收益率达不到基准收益率水平，该投资方案的经济性不好，故为不可行方案。

> **特别提示**
>
> 如果净现值小于零，并不代表方案是亏损的，而是表示方案没有达到规定的基准收益率水平。方案的净现值等于零，表示方案正好达到了规定的基准收益率水平；如果方案净现值大于零，则表明方案除能达到规定的基准收益率水平之外，还能得到超额收益。

应用实例 4-8

某技术方案净现金流量见表4-8，基准收益率为8%，用净现值法计算投资方案是否可行。

表4-8 应用实例4-8现金流量情况表　　　　　　　　　　　　　　　　　单位：万元

年序	0	1	2	3	4	5	6	7
净现金流量	-4 200	-4 700	2 000	2 500	2 500	2 500	2 500	2 500

【实例评析】

$$NPV = -4\,200 - 4\,700 \times \frac{1}{1+8\%} + 2\,000 \times \frac{1}{(1+8\%)^2} + 2\,500 \times \frac{1}{(1+8\%)^3} + 2\,500 \times \frac{1}{(1+8\%)^4} +$$

$$2\,500 \times \frac{1}{(1+8\%)^5} + 2\,500 \times \frac{1}{(1+8\%)^6} + 2\,500 \times \frac{1}{(1+8\%)^7}$$

$$\approx 1\,720.59(万元)$$

即 NPV>0，故该投资方案可行。

应用实例 4-9

某项目的各年现金流量见表4-9，试用净现值指标判断项目的经济性（i_c=12%）。

表4-9 应用实例4-9现金流量情况表　　　　　　　　　　　　　　　　　单位：万元

年序	0	1	2	3	4～19	20
投资支出	400	100				
经营成本			170	170	170	170
营业收入			250	250	300	500
净现金流量	-400	-100	80	80	130	330

【实例评析】

利用式(4-5)，将表中各年净现金流量代入，得

$NPV = -400 - 100(P/F, 12\%, 1) + 80(P/F, 12\%, 2) + 80(P/F, 12\%, 3) +$
$\quad\quad 130(P/A, 12\%, 16)(P/F, 12\%, 3) + 330(P/F, 12\%, 20)$
$\quad = -400 - 100 \times 0.892\,9 + 80 \times 0.797\,2 + 80 \times 0.711\,8 + 130 \times 6.974\,0 \times 0.711\,8 + 330 \times 0.103\,7$
$\quad \approx 310.98(万元)$

由于 NPV > 0，故此项目在经济效果上是可以接受的。

净现值指标的优点：考虑了资金的时间价值，并全面考虑了项目在整个计算期内的经济状况；经济意义明确，能够直接以货币额表示项目的盈利水平；评价标准容易确定，判断直观。净现值指标的不足之处：必须首先确定一个符合经济现实的基准收益率，而基准收益率的确定往往比较复杂；在互斥型方案评价时，用净现值法必须慎重考虑互斥型方案的寿命，如果互斥型方案寿命期不等，则必须构造一个相同的研究期，才能进行各个方案之间的比选；不能反映项目投资中单位投资现值的使用效率，不能直接说明在项目运营期间各年的经营成果；没有给出该投资过程确切的收益大小，不能反映投资的回收速度。

知识链接

净现值与折现率的关系

如果已知某投资方案各年的净现金流量，则该方案的净现值就完全取决于所选用的折现率，折现率越大，净现值就越小；折现率越小，净现值就越大。随着折现率的逐渐增大，净现值将由大变小，由正变负，如图4.3所示。

净现值指数

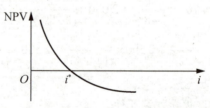

图4.3 净现值与折现率关系曲线

2. 净现值指数

净现值指数是按基准收益率求得的方案计算期内的净现值与其全部投资现值的比值，它反映了单位投资现值所获得的净现值。净现值不能直接反映资金的利用效率，为了考察资金的利用效率，可采用净现值指数作为净现值的补充指标。其表达式为

$$\text{NPVR} = \frac{\text{NPV}}{K_p} = \frac{\text{NPV}}{\sum_{t=0}^{n} K_t (1+i_c)^{-t}} \tag{4-6}$$

式中：NPVR——净现值指数；

K_p——项目全部投资现值。

净现值指数的判别准则:

对于单一项目方案,净现值指数的判别准则与净现值相同,即 NPVR≥0,投资方案应予以接受;NPVR<0,投资方案应予以拒绝。

对于多个项目方案之间的比选,净现值指数的判别结果不一定与净现值相同,以净现值指数大于或等于零,且最大者为优。

> **特别提示**
>
> 净现值指数表示单位投资现值所取得的净现值,也就是单位投资现值所取得的超额净收益。净现值指数的最大化,将有利于实现有限投资取得净贡献的最大化。

3. 净年值

净年值是将方案各个不同时点的净现金流量按基准收益率折算成与其等值的整个寿命期内的等额支付序列年值。它与净现值的相同之处是:两者都要在给出的基准收益率的基础上进行计算。不同之处是:净现值给出的信息是项目在整个寿命期内获取的超出最低期望盈利的超额净收益现值,净年值给出的信息是项目在寿命期内每年的等额超额净收益。由于在某些决策结构形式下,采用净年值更为简便和易于计算,特别是净年值指标可直接用于寿命期不等的多方案比较,故净年值指标在经济评价指标体系中占有相当重要的地位。净年值的计算表达式为

$$\mathrm{NAV} = \mathrm{NPV}(A/P, i_c, n) = \left[\sum_{t=0}^{n}(\mathrm{CI}-\mathrm{CO})_t(P/F, i_c, t)\right](A/P, i_c, n) \tag{4-7}$$

式中:NAV——净年值;

NPV——净现值。

净年值的判别准则:

在独立型方案或单一方案评价时,NAV≥0,方案可行;NAV<0,方案应予以拒绝。
在多方案比较时,净年值大的方案为优。

  应用实例 4-10

某化工项目净现金流量见表 4-10,基准收益率 i_c=15%,计算该项目的净年值。

表 4-10 应用实例 4-10 现金流量情况表 单位:万元

年序	0	1	2	3	4	5	6
净现金流量	-9 000	3 000	3 000	3 000	3 000	3 000	3 000

【实例评析】

NAV=-9 000(A/P, 15%, 6)+3 000
　　=-9 000×0.264 2+3 000
　　=622.2(万元)

项目的净年值 NAV>0,所以项目可行。

> **特别提示**
>
> 净年值表明方案在寿命期内每年除按基准收益率应得的收益外，所取得的等额超额净收益。就项目方案的评价结论而言，净现值与净年值是等效评价指标，但采用净年值比净现值更为简单和易于计算。

应用实例 4-11

某投资方案的净现金流量见表 4-11，设基准收益率为 10%，求该方案的净年值，并判断方案是否可行。

表 4-11 应用实例 4-11 现金流量情况表　　　　　　　　　　　　　单位：万元

年序	0	1	2	3	4
净现金流量	-5 000	2 000	4 000	-1 000	7 000

【实例评析】

NAV=[-5 000+2 000(P/F, 10%, 1)+4 000(P/F, 10%, 2)-1 000(P/F, 10%, 3)+ 7 000(P/F, 10%, 4)](A/P, 10%, 4)≈1 321.60(万元)

NAV > 0，故项目可行。

4. 费用现值、费用年值

在对多个方案比较选优时，如果诸方案产出价值相同，或者诸方案能够满足同样需要但其产出效益难以用价值形态(货币)计量(如环保、教育、保健、国防领域的项目)，为简便起见，可省略收入，只计算支出。这就出现了经常使用的两个指标：费用现值和费用年值。

费用现值就是把不同方案计算期内的年费用按基准收益率换算为基准年的现值，再加上方案的总投资现值。费用年值是将投资方案的总投资及费用，按照预定的贴现率折算成等值的年费用。其表达式分别为

$$PC = \sum_{t=0}^{n} CO_t (1+i_c)^{-t} \tag{4-8}$$

$$AC = \sum_{t=0}^{n} CO_t (1+i_c)^{-t} (A/P, i_c, n) = PC(A/P, i_c, n) \tag{4-9}$$

式中：PC——费用现值；

CO_t——年现金流出；

AC——费用年值。

费用现值的判别准则：费用现值可用于多方案比选，但各方案必须具备相同的研究期(寿命期不等的方案取寿命期最小公倍数为共同的研究期)，费用现值最小的方案为优。

费用年值的判别准则：费用年值可用于多方案比选，费用年值最小的方案是经济性较好的方案。

> **特别提示**
>
> 费用现值与费用年值的比较结果是统一的。在费用现值、费用年值的计算过程中，只计算费用，因此费用为正数，所以采用最小化原则进行评价。

应用实例 4-12

某水利项目有 3 个灌溉水渠施工方案 A、B、C，均能满足同样的灌溉需要，其费用数据见表 4-12。在基准收益率 i_c=10%的情况下，试用费用现值和费用年值确定最优方案。

表 4-12　3 个灌溉水渠施工方案的费用数据表　　　　　　单位：万元

方案	总投资(期初)	年维护费用(1~10 年)
A	300	40
B	340	30
C	400	25

【实例评析】

(1) 各方案的费用现值计算如下。

$$PC_A=300+40(P/A, 10\%, 10)=545.78(万元)$$
$$PC_B=340+30(P/A, 10\%, 10)=524.34(万元)$$
$$PC_C=400+25(P/A, 10\%, 10)=553.62(万元)$$

(2) 各方案的费用年值计算如下。

$$AC_A=300(A/P, 10\%, 10)+40=88.84(万元)$$
$$AC_B=340(A/P, 10\%, 10)+30=85.35(万元)$$
$$AC_C=400(A/P, 10\%, 10)+25=90.12(万元)$$

通过计算比较，B 方案的 PC、AC 最低，故 B 方案最优。

动态投资回收期

5. 动态投资回收期

动态投资回收期是在考虑资金时间价值的条件下，以项目每年的净收益回收项目全部投资所需要的时间。其表达式为

$$\sum_{t=0}^{P_D}(CI-CO)_t(1+i_c)^{-t}=0 \quad (4-10)$$

式中：P_D——动态投资回收期。

也可用全部投资的财务现金流量表中的累计净现金计算求得，其详细计算式为

$$P_D=\left(\begin{array}{c}累计折现值出\\现正值的年数\end{array}\right)-1+\frac{上年累计折现值的绝对值}{当年净现金流量的现值} \quad (4-11)$$

采用动态投资回收期评价投资项目的可行性，需要与基准动态投资回收期相比较。设基准动态投资回收期为 P_c，判别准则为：若 $P_D \leqslant P_c$，项目可以被接受，否则应予以拒绝。

应用实例 4-13

某项目有关数据见表 4-13，设 $i_c=10\%$，试计算该项目的动态投资回收期。

表 4-13 应用实例 4-13 现金流量情况表　　　　　　　　　　单位：万元

年序	0	1	2	3	4	5	6
投资支出	200	500					
营业收入			100	250	250	250	250

【实例评析】

根据上表计算项目的相关数据见表 4-14。

表 4-14 动态投资回收期计算表　　　　　　　　　　单位：万元

年序	0	1	2	3	4	5	6
投资支出	200	500					
营业收入			100	250	250	250	250
净现金流量	-200	-500	100	250	250	250	250
净现金流量现值	-200	-454.6	82.7	187.8	172.0	157.5	141.1
累计净现金流量现值	-200	-654.6	-571.9	-384.1	-212.1	-54.6	86.5

根据表 4-14 的计算，明显可以看出，投资回收期应在第 5 年和第 6 年之间。可以采用线性插值法计算，本例在第 6 年出现正值，根据式(4-11)有

$$P_D = 6 - 1 + \frac{|-54.6|}{141.1} \approx 5.39 \text{(年)}$$

特别提示

当动态投资回收期小于或等于方案计算期时，即当 $P_D \leq n$ 时，由动态投资回收期的计算表达式可知，此时 NPV≥0，方案可被接受；反之，当 $P_D > n$ 时，NPV<0，方案不可被接受。

6. 内部收益率

对具有常规现金流量(即在计算期内，开始时有支出而后才有收益，且方案的净现金流量序列的符号只改变一次的现金流量)的技术方案，其财务净现值 FNPV 的大小与折现率的高低有直接的关系。若已知某技术方案各年的净现金流量，则该技术方案的财务净现值就完全取决于所选用的折现率，即财务净现值是折现率的函数。

$$\text{FNPV} = \sum_{t=0}^{n} (CI - CO)_t (1+i)^{-t} \qquad (4-12)$$

对常规技术方案，内部收益率其实质就是使技术方案在整个计算期内各年净现金流量的现值累计等于零的折现率，它是考察项目盈利能力的相对量指标。内部收益率

也称内含报酬率,它是计算项目技术方案在寿命期内的内部收益的指标。若以 IRR 表示内部收益率,其表达式为

$$\text{FNPV} = \sum_{t=0}^{n}(\text{CI}-\text{CO})_t(1+\text{IRR})^{-t} = 0 \tag{4-13}$$

内部收益率是一个未知的折现率,由式(4-13)可知,求方程式中的折现率需解高次方程,不易求解。在实际工作中,一般通过计算机直接计算,手算时通常采用线性插值法求 IRR 的近似解。线性插值法求解 IRR 的原理如图 4.4 所示,其求解步骤如下。

(1) 计算各年的净现金流量。

(2) 在满足下列两个条件的基础上预先估计两个适当的折现率 i_m、i_n,

$$i_m < i_n \text{ 且 } i_n - i_m \leqslant 5\%;$$
$$\text{FNPV}(i_m) > 0 \text{ 和 } \text{FNPV}(i_n) < 0。$$

如果预估的 i_m、i_n 不满足这两个条件,要重新预估,直至满足条件。

(3) 用线性插值法近似求得 IRR。

$$\text{IRR} = i_m + \frac{|\text{FNPV}(i_m)|}{|\text{FNPV}(i_m)| + |\text{FNPV}(i_n)|} \times (i_n - i_m) \tag{4-14}$$

式中:i_m——插值用的低折现率;

i_n——插值用的高折现率;

$\text{FNPV}(i_m)$——用 i_m 计算的财务净现值(正值);

$\text{FNPV}(i_n)$——用 i_n 计算的财务净现值(负值)。

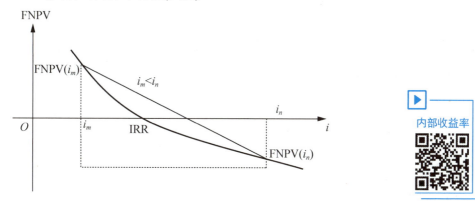

图 4.4 线性插值法求 IRR 图解

内部收益率的判别准则:计算求得的内部收益率 IRR 要与项目的基准收益率 i_c 相比较,当 IRR$\geqslant i_c$ 时,则表明项目的收益率已达到或超过基准收益率水平,项目可行;反之,当 IRR$< i_c$ 时,则表明项目不可行。

特别提示

内部收益率指标适用于单方案经济评价;在互斥型方案评价中,不可以采用内部收益率指标比较大小来确定其优劣,而应采用差额内部收益率进行比较。

知识链接

内部收益率的经济含义：在项目的整个寿命期内按利率 $i=\mathrm{IRR}$ 计算，始终存在未能收回的投资，而在寿命期结束时，投资恰好被完全收回。也就是说，在项目寿命期内，项目始终处于"偿付"未被收回的投资的状况。因此，项目的"偿付"能力完全取决于项目内部，故有"内部收益率"之称。

内部收益率的经济含义还有另一种表达方式，即它是项目寿命期内没有回收的投资的盈利率。它不是初始投资在整个寿命期内的盈利率，因而它不仅受项目初始投资规模的影响，而且受项目寿命期内各年净收益大小的影响。

应用实例 4-14

某项目净现金流量见表 4-15。当基准收益率 $i_c=10\%$ 时，试用内部收益率指标判断该项目在经济效果上是否可以被接受。

表 4-15　应用实例 4-14 现金流量情况表　　　　　　　　　单位：万元

年序	0	1	2	3	4	5
净现金流量	−2 000	300	500	500	500	1 200

【实例评析】

(1) 绘制现金流量图，如图 4.5 所示。

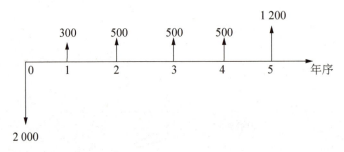

图 4.5　现金流量图(单位：万元)

(2) 用线性插值法求算 IRR。

列出方程：

$$\mathrm{FNPV}(i)=-2\,000+300(1+i)^{-1}+500(1+i)^{-2}+500(1+i)^{-3}+500(1+i)^{-4}+1\,200(1+i)^{-5}=0$$

或 $\mathrm{FNPV}(i)=-2\,000+300(1+i)^{-1}+500(P/A,i,3)(P/F,i,1)+1\,200(1+i)^{-5}=0$

第一次试算，依经验先取一个折现率，取 $i_1=12\%$，代入方程，求得

$\mathrm{FNPV}(i_1)=-2\,000+300\times0.892\,9+500\times2.401\,8\times0.892\,9+1\,200\times0.567\,4\approx21(万元)>0$，由净现值函数曲线的特性知，折现率的取值偏小，应再取大些。

第二次试算，取 $i_2=14\%$，代入方程求得

$$\mathrm{FNPV}(i_2)=-91\ 万元<0$$

可见，内部收益率必然在 12%～14% 之间，代入线性插值法计算式可求得

$$\mathrm{IRR}=12\%+21\times(14\%-12\%)\div(21+91)\approx12.4\%$$

(3) 分析判断方案可行性。

因为 IRR=12.4% > 10%，所以，该方案是可行的。

内部收益率指标考虑了资金的时间价值以及技术方案在整个计算期内的经济状况，不仅能反映投资过程的收益程度，而且其大小不受外部参数影响，完全取决于技术方案投资过程净现金流量系列的情况。这种技术方案的内部决定性，使其在应用中具有一个显著的优点，即避免了像净现值指标等须事先确定基准收益率的难题，而只需知道基准收益率的大致范围即可。

但不足之处是：内部收益率计算比较麻烦；对于具有非常规现金流量的技术方案来讲，其内部收益率在某些情况下不存在或存在多个解，而对多个解的分析、检验和判断是比较复杂的；不能直接用于互斥型方案之间的比选。因此，内部收益率特别适用于独立的、具有常规现金流量的技术方案的经济评价和可行性判断。

当然，净现值(及净年值)与内部收益率各有自己的长处与不足，实践中应相互补充，配合使用。

本章导入案例分析

1. 计算项目的净现值

$$\text{NPV}(i_c) = -1\,000(1+10\%)^{-1} + 104.48(1+10\%)^{-2} + 264.77(1+10\%)^{-3} + 224.35(1+10\%)^{-4} + 186.85(1+10\%)^{-5} + 224.35(1+10\%)^{-6} + 814.43(1+10\%)^{-7} = 190.03 \text{(万元)}$$

2. 计算项目的内部收益率

(1) 设定 i_1=15%，以 i_1 作为设定的折现率，计算出各年的折现系数。利用内部收益率试算表，计算出各年的折现净现金流量和累计折现净现金流量，从而得到财务净现值 FNPV_1=7.80(万元)。

(2) 设定 i_2=17%，以 i_2 作为设定的折现率，计算出各年的折现系数。同上，得到财务净现值 FNPV_2=-49.28(万元)。

(3) 用线性插值法计算项目的内部收益率。

$$\text{IRR}=15\%+7.80\times(17\%-15\%)\div(7.80+49.28)\approx15.27\%$$

3. 评价项目的财务可行性

综上所述，项目净现值为 190.03 万元>0，内部收益率为 15.27%>行业基准收益率 10%。所以从财务角度分析，可以判断项目是可行的。

4.2 投资方案的关系与分类

4.2.1 投资方案的相关性分析

许多工程项目的投资方案之间存在一定的联系和影响，从经济角度看，如果一个有确定现金流量模式的方案被接受或被拒绝直接影响到另一个具有一定现金流量模式的方案被接受或被拒绝，那这两个方案就是经济相关的。

影响方案的经济相关性的因素主要有以下几种。

1. 资金的限制

无论什么样的投资主体，可用于投资的资金不可能是无限的。资金的限制主要是指筹集数量的限制和资本成本的约束。企业从资本市场上得到的资金是有限的，如果资金总额超过一定限度就会大大增加企业的资本成本，而资本市场供应资金的有限性限制了部分投资方案的资金有效性，企业必须对各种方案组合进行选择或择优选择。

2. 资源的限制

企业所能调动的资源是有限的，各种生产要素，如资本、土地(自然资源)、人力资源、企业家才能、技术进步等都是有限制的。资源的限制导致不可能实施所有可行的方案。

3. 项目的不可分性

一个项目总是完整地被接受或被拒绝的，不可能将一个完整的项目分成若干来执行。因此，在资金的限制下，接受一个大项目方案就必须自动排斥接受若干个小项目方案。

有时，一个项目由若干个相互关联的子项目组成，如果每个子项目的费用和效益相互独立，那么该项目就具有可分性，每个子项目应被视为一个单独项目。

4.2.2　投资方案的相关关系

按方案相互之间的经济关系，可以将方案分为独立型方案、互斥型方案和相关型方案。

1. 独立型方案

独立型方案是指方案间互不干扰、在经济上互不相关的方案，即这些方案是彼此独立无关的，选择或放弃其中一个方案，并不影响其他方案的选择。显然，单方案是独立型方案的特例。对独立型方案的评价选择，其实质就是在"做"与"不做"之间进行选择。独立型方案在经济上是否可被接受，取决于方案自身的经济性，即方案的经济评价指标是否达到或超过了预定的评价标准或水平。因此，只需通过计算技术方案的经济评价指标，并按照指标的判别准则加以检验就可以对方案进行选择。这种对方案自身经济性的检验叫作"绝对经济效果检验"。若方案通过了绝对经济效果检验，就认为方案在经济上是可行的，是可以被接受的、值得投资的；否则，应予拒绝。

2. 互斥型方案

互斥型方案是指同一项目内的不同备选方案或不同的投资项目，它们之间相互排斥，同时也可以互相替代，采纳一组方案中的某一个方案，必须放弃其他方案的情况，同一项目不同备选方案之间显然是互斥关系。互斥型方案经济评价包含两部分内容：一是考察各个方案自身的经济效果，即进行绝对经济效果检验；二是考察哪个技术方案相对经济效果最优，即"相对经济效果检验"。两种检验的目的和作用不同，通常缺一不可，从而确保所选技术方案不但最优而且可行。

工程建设中，互斥型方案还可按以下因素进行分类。

1) 按服务寿命长短不同分类

(1) 寿命期相等的互斥型方案。

(2) 寿命期不相等的互斥型方案。

(3) 寿命期无限长的互斥型方案。在工程建设中永久性工程即可视为寿命期无限长的工程，如大型水坝、运河工程等。

2) 按规模不同分类

(1) 相同规模的方案。即参与对比或评价的方案具有相同的产出量或容量，在满足相同功能的数量方面具有一致性和可比性。

(2) 不同规模的方案。即参与对比或评价的方案具有不同的产出量或容量，在满足相同功能的数量方面不具有一致性和可比性。

项目互斥型方案比较，是工程经济评价工作的重要组成部分，也是寻求合理决策的必要手段。

3. 相关型方案

相关型方案是指在一组备选方案中，若采纳或放弃某一方案，会影响其他方案的现金流量；或者采纳或放弃某一方案会影响其他方案的采纳或放弃；或者采纳某一方案必须以先采纳其他方案为前提；等等。相关型方案可以分为以下几类。

(1) 互补型方案。在多方案中，出现技术经济互补的方案称为互补型方案。根据互补型方案之间相互依存的关系，互补型方案可能是对称的，也可能是不对称的。例如，连铸连轧工艺把过去相对独立的钢坯和钢材生产结合了起来，使生产过程大大简化，还减少了热耗，降低了成本，这不仅对钢坯生产有利，也对轧钢生产有利，为对称的互补型方案。此外，还存在大量不对称的经济互补，例如，建造一座建筑物 A 和增加一个空调系统 B，建筑物 A 本身是有用的，增加空调系统 B 后，使建筑物 A 更有用，但不能说采用 B 方案也包括 A 方案。当然这种互补也可以是负的，例如，在一河渡区考虑两个方案，一个是建桥方案(A 方案)，另一个是轮渡方案(B 方案)，两个方案都是收费的，此时可以考虑的方案组是 A 方案、B 方案和 AB 混合方案。在 AB 混合方案中，A 方案的收入将因 B 方案的存在而受到影响，它们是负互补型方案。

经济上互补而又对称的方案可以结合在一起作为一个"综合体"来考虑。经济上互补而不对称的方案，如上述建筑物 A 和空调系统 B，则可把问题转化成有空调的建筑物(AB 方案)和没有空调的建筑物(A 方案)这两个互斥型方案的经济比较。

(2) 现金流量相关型方案。即使方案间不完全互斥，也不完全互补，但若干方案中任一方案的取舍会导致其他方案现金流量的变化，那么这些方案之间也具有相关性。例如，在某大河上建一座收费公路桥(A 方案)，另一个 B 方案是在桥的旧址附近建收费轮渡码头，A、B 方案并不完全排斥，任一方案的实施都会影响另一方案的收入。

(3) 组合-互斥型方案。在若干可采用的独立型方案中，如果有资源约束条件(如受资金、劳动力、材料、设备及其他资源拥有量限制)，只能从中选择一部分方案实施，则可以将它们组合为互斥型方案。例如，现有独立型方案 A、B、C、D，它们所需的投资分别为 100 万元、60 万元、40 万元、30 万元，当资金总额限量为 100 万元时，除 A 方案具有完全的排他性，其他方案由于所需金额不大，可以任意组合。这样，可能选择的方案共有 A、B、

C、D、B+C、B+D、C+D 7 个组合。当受某种资源约束时，独立型方案可以组成多种组合方案，这些组合方案之间是互斥或排他的。一般，将独立型方案转化为互斥型方案组的主要方法是排列组合。如果 m 代表相互独立的方案数目，则可以组成的相互排斥的组合数目 N 为 2^m-1。

(4) 混合相关型方案。在方案众多的情况下，方案间的相关关系可能包括多种类型，这些方案就称为混合相关型方案。

① 在一组互斥型方案中，每个互斥型方案下又有若干个独立型方案。例如，某房地产开发商在城市以出让方式取得一块熟地的使用权，按当地城市规划的规定，该块地只能建居住物业(C 方案)或建商业物业(D 方案)，不能建商住混合物业或工业物业，但对于居住物业和商业物业的具体类型没有严格的规定，如建住宅可建成豪华套型(C1)、高档套型(C2)、普通套型(C3)，如建商业物业可建餐饮酒楼(D1)、写字楼(D2)、商场(D3)、娱乐休闲服务(D4)。显然，C、D 是互斥型方案，C1、C2、C3 是一组独立型方案，D1、D2、D3、D4 也是一组独立型方案。

② 在一组独立型方案中，每个独立型方案下又有若干个互斥型方案。例如，某大型零售业公司现欲在相距较远的 A 城和 B 城各投资建一座大型仓储式超市，显然 A、B 是独立的。目前在 A 城有 3 个可行地点 A1、A2、A3 供选择，在 B 城有两个可行地点 B1、B2 供选择，则 A1、A2、A3 是互斥关系，B1、B2 也是互斥关系。

在经济效果评价前，分清工程项目方案属于何种类型是非常重要的，因为方案类型不同，其评价方法、选样和判断的尺度就不同，辨别不清就会带来错误的评价结果。

4.3　独立型方案的评价

独立型方案是指项目方案的采纳与否只受自身条件的制约(如自身经济效果)，方案之间不具有排斥性。一个国家、一个地区或一个大企业一定时期的投资计划有时很多，采纳 A 方案并不代表放弃 B 方案，确定应该采纳哪些投资方案，即是对独立型方案的评价和选择。独立型方案的评价和选择可分资金不受限制和资金受限制两种情况。

第一种情况，在资金不受限制的情况下，独立型方案的采纳与否，只取决于方案自身的经济效果如何。这样，只需检验它们是否通过净现值或净年值或内部收益率等指标的评价标准，即只要方案通过了自身的绝对经济效果检验，即可以认为它们在经济效果上是可以被接受的，否则应予拒绝。

第二种情况，在资金预算总额有限的情况下，将可能导致出现并不是所有通过绝对经济效果检验的方案都能采用的情况，即可能不得不放弃一些方案。方案评价和选择的最终结果则要求保证在给定资金总额的前提下，取得最好经济效果。一般可以采用独立型方案组合-互斥法、净现值指数排序法进行分析。

4.3.1 资金不受限制的独立型方案的经济评价

在资金不受限制的条件下，采用单方案判断的方法，即如果独立型方案的经济评价指标符合要求，则方案可行。

应用实例 4-15

两个独立型方案 A 和 B，其净现金流量见表 4-16。试判断其经济可行性(i_c=12%)。

表 4-16 独立型方案 A、B 的净现金流量   单位：万元

年序	0	1~10
A	−20	5.8
B	−30	7.8

【实例评析】

本例为独立型方案，可先计算方案自身的绝对经济效果指标——净现值、净年值、内部收益率等，然后根据各指标的判别准则进行绝对经济效果检验并决定取舍。

(1) NPV_A=−20+5.8(P/A, 12%, 10)=12.77(万元)

NPV_B=−30+7.8(P/A, 12%, 10)=14.07(万元)

根据净现值判别准则，由于 $NPV_A > 0$，$NPV_B > 0$，故 A、B 方案均可被接受。

(2) NAV_A=NPV_A(A/P, 12%, 10)=2.26(万元)

NAV_B=NPV_B(A/P, 12%, 10)=2.49(万元)

根据净年值判别准则，由于 $NAV_A > 0$，$NAV_B > 0$，故 A、B 方案均可被接受。

(3) 设 A 方案的内部收益率为 IRR_A，B 方案的内部收益率为 IRR_B，由方程

$$-20+5.8(P/A, IRR_A, 10)=0$$

$$-30+7.8(P/A, IRR_B, 10)=0$$

解得各自的内部收益率为 IRR_A=26%，IRR_B=23%，由于 $IRR_A > i_c$，$IRR_B > i_c$，故 A、B 方案均可被接受。

对于独立型方案而言，经济上是否可行的判断根据是其绝对经济效果指标是否优于一定的检验标准。

不论采用净现值、净年值和内部收益率当中的哪一种评价指标，评价结论都是一样的。

4.3.2 资金受限制的独立型方案的经济评价

1. 组合-互斥法

独立型方案的组合-互斥法，是在独立型方案之间共享的资源有限，不能满足所有方案的需要的一种比选方法。比选时，首先要列出独立型方案所有可能的组合，这样每个组合方案都代表了一个与其他组合相互排斥的方案，然后应用互斥型方案的比选方法(将在本章

4.4 节中介绍),如净现值法等,选择经济效益最优的组合方案。这种方法的实质是从所有可能的组合方案中选出投资额不超过总资金限额而且经济效益最优的组合方案。

独立型方案组合-互斥法的基本步骤如下。

(1) 列出全部相互排斥的组合方案。如果有 m 个独立型方案,那么组合方案数 $N = 2^m - 1$ (不投资除外)。这 N 个组合方案相互排斥。

(2) 在所有组合方案中,除去不满足约束条件的各独立型方案组合,并且按投资额大小顺序排列。

(3) 对符合投资要求的所有组合方案按互斥型方案的比较方法确定最优的组合方案。

(4) 最优组合方案所包含的独立型方案即为该组独立型方案的最佳选择。

组合-互斥法评价的优点是遵循了互斥型方案的评价方法,先考察互斥型方案的绝对经济效益,然后进行相对经济效益比较,因而比较全面。而且在评价中,无论采用价值性指标还是比率性指标,实质上都在追求组合方案的经济效益最大化。所以,组合-互斥法可以实现资金限量条件下独立型方案的目的——总效益最大。

组合-互斥法评价是在各种情况下都能确保实现独立型方案最优选择的更为可靠的方法。下面通过示例(应用实例 4-16)来看一下该法的具体分析过程。

应用实例 4-16

某公司有 4 个相互独立的技术方案。基准收益率为 10%,其有关参数列于表 4-17 中,假定资金限额为 400 万元,应选择哪些方案?

表 4-17 某公司 4 个技术方案的参数比较 单位:万元

独立型方案	初始投资	NPV
A	200	180
B	240	192
C	160	112
D	200	130

【实例评析】

(1) 对于 m 个独立型方案,列出全部相互排斥的组合方案,共(2^m-1)个。本例原有 4 个项目方案,互斥型组合方案共 15 个,见表 4-18。

表 4-18 互斥型组合方案参数比较 单位:万元

组合号	组合方案	投资额	可行与否	NPV
1	A	200	√	180
2	B	240	√	192
3	C	160	√	112
4	D	200	√	130
5	AB	440	×	372
6	AC	360	√	292

续表

组合号	组合方案	投资额	可行与否	NPV
7	AD	400	√	310*
8	BC	400	√	304
9	BD	440	×	322
10	CD	360	√	242
11	ABC	600	×	484
12	ABD	640	×	502
13	ACD	560	×	422
14	BCD	600	×	434
15	ABCD	800	×	614

(2) 保留投资额不超过资金限额且净现值大于或等于零的组合方案，淘汰其余组合方案。表4-18中，AB、BD、ABC、ABD、ACD、BCD、ABCD的组合超过了资金限额，应该淘汰。

(3) 以净现值最大的原则，对保留的方案进行优选。AD组合的净现值为310万元，是资金限额内最优的方案。

2. 净现值指数排序法

净现值指数排序法，就是在计算各方案净现值指数的基础上，将净现值指数大于或等于零的方案按净现值指数大小排序，并依此顺序选取项目方案，直至所选取方案的投资总额最大限度地接近或等于资金限额为止。本方法所要达到的目标是在一定的资金限额的约束下使所选项目方案的净现值最大。

净现值指数排序法的主要优点是计算简便、容易理解。对资金有限的独立型方案进行评价和选择时，单位资金的净现值越大，在一定资金限额内所能获得的净现值总额就越大。然而，由于投资项目的不可分性，净现值指数排序法不能保证现有资金的充分利用，不能达到净现值最大的目标。只有在各方案投资额占预算投资额的比例很小，或是各方案投资额相差无几，或是各入选方案投资累加额与投资预算限额相差无几的情况下，它才可能达到或接近于净现值最大的目标。

采用这种方法，一般能得到投资经济效益较大的方案组合，但不一定是最优的方案组合。其具体做法如下。

(1) 以各方案的净现值指数高低为序，逐项计算累计投资额，并与限定投资总额进行比较。

(2) 当截至某项投资项目(假定为第 j 项)的累计投资额恰好达到限定的投资总额时，则第1项至第 j 项的项目组合为最优的投资组合。

(3) 若在排序过程中未能直接找到最优组合，必须按下列方法进行必要的修正。

① 当排序中发现第 j 项的累计投资额首次超过限定投资总额，而删除该项后，按顺延的项目计算的累计投资额却小于或等于限定投资总额时，可将第 j 项与第 $(j+1)$ 项交换位置，继续计算累计投资额。这种交换可连续进行。

② 当排序中发现第 j 项的累计投资额首次超过限定投资总额，又无法与下一项进行交换，而第 $(j-1)$ 项的初始投资大于第 j 项初始投资时，可将第 j 项与第 $(j-1)$ 项交换位置，继续计算累计投资额。这种交换也可连续进行。

③ 若经过反复交换，已不能再进行交换，仍未找到能使累计投资额恰好等于限定投资总额的项目组合时，可以最后一次交换后的项目组合作为最优组合。

总之，在主要考虑投资效益的条件下，多方案比较决策的主要依据，就是能否保证在充分利用资金的前提下，获得尽可能多的净现值总量。

应用实例 4-17

某公司有 4 个相互独立的技术改造方案。基准收益率为 10%，其有关参数列于表 4-19 中，假定资金限额为 600 万元，应选择哪些方案？

表 4-19 4 个相互独立的技术改造方案的参数比较

独立型方案	初始投资/万元	NPV/万元	NPVR/%
A	180	160	89
B	240	192	8
C	160	112	7
D	200	130	65

【实例评析】

首先要计算出各方案的净现值指数，其结果见表 4-19 的最后一列。由于每一方案的净现值指数均大于零，因此所有方案均是可行的。其次，按净现值指数的高低排列各方案。最后，在资金限额范围内，依次从净现值指数最大值的方案开始选取，直到资金限额用完为止，则最后的选择结果是 ABC 方案。

应用实例 4-18

有 A、B、C 3 个独立型方案，其净现金流量见表 4-20，已知资金限额为 800 万元，基准收益率为 10%，试做出最佳投资决策。

表 4-20 3 个独立型方案的净现金流量   单位：万元

方案	年序		
	1	2~10	11
A	-350	62	80
B	-200	39	51
C	-420	76	97

【实例评析】

首先计算 3 个方案的净现值，分别为

$NPV_A = -350(P/F, 10\%, 1) + 62(P/A, 10\%, 9)(P/F, 10\%, 1) + 80(P/F, 10\%, 11)$
$= 34.46(万元)$

$$\text{NPV}_B = -200(P/F, 10\%, 1) + 39(P/A, 10\%, 9)(P/F, 10\%, 1) + 51(P/F, 10\%, 11)$$
$$= 40.24(万元)$$
$$\text{NPV}_C = -420(P/F, 10\%, 1) + 76(P/A, 10\%, 9)(P/F, 10\%, 1) + 97(P/F, 10\%, 11)$$
$$= 50.08(万元)$$

然后计算各方案投资现值(K_P)，分别为

$$K_{PA} = 350(P/F, 10\%, 1) = 318.19(万元)$$
$$K_{PB} = 200(P/F, 10\%, 1) = 181.82(万元)$$
$$K_{PC} = 420(P/F, 10\%, 1) = 381.82(万元)$$

最后计算 A、B、C 3 个方案的净现值指数，分别为

$$\text{NPVR}_A = \frac{\text{NPV}_A}{K_{PA}} = 10.83\%$$

$$\text{NPVR}_B = \frac{\text{NPV}_B}{K_{PB}} = 22.13\%$$

$$\text{NPVR}_C = \frac{\text{NPV}_C}{K_{PC}} = 13.12\%$$

将各方案按净现值指数从大到小依次排序，结果见表 4-21。

表 4-21 各方案按净现值指数从大到小排序

方案	NPVR/%	投资额/万元	累计投资额/万元
B	22.13	200	200
C	13.12	420	620
A	10.83	350	970

根据表 4-21 可知，方案的选择顺序是 B→C→A。由于资金限额为 800 万元，故最佳投资决策方案为 B、C 组合。

4.4 互斥型方案的比较和分析

在互斥型方案类型中，经济效果评价包含了两部分内容：一是考察各个方案自身的经济效果，称为绝对经济效果检验；二是考察哪个方案相对最优，称为相对经济效果检验。通常两种检验缺一不可。互斥型方案经济效果评价的特点是要进行方案比选，因此，无论使用何种评价指标，都必须使各方案在使用功能、定额标准、计费范围及价格等方面满足可比性。

下面就针对寿命期相等、寿命期不相等、寿命期无限长 3 种情况，讨论互斥型方案的经济效果评价。

4.4.1 寿命期相等的互斥型方案的分析

寿命期相等的互斥型方案以寿命期作为计算期进行评价，符合时间可比性原则。前面所介绍的所有评价方法、指标都可以直接使用。

1. 净现值法与净年值法

净现值法是指通过比较所有已具备财务可行性投资方案的净现值指标的大小来选择最优方案的方法。该法适用于项目计算期相等的多方案比较决策。净现值法的判别准则就是选择净现值最大的方案作为最优方案。

净现值法的基本步骤如下：

(1) 分别计算各个方案的净现值，并用判别准则加以检验，剔除NPV＜0的方案。

(2) 对所有NPV≥0的方案比较其净现值。

(3) 根据净现值最大原则，选择净现值最大的方案为最佳方案。

净年值法是指通过比较所有已具备财务可行性投资方案的净年值指标的大小来选择最优方案的方法。净年值法的判别准则就是选择净年值最大的方案为最优方案。

> **特别提示**
>
> 净年值=净现值×等额系列资金回收系数，所以采用净年值法与净现值法在寿命期相等的互斥型方案评价中是等价的。

应用实例 4-19

建筑公司要购买一种用于施工的设备，现有3种设备可供选择，设基准收益率为12%，有关数据见表4-22。试问应选择哪种设备？

表 4-22　互斥型方案 A、B、C 的资料数据

方案	投资/万元	年收入/万元	年支出/万元	净残值/万元	寿命期/年
A	7 500	2 500	400	0	10
B	12 000	3 400	600	0	10
C	15 000	4 400	700	0	10

【实例评析】

(1) 计算 NPV 值，判别可行性。

$$NPV_A = -7\,500 + (2\,500 - 400)(P/A, 12\%, 10)$$
$$= -7\,500 + 2\,100 \times 5.650\,2 \approx 4\,365(万元)$$
$$NPV_B = -12\,000 + (3\,400 - 600)(P/A, 12\%, 10)$$
$$= -12\,000 + 2\,800 \times 5.650\,2 \approx 3\,821(万元)$$
$$NPV_C = -15\,000 + (4\,400 - 700)(P/A, 12\%, 10)$$
$$= -15\,000 + 3\,700 \times 5.650\,2 \approx 5\,906(万元)$$

(2) 保留所有净现值大于或等于零的方案，并选择净现值最大的方案作为最优方案。

NPV_A、NPV_B、NPV_C 均大于零，所以 A、B、C 方案均可行，按净现值最大判断，C 方案最优。

应用实例 4-20

现有 A、B、C 3 个互斥型方案，其寿命期均为 16 年，各方案的净现金流量见表 4-23，试选择出最佳方案(已知 i_c=10%)。

表 4-23　3 个互斥型方案的净现金流量　　　　　　　单位：万元

方案	建设期年序		生产期年序		
	1	2	3	4～15	16
A	−2 024	−2 800	500	1 100	2 100
B	−2 800	−3 000	570	1 310	2 300
C	−1 500	−2 000	300	700	1 300

【实例评析】

(1) 净现值法：各方案的净现值计算结果如下。

NPV_A=−2 024(P/F, 10%, 1)−2 800(P/F, 10%, 2)+500(P/F, 10%, 3)+
　　　　1 100(P/A, 10%, 12)(P/F, 10%, 3)+2 100(P/F, 10%, 16)=2 309.44(万元)

NPV_B=−2 800(P/F, 10%, 1)−3 000(P/F, 10%, 2)+570(P/F, 10%, 3)+
　　　　1 310(P/A, 10%, 12)(P/F, 10%, 3)+2 300(P/F, 10%, 16)=2 609.80(万元)

NPV_C=−1 500(P/F, 10%, 1)−2 000(P/F, 10%, 2)+300(P/F, 10%, 3)+
　　　　700(P/A, 10%, 12)(P/F, 10%, 3)+1 300(P/F, 10%, 16)=1 075.01(万元)

计算结果表明，B 方案的净现值最大，B 方案是最佳方案。

(2) 净年值法：各方案的净年值计算结果如下。

NAV_A=NPV_A(A/P, 10%, 16)=2 309.44×0.127 8≈295.15(万元)

NAV_B=NPV_B(A/P, 10%, 16)=2 609.80×0.127 8≈333.53(万元)

NAV_C=NPV_C(A/P, 10%, 16)=1 075.01×0.127 8≈137.39(万元)

对 3 种方案的净年值进行对比，B 方案的净年值最大，B 方案是最佳方案。

2. 费用现值法与费用年值法

在某些项目中，其产出效益相同或很难以货币形式表现(如环保、教育、国防领域的项目)，可以通过费用评价方案。在此类项目的对比过程中，由于无法估算各个方案的收益情况，故只计算各备选方案的费用现值或费用年值并进行对比，以费用现值或费用年值较低的方案为最佳。

应用实例 4-21

某项目有 A、B 两种不同的工艺设计方案，均能满足同样的生产技术需要，其有关费用支出见表 4-24，试用费用现值法选择最佳方案(已知 i_c=10%)。

表 4-24　A、B 方案有关费用支出

方案	投资 (第 1 年年末)/万元	年经营成本 (第 2～10 年年末)/万元	寿命期/年
A	600	280	10
B	785	245	10

【实例评析】

根据费用现值的计算公式可分别计算出 A、B 两方案的费用现值为

$PC_A=600(P/F, 10\%, 1)+280(P/A, 10\%, 9)(P/F, 10\%, 1)=2\,011.40(万元)$

$PC_B=785(P/F, 10\%, 1)+245(P/A, 10\%, 9)(P/F, 10\%, 1)=1\,996.34(万元)$

由于 $PC_A > PC_B$，所以 B 方案为最佳方案。

3. 净现值指数法

净现值指数法是指通过比较所有已具备财务可行性投资方案的净现值指数的大小来选择最优方案的方法。在此法下，净现值指数最大的方案为优。

在投资额相同的互斥型方案比较决策中，采用净现值指数法会与净现值法得到完全相同的结论；但投资额不相同时，情况就不同了，投资额大的项目其净现值往往高于投资额低的项目，但是净现值指数却不一定高。

✅ 应用实例 4-22

A 项目与 B 项目为互斥型方案，它们的寿命期相同。A 项目原始投资的现值为 150 万元，净现值为 29.97 万元；B 项目原始投资的现值为 100 万元，净现值为 24 万元。试求：

(1) 分别计算两个项目的净现值指数(结果保留 2 位小数)；

(2) 讨论能否运用净现值法或净现值指数法在 A 项目和 B 项目之间进行比较决策。

【实例评析】

(1) 计算净现值指数。

A 项目的净现值指数=29.97÷150≈0.20

B 项目的净现值指数=24÷100=0.24

(2) 运用净现值法：因为 29.97＞24，所以 A 项目优于 B 项目。

运用净现值指数法：因为 0.24＞0.20，所以 B 项目优于 A 项目。

由于两个项目的原始投资额不相同，导致两种方法的决策结论相互矛盾，似乎无法据此做出相应的比较决策。但前者再投资报酬率的基点是相对合理的资金成本，而后者再投资报酬率是基于一个相对较高的内含报酬(高于净现值法的资金成本)。考虑到两者在再投资报酬率假设上的区别，净现值指数法将更具合理性。

4. 差额内部收益率法

互斥型方案的比选，实质上是分析投资高的方案所增加的投资能否用其增量收益来补偿，也即对增量的现金流量的经济合理性做出判断。因此，可以通过计算增量净现金流量的内部收益率即差额内部收益率来比选方案，这样就能够保证方案比选结论的正确性。

第 4 章 投资方案的比较和选择

差额内部收益率法是指在两个原始投资额不同方案的差量净现金流量(记作 ΔNCF)的基础上,计算出差额内部收益率(记作 ΔIRR),并据与行业基准收益率进行比较,进而判断方案孰优孰劣的方法。该法适用于两个原始投资额不相同,但项目计算期相同的多方案比较决策。当差额内部收益率指标大于或等于基准收益率或设定折现率时,原始投资额大的方案较优;反之,则投资低的方案为优。

该法经常被用于更新改造项目的投资决策中,当该项目的差额内部收益率指标大于或等于基准收益率或设定折现率时,应当进行更新改造;反之,就不应当进行此项更新改造。

差额内部收益率的计算公式为

$$\sum_{t=0}^{n}[(CI-CO)_2-(CI-CO)_1](1+\Delta IRR)^{-t}=0 \qquad (4-15)$$

差额内部收益率 ΔIRR 的计算过程和计算技巧同内部收益率 IRR 完全一样,只是所依据的是差量净现金流量 ΔNCF。

> **特别提示**
>
> 在互斥型方案评价中,不能直接对内部收益率进行大小排序。

采用差额内部收益率指标对互斥型方案进行比选的基本步骤如下。
(1) 计算各备选方案的 IRR。
(2) 将 $IRR \geqslant i_c$ 的方案按投资额由小到大依次排列。
(3) 计算排在最前面的两个方案的差额内部收益率 ΔIRR,若 $\Delta IRR \geqslant i_c$,则说明投资高的方案优于投资低的方案,保留投资高的方案;反之,则保留投资低的方案。
(4) 将保留的较优方案依次与相邻方案逐一比较,直至全部方案比较完毕,则最后保留的方案就是最优方案。

应用实例 4-23

两个互斥型方案,寿命期相同,资料见表 4-25,基准收益率为 15%,试用差额内部收益率法比较和选择最优可行方案。

表 4-25 互斥型方案 A、B 的资料数据

方案	投资/万元	年收入/万元	年支出/万元	净残值/万元	寿命期/年
A	5 000	1 600	400	200	10
B	6 000	2 000	600	0	10

【实例评析】
(1) 计算 NPV 值,判别可行性。

$NPV_A = -5\,000 + (1\,600-400)(P/A, 15\%, 10) + 200(P/F, 15\%, 10) = 1\,072(万元)$

$NPV_B = -6\,000 + (2\,000-600)(P/A, 15\%, 10) = 1\,026.32(万元)$

NPV_A、NPV_B 均大于零,所以 A、B 方案均可行,按净现值最大判断,A 方案最优。

(2) 计算差额内部收益率，比较、选择最优方案。

设：$i_1=12\%$，$i_2=14\%$

则：

$\Delta \text{FNPV}(i_1) = -6\,000 + (2\,000 - 600)(P/A, 12\%, 10) -$
$\qquad [-5\,000 + (1\,600 - 400)(P/A, 12\%, 10) + 200(P/F, 12\%, 10)] = 65.64(万元)$

$\Delta \text{FNPV}(i_2) = -6\,000 + (2\,000 - 600)(P/A, 14\%, 10) -$
$\qquad [-5\,000 + (1\,600 - 400)(P/A, 14\%, 10) + 200(P/F, 14\%, 10)] = 10.72(万元)$

$\Delta \text{IRR} = i_1 + \dfrac{|\Delta \text{FNPV}(i_1)|}{|\Delta \text{FNPV}(i_1)| + |\Delta \text{FNPV}(i_2)|} \times (i_2 - i_1)$

$\qquad = 12\% + \dfrac{65.64}{65.64 + 10.72} \times (14\% - 12\%) \approx 13.7\%$

因为 $\Delta \text{IRR} < i_c$，故投资低的 A 方案为优。

在本例中，如果 $\Delta \text{FNPV} > 0$，$\Delta \text{IRR} > i_c$，则增量投资有满意的经济效果，投资高的 B 方案优于投资低的 A 方案。

另外增量分析根据方案所给出的条件不同，还有很多分析评价方法，如差额投资回收期法、差额投资收益率法和差额投资利润率法等。

4.4.2 寿命期不相等的互斥型方案的分析

寿命期不相等的互斥型方案比较，主要采用年值法和现值法。

1. 年值法

年值法是进行寿命期不相等的互斥型方案分析的最适宜的方法，由于寿命期不相等的互斥型方案在时间上不具备可比性，因此为使方案有可比性，通常宜采用年值法。

年值法分为净年值法和费用年值法。净年值法的判别准则为净年值大于或等于零且净年值最大的方案是最优可行方案。费用年值法的判别准则为费用年值最小的方案是最优可行方案。

✅ **应用实例 4-24**

现有互斥型方案 A、B、C，各方案的现金流量情况见表 4-26，试在基准收益率为 12% 的条件下选择最优方案。

表 4-26　A、B、C 方案的现金流量情况表

方案	投资/万元	年净收益/万元	寿命期/年
A	204	72	5
B	292	84	6
C	380	112	8

第 4 章 投资方案的比较和选择

【实例评析】

计算各方案的净年值。

$NAV_A = -204(A/P, 12\%, 5) + 72 = 15.41(万元)$

$NAV_B = -292(A/P, 12\%, 6) + 84 = 12.99(万元)$

$NAV_C = -380(A/P, 12\%, 8) + 112 = 35.51(万元)$

由于 $NAV_C > NAV_A > NAV_B$，故 C 方案为最优方案。

2. 现值法

若采用现值法(净现值或费用现值)，则需对各备选方案的寿命期做统一处理(即设定一个共同的分析期)，使方案满足可比性的要求。处理的方法通常有两种。

(1) 最小公倍数法(重复方案法)。取各备选方案寿命期的最小公倍数作为方案比选时共同的计算期，即将寿命期短于最小公倍数的方案按原方案重复实施，直到其寿命期等于最小公倍数为止。

应用实例 4-25

两个供热系统方案能满足相同的供热需求，见表 4-27，$i_c = 15\%$。试用费用现值进行选择。

表 4-27 两个供热系统方案的比较

方案	投资/万元	寿命期/年	年经营成本/万元	净残值/万元
方案 1	30	6	20	5
方案 2	40	9	16	0

【实例评析】

采用最小公倍数法，取共同寿命期 18 年。

方案 1 重复后的现金流量图如图 4.6 所示。

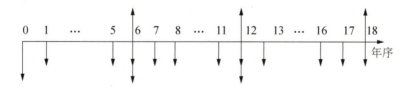

图 4.6 方案 1 的现金流量图

方案 2 重复后的现金流量图如图 4.7 所示。

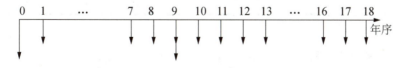

图 4.7 方案 2 的现金流量图

$PC_1 = 30 + (30-5)(P/F, 15\%, 6) + (30-5)(P/F, 15\%, 12) + 20(P/A, 15\%, 18) - 5(P/F, 15\%, 18)$
$= 167.64(万元)$

$PC_2 = 40 + 40(P/F, 15\%, 9) + 16(P/A, 15\%, 18)$
　　　$= 149.42(万元)$

两方案费用现值相比较，方案2较优。

利用最小公倍数法有效地解决了寿命期不相等的方案之间净现值的可比性问题，但是这种方法所依赖的方案可重复实施的假定不是在任何情况下都适用的。对于某些不可再生资源的开发项目，在进行寿命期不相等的互斥型方案比选时，方案可重复实施的假设不再成立，这种情况下就不能用最小公倍数法确定计算期。另外，有的时候最小公倍数法求得的计算期过长，甚至远远超过所需的项目寿命期或计算期的上限，这就降低了计算方案经济效果指标的可靠性和真实性，故也不再适用最小公倍数法。

(2) 公共分析期法。上述计算虽然可以进行方案的选择，但计算过程繁杂。应用实例4-25的最小公倍数18年是个较小的值，假如有寿命期分别为7年、9年、11年3个方案，则采用上述方法就要计算到最小公倍数7×9×11=693(年)为止，显然对方案的选择是不便的。这时，采用年值法就无须考虑至最小公倍数为止的年限，只需计算第一个寿命期的年值就可以选择方案了，也可以采用公共分析期法。

公共分析期法是根据对未来市场状况和技术发展前景的预测，直接选取一个合适的分析期，假定寿命期短于此分析期的方案重复实施，并对各方案在分析期末的资产余值进行估价，到分析期结束时回收资产余值。在各方案寿命期比较接近的情况下，一般取最短的方案寿命期作为分析期。在一般的互斥型方案中，以年限最短或最长方案的计算期作为互斥型方案的共同分析期(也可取所希望的计算期为共同分析期)。通过比选方案在该分析期内的净现值来对方案进行比选，以净现值最大的方案为最佳方案。

常用的处理方法有3种。
① 完全承认未使用的价值，即将方案的未使用价值全部折算到分析期末。
② 完全不承认未使用的价值，即分析期后的方案未使用价值均忽略不计。
③ 对分析期末的方案未使用价值进行客观的估计，将估计值计入分析期末。

✓ 应用实例4-26

A、B两方案的具体情况见表4-28中数据，试用净现值指标进行方案比较。设$i_c = 10\%$。

表4-28　A、B方案的数据比较

方案	投资/万元	年收入/万元	年支出/万元	寿命期/年
A	3 500	1 900	645	4
B	5 000	2 500	1 383	8

【实例评析】
采用公共分析期法，取年限最短的方案计算期作为公共分析期。

$NPV_A = -3\,500 + (1\,900 - 645)(P/A, 10\%, 4) = 478.22(万元)$

$NPV_B = [-5\,000(A/P, 10\%, 8) + 2\,500 - 1\,383](P/A, 10\%, 4) = 569.00(万元)$

$NPV_A < NPV_B$，所以应选择B方案。

现值法与年值法的结果是完全相同的。由于采用第一个寿命期净年值的方法更简便，因此当遇到寿命期不相等的互斥型方案选择时，应首选净年值法。

4.4.3 寿命期无限长的互斥型方案的分析

在实践中，经常会遇到具有很长服务期(寿命期大于50年)的工程方案，如桥梁、铁路、运河、机场等。一般言之，经济分析对遥远未来的现金流量是不敏感的。例如，当利率为6%时，30年后的10 000元，现值仅为1 741元；利率为8%时，50年后的10 000元，现值仅为213元。因此，对于服务期很长的工程方案，可以近似地当作具有无限寿命期来处理。

1. 现值法

按无限寿命期计算出的现值，一般称为"资金成本"或"资本化成本"。资金成本的公式为

$$P = \frac{A}{i} \tag{4-16}$$

证明：
$$P = A(P/A, i, n) = A\left[\frac{(1+i)^n - 1}{i(1+i)^n}\right]$$

当 $n \to \infty$ 时，$P = \dfrac{A}{i}$

利用现值法对无限寿命期的互斥型方案进行经济效果评价时，其判别准则为：净现值大于或等于零且净现值最大，或者费用现值最小的方案为最优方案。

✓ 应用实例 4-27

某河上建大桥，有A、B两处选点方案，见表4-29，若基准收益率 $i_c = 10\%$，试比较何者为优。

表4-29 某大桥选点方案比较　　　　　　　　　　　　　　　　　　单位：万元

比较参数	A方案	B方案
一次投资	3 080	2 230
年收入	500	350
大修	300(每10年一次)	100(每5年一次)

【实例评析】

$$\text{NPV}_A = -3\,080 + \frac{500 - 300(A/F, 10\%, 10)}{10\%} = 1\,731.6 \,(万元)$$

$$\text{NPV}_B = -2\,230 + \frac{350 - 100(A/F, 10\%, 5)}{10\%} = 1\,106.2 \,(万元)$$

由于 $\text{NPV}_A > \text{NPV}_B > 0$，故A方案为较优方案。

应用实例 4-28

某校拟建一个体育场,考虑了两个方案。有位工程师对这两个方案做了如下的费用估算。①混凝土看台方案:初期投资为 350 000 元,年维修费为 2 500 元。②在土堤上修建木质看台方案:初期投资为 200 000 元;每隔 3 年需油漆一次,其费用为 10 000 元;每隔 15 年需更新座位,其费用为 40 000 元;每隔 30 年需更新看台,其费用为 100 000 元;在初期投资中另有 50 000 元用于修建土堤。资金折现率为 8%,试比较这两个方案经济效果的优劣。

【实例评析】

采用费用现值法比较。

(1) 混凝土看台方案:$PC = 350\,000 + \dfrac{2\,500}{8\%} = 381\,250$(元)

(2) 木质看台方案:$PC = 250\,000 + [10\,000(A/F,8\%,3) + 40\,000(A/F,8\%,15) + 100\,000(A/F,8\%,30)]/8\% = 317\,900$(元)

由此可以判断,在木堤上修建木质看台方案优于修建混凝土看台方案,应该选择在木堤上修建木质看台。

2. 年值法

无限寿命期的年值可以下式为依据计算。

$$A = Pi \tag{4-17}$$

对无限寿命期互斥型方案进行净年值比较的判别准则为:净年值大于或等于零且净年值最大的方案为最优方案。

对于仅有或仅需计算费用现金流量的互斥型方案,可以比照净年值法,用费用年值法进行比选。判别准则是费用年值最小的方案为优。

应用实例 4-29

两种疏导灌溉渠道的技术方案,一种是用挖泥机清除渠底淤泥,另一种在渠底铺设永久性混凝土板,数据见表 4-30。利率为 5%,试比较两种方案的优劣。

表 4-30 两种疏导灌溉渠道方案的数据　　单位:元

A 方案	费用	B 方案	费用
购买挖泥设备 (寿命 10 年)	65 000	渠底混凝土板 (无寿命期限)	650 000
挖泥设备残值	7 000	年维护费用	1 000
年经营费	34 000	混凝土板维修(5 年一次)	10 000

【实例评析】

采用费用年值法比较。

$AC_A = 65\,000(A/P,5\%,10) - 7\,000(A/F,5\%,10) + 34\,000 = 41\,861$(元)

$AC_B = 650\,000 \times 5\% + 1\,000 + 10\,000(A/F,5\%,5) = 35\,310$(元)

由于 $AC_B < AC_A$,故 B 方案优于 A 方案。

第 4 章 投资方案的比较和选择

拓展讨论

党的二十大报告提出,我们要推进美丽中国建设,统筹产业结构调整,推进生态优先、节约集约、绿色低碳发展。在对投资方案进行考察时,不仅要计算分析相关经济指标,还要从绿色低碳、节约集约、可持续发展的角度对投资项目进行评选。

1. 影响投资方案的经济相关性因素都有哪些?
2. 在评价投资项目之前,对备选投资方案如何进行分类?

本章小结

按是否考虑资金的时间价值,经济评价指标分为静态评价指标和动态评价指标。静态评价指标包括静态投资回收期、投资收益率等;动态评价指标包括净现值、净年值、净现值指数、内部收益率和动态投资回收期等。

按方案相互之间的经济关系,可以将方案分为独立型方案、互斥型方案和相关型方案。

投资方案类型也可分为单方案(为独立型方案的特例)和多方案两类。而多方案又分为互斥型、互补型、现金流量相关型、组合-互斥型和混合相关型 5 种类型。

独立型方案的评价一般可以采用组合-互斥法、净现值指数排序法进行分析。

互斥型方案的评价分为寿命期相等、寿命期不相等、寿命期无限长 3 种情况。对于寿命期相等的互斥型方案,可采用净现值、净年值、费用现值、费用年值、差额内部收益率等指标进行评价。对于寿命期不相等的互斥型方案,主要采用现值法和年值法。其中若采用现值法(净现值或费用现值),则需对各备选方案的寿命期做统一处理(即设定一个共同分析期),使方案满足可比性的要求。处理的方法通常有两种:最小公倍数法(重复方案法)和公共分析期法。对于寿命期无限长的互斥型方案,可采用现值法和年值法,当采用现值法时,$P=\dfrac{A}{i}$;当采用年值法时,$A=Pi$。

复习思考题

一、单项选择题

1. 下列( )不是静态评价指标。
   A. 静态投资回收期 B. 投资收益率
   C. 内部收益率 D. 差额投资回收期

2. 某项目建设投资额 6 000 万元(含建设期利息),建设期利息 400 万元,工程建设其他费用 500 万元,全部流动资金 800 万元,项目投产后正常年份的息税前利润 850 万元,投产期的息税前利润 700 万元,则该项目的总投资收益率为( )。
   A. 11.64% B. 12.50% C. 14.17% D. 16.35%

3. 某项目在可行性研究报告中,当折现率为 17% 时,累计净现值为 18.7 万元,当折现率为 18% 时,累计净现值为-74 万元,则内部收益率为( )。

A． 17% B． 18% C． 17.2% D． 17.8%

4．在计算财务净现值过程中，投资现值的计算应采纳(　　)。
　　A．名义利率　　　　　　　　B．财务内部收益率
　　C．基准收益率　　　　　　　D．投资收益率
5．寿命期不相等的互斥型方案比较，最简单的方法是直接计算两方案的(　　)。
　　A．净现值　　　　　　　　　B．年值
　　C．动态投资回收期　　　　　D．差额内部收益率
6．使投资工程财务净现值为零的折现率称为(　　)。
　　A．利息备付率　　　　　　　B．财务内部收益率
　　C．财务净现值率　　　　　　D．偿债备付率
7．同一净现金流量系列的净现值随折现率 i 的增大而(　　)。
　　A．增大　　　　　　　　　　B．减小
　　C．不变　　　　　　　　　　D．在一定范围内波动
8．在工程财务评价中，假设某一方案可行，则(　　)。
　　A．$P_t < P_c$，FNPV > 0，FIRR > i　　B．$P_t < P_c$，FNPV < 0，FIRR < i
　　C．$P_t > P_c$，FNPV > 0，FIRR < i　　D．$P_t > P_c$，FNPV < 0，FIRR < i
9．某建设项目的现金流量为常规现金流量，当基准收益率为 8% 时，净现值为 400 万元。若基准收益率变为 10%，则该项目的净现值(　　)。
　　A．不确定　　　　　　　　　B．等于 400 万元
　　C．小于 400 万元　　　　　　D．大于 400 万元
10．某建设项目固定资产投资为 5 000 万元，流动资金为 450 万元，项目投产期年利润总额为 900 万元，达到设计生产能力的正常年份年利润总额为 1 200 万元，则该项目正常年份的投资利润率为(　　)。
　　A．24%　　B．22%　　C．18%　　D．17%

二、多项选择题
1．动态评价指标包括(　　)。
　　A．财务内部收益率　　　　　B．总投资收益率
　　C．利息备付率　　　　　　　D．财务净现值
　　E．借款偿还期
2．某投资方案的基准收益率为 10%，内部收益率为 15%，则该方案(　　)。
　　A．无法判断是否可行　　　　B．可行
　　C．净现值小于零　　　　　　D．不可行
　　E．净现值大于零
3．对于独立的常规投资工程，以下描述中正确的有(　　)。
　　A．财务净现值随折现率的增大而增大
　　B．财务内部收益率是财务净现值等于零时的折现率
　　C．财务内部收益率与财务净现值的评价结论是一致的
　　D．在某些情况下存在多个财务内部收益率
　　E．财务内部收益率考虑了工程在整个计算期的经济状况

4．技术方案的经济效果评价中，静态财务分析指标包括(　　)。
　　A．财务内部收益率　　　　　　　B．总投资收益率
　　C．利息备付率　　　　　　　　　D．财务净现值指数
　　E．借款偿还期
5．关于净现值法，下列说法正确的有(　　)。
　　A．净现值法是单个投资方案评价的一种常用方法
　　B．当两个方案投资相差很大时，仅以净现值法决定方案的取舍，可能会导致错误的选择
　　C．对多个投资方案进行比较时，项目的寿命期必须相同
　　D．没有考虑资金的时间价值以及投资项目在整个寿命期内的费用和收益
　　E．对多个投资方案进行比较时，项目的寿命期可以不同，但必须进行调整
6．关于内部收益率法，下列说法正确的有(　　)。
　　A．计算较为复杂　　　　　　　　B．不能直接用来进行多方案比较
　　C．适用于非寻常投资方案　　　　D．能直接表示项目的盈利率
　　E．需要事先给定一个折现率
7．下列指标中，取值越大说明项目效益越好的有(　　)。
　　A．基准收益率　　　　　　　　　B．投资收益率
　　C．投资回收期　　　　　　　　　D．内部收益率
　　E．财务净现值

三、简答题

1．项目动态评价指标有哪几种？
2．简述净现值指数的定义和经济意义。
3．简述内部收益率的定义与经济意义。
4．按照方案相互之间的经济关系，投资方案分为哪几种类型？
5．寿命期不同的互斥型方案的选择方法有哪些？
6．简述混合相关型方案的选择程序。

四、计算题

1．某企业基建项目设计方案总投资 1 995 万元，投产后年经营成本 500 万元，年销售额 1 500 万元，其现金流量图如图 4.8 所示。第 3 年年末工程项目配套追加投资 1 000 万元，若计算期为 5 年，基准收益率为 10%，残值等于零。试计算投资方案的净现值并判断可行性。

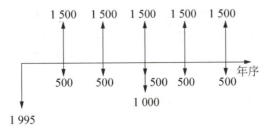

图 4.8　某基建项目现金流量图

2. 某项目有关数据见表 4-31，计算该项目的动态投资回收期。设 i_c=10%。

表 4-31　某项目有关数据　　　　　　　　　　　　　　　　单位：万元

年序	0	1	2	3	4	5	6	7
投资	20	500	100					
经营成本				300	450	450	450	450
销售收入				450	700	700	700	700

3. 某项目净现金流量见表 4-32。当收益率为基准收益率时，试用内部收益率指标判断该项目的经济性。i_c=10%。

表 4-32　某项目现金流量情况表　　　　　　　　　　　　　单位：万元

年序	0	1	2	3	4	5
净现金流量	-100	20	30	20	40	40

4. 某建设项目有 3 个设计方案，其寿命期均为 10 年，各方案的初始投资和年净收益见表 4-33，试用净现值法进行方案的比选，选择最佳方案(已知 i_c=10%)。

表 4-33　各个方案的净现金流量　　　　　　　　　　　　　单位：万元

年序	0	1～10
A	170	44
B	260	59
C	300	68

5. 某项目有两个投资方案 A、B，有关数据见表 4-34，试求两个方案差额内部收益率。

表 4-34　两个方案的净现金流量　　　　　　　　　　　　　单位：万元

年序	0	1	2	3	4	5	6	7
A	-12 000	-12 000	8 000	8 000	850	8 000	8 000	8 000
B	-20 000	-20 000	13 000	13 000	200	13 000	13 000	13 000

6. 某建设项目有 A、B 两个方案。A 方案是第 1 年年末投资 300 万元，从第 2 年年末至第 8 年年末每年收益 80 万元，第 10 年年末达到项目寿命，残值为 100 万元。B 方案是第 1 年年末投资 100 万元，从第 2 年年末至第 5 年年末每年收益 50 万元，项目寿命期为 5 年，残值为零。若 i_c=10%，试分别用年值法和最小公倍数法对方案进行比选。

7. 某投资方案建设期为 2 年，建设期内每年年初投资 400 万元，运营期每年年末净收益 150 万元。若基准收益率为 12%，运营期为 18 年，残值为零，计算投资方案的净现值和静态投资回收期。

8. 某项目有 A、B 两种不同的工艺设计方案，均能满足同样的生产技术需要，其有关费用支出见表 4-35，试用费用年值法选择最佳方案(已知 i_c=10%)。

表 4-35　A、B 方案有关费用支出

方案	投资 (第 1 年年末)/万元	年经营成本 (第 2～10 年年末)/万元	寿命期/年
A	600	280	10
B	785	245	10

9. 某公司选择施工机械，有两种方案可供选择，资金利率 10%，机械方案的数据见表 4-36，试进行方案比较。

表 4-36　机械方案的数据比较

项目	单位	A 方案	B 方案
投资	元	10 000	15 000
年收入	元	6 000	6 000
年经营费	元	3 000	2 500
残值	元	1 000	1 500
服务寿命期	年	6	9

10. 有 3 个独立型方案 A、B 和 C，寿命期均为 10 年，现金流量见表 4-37。基准收益率为 8%，投资资金限额为 12 000 万元。试做出最佳投资决策。

表 4-37　A、B、C 方案的现金流量情况表

方案	初始投资/万元	年净收益/万元	寿命期/年
A	3 000	600	10
B	5 000	850	10
C	7 000	1 200	10

综 合 实 训

某市造纸厂靠近市区，为缓解环保压力，拟迁往郊县。为此，需新增投资 5 000 万元。搬迁后，部分设备可继续利用，预计项目计算期为 12 年。对此厂内意见并不一致，部分职工主张不搬迁。若原地继续生产，依照全方位、全地域、全过程加强生态环境保护的要求，必须投资 2 000 万元建设治污设施；同时为再生产 12 年，还要投入 500 万元进行设备大修理和更换几台旧设备。两种方案的数据比较见表 4-38。

表 4-38　两种方案的数据比较　　　　　　　　　　　　　　　单位：万元

方案		年序			
		1	2	3	4～12
A方案	净收益	0	0	2 500	3 200
	旧资产		2 000		
	新增投资	5 000			
	净现金流量	-5 000	-2 000	2 500	3 200
B方案	净收益	0	2 400	2 200	3 200
	旧资产	3 000			
	新增投资	2 000	500		
	净现金流量	-5 000	1 900	2 200	3 200

【实训目标】

通过实训，学生可加深对项目投资的现金流量的评估方法、投资项目决策的经济评价指标的应用和影响投资项目各因素的分析，以及对投资项目决策的基本程序和方法的理解和认识，进一步熟悉和掌握项目投资的目的。

【实训要求】

1．能够根据案例描述绘制现金流量图。

2．能够针对两个方案的现金流量，应用投资回收期、净现值、净现值指数、差额内部收益率等指标对项目进行投资决策。

3．能写出内容完整、目标明确、步骤严密、数据计算准确的投资项目决策书。

4．能通过对市场的调查分析，选择适合的企业，根据投资规模、经营管理措施等因素，帮助企业进行投资决策。

在线答题

第5章 风险与不确定性分析

思维导图

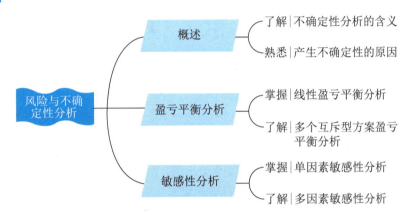

导入案例

项目能否投资？投资要采取何种方案？投资的项目要有多大规模才可以盈利？投资过程中有许多影响因素，这些都可能导致项目投资达不到预期的效果。例如，生产某种产品有 3 种工艺方案，方案 1 为年固定成本 800 元，单位产品变动成本为 10 元；方案 2 为年固定成本 500 元，单位产品变动成本为 20 元；方案 3 为年固定成本 300 元，单位产品变动成本为 30 元。分析 3 种不同的方案适用的生产规模。

5.1 概述

5.1.1 不确定性分析的含义

投资项目实际执行过程中，某些因素的变动可能导致项目经济效益指标偏离原来的预测值，甚至可能发生较大的偏差。这些因素是否会出现，出现的可能性有多大，都是不确定的，这就是项目的不确定性。不确定性分析就是要计算和分析对投资项目有重大影响的不确定因素的变化对项目盈利水平的影响程度，估算出对经济效益指标有重大影响的敏感性因素的变化范围及其出现在此范围内的概率，从而分析投资项目的抗风险能力。

5.1.2 产生不确定性的原因

投资项目及其经济评价的不确定性取决于很多因素，主要有以下几方面。

(1) 物价变动。物价变动有多种情况，投入物价格上升会使项目造价增大，投资额增加；项目投产后投入物价格上升会使生产成本上升，从而减少盈利；而产出物价格上升则会增加销售收入，提高盈利水平。物价变动是影响经济效益的最基本因素，因而也是项目评价中一个重要的不确定因素。

(2) 工艺技术的更改。在项目的执行和投产过程中，若工艺技术发生更改会对企业的经济效率和经营成本产生影响，从而引起经济效益指标的变化。

(3) 生产能力的变化。生产能力的变化是指由于原材料供应中能源和动力的保证程度、运输的配套情况、技术的掌握程度、管理水平的高低等原因使项目生产能力达不到设计标准，或者是由于市场的变化使产品销售量减少，从而使生产能力下降。生产能力下降会使项目的规模、效益下降，减少盈利甚至亏损。

(4) 建设期、投产期及投资费用的变化。建设工期延长会增加项目贷款利息，提高建设成本，推迟投产期也将引起投资费用的变化，导致项目的投资规模、经营成本和销售收入等项目经济效益指标的变化。

(5) 项目经济寿命的变动。项目经济寿命是指项目在经济上的最佳使用年限。项目经济评价中的许多指标是以项目经济寿命为基础的，对项目经济寿命的不确定性分析是项目评价的重要组成部分。

(6) 汇率的变动。在外资项目中，汇率的变动对经济效益指标有重要影响，在评价时需认真分析。

(7) 国内外政府政策和制度的变化。在外资项目中，国内外政府政策和制度对项目的影响较大，这些政策包括外国政府对我国的经济贸易政策的变化，以及国内产业政策、税收政策、企业经营制度的改革等。

5.1.3　不确定性分析的意义

对投资项目进行不确定性分析具有重要的意义，概括起来有以下几点。

(1) 明确不确定因素对经济效益指标的影响范围，了解项目投资效益变动的大小。影响投资效益的不确定因素对经济效益指标的影响是不一样的。通过不确定性分析，可以确定各种因素及其作用力度的大小对经济效益指标影响的范围，从而了解项目总体效益变动的大小。

(2) 确定项目评价结论的有效范围。在明确不确定因素的变动及其作用的大小对经济效益指标的影响和项目总体效益变动的大小以后，就可以确定项目评价结论的有效范围，以便项目决策者和执行人员充分了解不确定因素变动的作用界限，尽量避免不利因素的出现。

(3) 提高评价结论的可靠性。通过不确定性分析，根据不确定因素变动对项目投资效益影响的大小和指标变动范围，可以进一步调整项目的评价结论，以提高评价结论的可靠性。

(4) 寻找在经济效益指标达到临界点时，变量因素允许变化的极限值。不确定因素的影响使得项目经济效益指标在某一范围内变动，当这些指标的变化达到使项目从可行至不可行的本质变化时，称此指标达到了临界点，与这一临界点相对应的不确定因素的变化值就是这一变量允许变化的极限值。知道这一极限值，有利于投资者在项目的执行和经营过程中，尽量把握住这种因素的变动幅度，避免项目经济效益的下降。

不确定性分析的方法有很多，其中最常用的是盈亏平衡分析和敏感性分析。

5.2　盈亏平衡分析

5.2.1　盈亏平衡点

盈亏平衡点又称零利润点、保本点、盈亏临界点，通常是指项目当年的收入等于全部成本时的产量。

盈亏平衡分析是根据项目正常年份的产量、成本、销售收入、税金、销售利润等数据，计算分析产量、成本、利润三者之间的平衡关系，确定盈亏平衡点。以盈亏平衡点为界限，当销售收入高于盈亏平衡点时企业盈利；反之，企业就亏损。在盈亏平衡点上，企业既无盈利，又无亏损。在不确定性分析中，投资者需要明确这一平衡点处于何种水平上，据以判断项目的可行性。

> **特别提示**
>
> 盈亏平衡点也可以用销售量来表示，即盈亏平衡点的销售量；还可以用销售收入来表示，即盈亏平衡点的销售收入。盈亏平衡分析的前提是将成本划分为固定成本和变动成本，产品品种单一，并假设产量与销售量相等。由于它根据现行的财税制度和价格进行分析计算，故一般只在财务评价中使用。

5.2.2 线性盈亏平衡分析

线性盈亏平衡分析除了应具备盈亏平衡分析的条件，还应满足下列条件。

(1) 单位产品变动成本相对固定，不随着产量的变化而发生变动，生产总成本是产量的线性函数。

(2) 设定销售价格不变，使销售收入是销售量的线性函数。

(3) 只按单一产品计算，若有多种产品，则应换算为单一产品后计算。

线性盈亏平衡分析通常采用图解法和代数法。

1. 图解法

图解法也称图表法，是使用图表的形式来表达盈亏平衡的方法。这种图表称为盈亏平衡图，如图 5.1 所示。通过绘制盈亏平衡图来分析产量、成本和盈利的关系，找出盈亏平衡点。

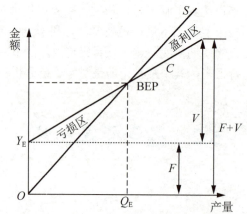

S—销售收入线；C—销售成本线；BEP—盈亏平衡点；
F—固定成本；V—变动成本；$F+V$—总成本

图 5.1 盈亏平衡图

盈亏平衡图中的纵轴表示收入或成本，横轴表示产量。由于前提条件的约束，纵横两轴延伸的距离与各自所表示的数值都是等比例的，在此基础上，盈亏平衡分析可按下列步骤进行。

(1) 根据项目所测算的固定成本数据，在成本线上找出相应的点，由于它是固定不变的，所以该线的延伸应与横轴平行。

(2) 变动成本是随产销量的变动而呈线性变化的，所以它是一条直的斜线，其起点与固定成本线的起点一致，其终点则根据设计年产销量计算的变动成本，在相应的横轴和纵轴上找到相应的点。纵轴的点应考虑在固定成本的基础上叠加，以表示总成本的变动情况，找到两点后，将这两点连接起来。

(3) 销售收入的起点从零开始，然后根据年产销量和总收入，在横轴与纵轴的交叉点上找到终点，并将这两点用直线连接起来。

在盈亏平衡图上，销售成本线和销售收入线之间的交叉点就是盈亏平衡点，该点所对应的横轴的点表示盈亏平衡时的产销量，其所对应纵轴的点表示盈亏平衡时的收入和成本。在盈亏平衡点上，收入等于成本，不亏也不盈。

在盈亏平衡点以左，销售收入不能抵偿成本支出，两线之间的垂直距离表示亏损额。
在盈亏平衡点以右，销售收入大于成本支出，两线之间的垂直距离表示盈利额。

2. 代数法

代数法是以代数方程式来表达产品销售的数量、成本、利润的数量关系，然后据以确定盈亏平衡点的方法。

产品销售的数量、成本、利润之间的关系可用下式表示。

$$Y_1 = Q(P-T) \tag{5-1}$$

$$Y_2 = F + VQ \tag{5-2}$$

式中：Y_1——产品销售收入；

Y_2——产品生产总成本；

Q——产销量；

F——固定成本总额；

V——单位产品变动成本；

P——单位产品销售价格；

T——单位产品税金。

1) 以产销量表示的盈亏平衡点

因为在平衡点上，$Y_1 = Y_2$，即

$$Q_E(P-T) = F + VQ_E$$

所以

$$Q_E = \frac{F}{P-T-V} \tag{5-3}$$

式中：Q_E——以产销量表示的盈亏平衡点。

以产销量表示的盈亏平衡点，表明企业不发生亏损时所必须达到的最低限度的产品产销量。一个拟建项目如果具有较小的、以实物产销量表示的盈亏平衡点，说明该项目只要达到较低的产销量即可保本，也表明该项目可以承受产品生产规模变动的较大风险。

2) 以销售收入表示的盈亏平衡点

$$Y_E = P \times \frac{F}{P-T-V} \tag{5-4}$$

式中：Y_E——以销售收入表示的盈亏平衡点。

3) 以生产能力利用率表示的盈亏平衡点

$$L_E = \frac{Q_E}{Q} \times 100\% = \frac{F}{Q(P-T-V)} \times 100\% \tag{5-5}$$

式中：L_E ——以生产能力利用率表示的盈亏平衡点；

Q ——设计年生产量，即项目达到设计能力时的正常年份的生产能力。

4) 以单位产品销售价格表示的盈亏平衡点

已知盈亏平衡时，销售收入等于销售成本，即

$$QP(1-t) = QV + F \tag{5-6}$$

式中：t ——税率。

盈亏平衡时的单位产品销售价格 P_E 为

$$P_E = \frac{QV+F}{Q(1-t)} \tag{5-7}$$

式中：QV——变动成本总额。

应用实例 5-1

某项目设计生产能力为年产 50 万件产品，根据资料分析，估计单位产品销售价格为 100 元，单位产品变动成本为 80 元，固定成本为 300 万元，试用产销量、生产能力利用率、销售收入、单位产品销售价格分别表示项目的盈亏平衡点。已知该产品销售税金及附加的合并税率为 5%。

【实例评析】

首先计算产销量，再计算其他各项指标。

$$Q_E = \frac{3\,000\,000}{100-80-100 \times 5\%} = 200\,000 \text{(件)}$$

$$L_E = \frac{3\,000\,000}{(100-80-100 \times 5\%) \times 500\,000} \times 100\% = 40\%$$

$$Y_E = \frac{100 \times 3\,000\,000}{100-80-100 \times 5\%} = 2\,000 \text{(万元)}$$

$$P_E = \frac{500\,000 \times 80 + 3\,000\,000}{500\,000 \times (1-5\%)} \approx 90.53 \text{(元/件)}$$

计算结果表明，只要达到年产销量 20 万件，销售额 2 000 万元，生产能力利用率 40%；或按设计年产量销售时，产品售价达 90.53 元/件，该项目即可保本。

5.2.3 多个互斥型方案盈亏平衡分析

在需要对若干个互斥型方案进行比选的情况下，如果是某一个共有的不确定因素影响这些方案的取舍，可以采用下面介绍的盈亏平衡分析方法帮助决策。

设两个互斥型方案的经济效果都受某不确定因素 x 的影响,我们可以把 x 看作一个变量,把两个方案的经济效益指标都表示为 x 的函数:

$$E_1 = f_1(x), \quad E_2 = f_2(x)$$

式中:E_1——方案 1 的经济效益指标;

E_2——方案 2 的经济效益指标。

当两个方案的经济效果相同时,有

$$f_1(x) = f_2(x)$$

互斥型方案盈亏平衡分析

解出使这个方程式成立的 x 值,即为方案 1 与方案 2 的盈亏平衡点,也就是决定这两个方案孰优孰劣的临界点。结合对不确定因素 x 未来取值范围的预测,就可以做出相应的决策。

本章导入案例分析

结合本章的导入案例,我们分析 3 种不同的工艺方案适用的生产规模各是多少。

各方案年总成本均可表示为产量 Q 的函数:

$$C_1 = F_1 + V_1 Q = 800 + 10Q$$
$$C_2 = F_2 + V_2 Q = 500 + 20Q$$
$$C_3 = F_3 + V_3 Q = 300 + 30Q$$

各方案的年总成本函数曲线如图 5.2 所示。可以看出,3 个方案的年总成本函数曲线两两相交于 L、M、N 3 点,各个交点所对应的产量就是相应的两个方案的盈亏平衡点。在本例中,Q_M 是方案 2 与方案 3 的盈亏平衡点,Q_N 是方案 1 与方案 2 的盈亏平衡点。显然,当 $Q < Q_M$ 时,方案 3 的年总成本最低;当 $Q_M < Q < Q_N$ 时,方案 2 的年总成本最低;当 $Q > Q_N$ 时,方案 1 的年总成本最低。

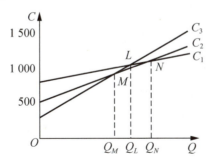

图 5.2 各方案的年总成本函数曲线

当 $Q = Q_M$ 时,$C_2 = C_3$,即

$$F_2 + V_2 Q_M = F_3 + V_3 Q_M$$

$$Q_M = \frac{F_2 - F_3}{V_3 - V_2} = \frac{500 - 300}{30 - 20} = 20 (件)$$

当 $Q = Q_N$ 时,$C_1 = C_2$,即

$$F_1 + V_1 Q_N = F_2 + V_2 Q_N$$

$$Q_N = \frac{F_1 - F_2}{V_2 - V_1} = \frac{800 - 500}{20 - 10} = 30 \text{ (件)}$$

由此可知，当预期产量低于 20 件时，应采用方案 3；当预期产量在 20～30 件时，应采用方案 2；当预期产量高于 30 件时，应采用方案 1。

应用实例 5-2

某建设项目需要安装一条自动化生产线，现在有 3 种方案可供选择。A 方案为从国外引进全套生产线，年固定成本为 1 350 万元，单位产品变动成本为 1 800 元；B 方案为仅从国外引进主机，国内组装生产线，年固定成本为 950 万元，单位产品变动成本为 2 000 元；C 方案为采用国内生产线，年固定成本为 680 万元，单位产品变动成本为 2 300 元。假设生产线的生产能力相同，试分析各种方案适用的生产规模。

【实例评析】

各方案的总成本均是产量 Q 的函数，即

$$C_A = 1350 + 0.18Q$$
$$C_B = 950 + 0.2Q$$
$$C_C = 680 + 0.23Q$$

因此以 Q 为变量，做出 3 个方案的总成本函数曲线，如图 5.3 所示。

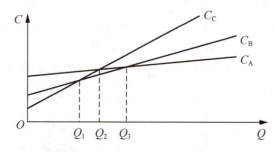

图 5.3　3 个方案的总成本函数曲线

可以根据盈亏平衡点的定义分别计算出 Q_1、Q_2 和 Q_3。

当产量水平为 Q_1 时，有

$$C_B = C_C, \text{ 即 } 950 + 0.2Q_1 = 680 + 0.23Q_1$$

可解得 $Q_1 = 0.9$ (万件)。

当产量水平为 Q_2 时，有

$$C_A = C_C, \text{ 即 } 1350 + 0.18Q_2 = 680 + 0.23Q_2$$

可解得 $Q_2 = 1.34$ (万件)。

当产量水平为 Q_3 时，有

$$C_A = C_B, \text{ 即 } 1350 + 0.18Q_3 = 950 + 0.2Q_3$$

可解得 $Q_3 = 2$ (万件)。

由上面的计算结果和图 5.3 可知，当产量水平低于 0.9 万件时，以 C 方案为最经济，当产量水平在 0.9 万～2 万件时，以 B 方案为最佳，而当产量水平高于 2 万件时，又以方案 A 最为合理。

第5章 风险与不确定性分析

5.3 敏感性分析

敏感性分析的概念及步骤

5.3.1 敏感性分析的概念

一个投资方案的各基本变量因素的敏感性是指该因素稍有变化即可引起某一个或几个经济效益指标的明显变化,以致会改变原来的决策。所谓敏感性分析,是通过测定一个或多个敏感性因素的变化所导致的经济效益指标的变化幅度,了解各种因素的变化对实现预期目标的影响程度,从而对外部条件发生不利变化时投资方案的承受能力做出判断。敏感性分析是经济决策中常用的一种不确定性分析方法。根据不确定因素每次变动数目的多少,敏感性分析可以分为单因素敏感性分析和多因素敏感性分析。

5.3.2 敏感性分析的步骤和方法

1. 敏感性分析的步骤

1) 确定敏感性分析的研究对象

敏感性分析的研究对象是众多的经济效益指标。在对具体项目进行分析时,应根据项目所处的不同阶段和指标的重要程度选取不同的研究对象。例如,在项目建议书阶段,通常选择投资收益率和投资回收率作为研究对象;在项目可行性研究阶段,一般选用净现值和内部收益率作为研究对象。

2) 选择需要分析的不确定因素

影响项目经济效益指标的不确定因素很多,不可能对每一个因素都做敏感性分析。因此,在进行敏感性分析时,可只分析那些对项目经济效益指标有较大影响的,并且在项目整个寿命期内最有可能发生变化的影响因素。这些因素通常有总投资、产品价格、总成本等。

3) 计算分析不确定因素的变化对经济效益指标的影响,计算变化率

设定某个不确定因素的可能变动幅度,其他因素不变,计算经济效益指标的变动结果,计算出变化率。对每一个因素做上述测定后,计算出因素变动以及相应指标变动的结果。不确定因素变化率的公式为

$$\text{变化率} = \frac{\text{效益指标变动差额}}{\text{不确定因素变动幅度}} \times 100\%$$

$$= \frac{\text{因素变动后的效益指标值} - \text{因素变动前的效益指标值}}{\text{不确定因素变动幅度}} \times 100\% \quad (5\text{-}8)$$

4) 绘制敏感性分析图,找出敏感性因素

将第3步计算的结果绘制成敏感性分析图,寻找敏感性因素。确定敏感性因素可采用

相对测定法进行测定，即在测算不确定因素的变动对经济效益指标的影响时，将各个不确定因素的变化率取用同一数值，再来计算对经济效益指标的影响大小，按其大小进行排列，对经济效益指标影响最大的因素即为敏感性因素。

5) 明确敏感性因素变化的最大极限值

可能发生最大变化的终极点称为最大极限值，该值所引起的效益变化可能超过项目可行与否的临界值。求解出因素变化的最大极限值和最大允许极限值，不但能很快找出敏感性因素，而且便于在项目进行过程中密切关注该因素的变化。

2．敏感性分析的方法

1) 单因素敏感性分析

每次只考虑一个因素的变动，而让其他因素保持不变的情况下所进行的敏感性分析，叫作单因素敏感性分析。单因素敏感性分析还应求出导致项目由可行变为不可行的不确定因素变化的临界值。临界值可以通过敏感性分析图求得，具体做法是：将不确定因素变化率作为横坐标，以某个经济效益指标(如内部收益率)为纵坐标作图，由每种不确定因素的变化可得到经济效益指标随之变化的曲线。每条曲线与横轴的交点称为该不确定因素的临界点，该点对应的横坐标值即为不确定因素变化的临界值。

应用实例 5-3

某小型电动汽车的投资方案，用于确定性经济分析的现金流量见表 5-1，所采用的数据是根据未来最可能出现的情况而预测估算的。由于对未来影响经济环境的某些因素把握不大，投资额、经营成本和销售收入均有可能在 ±20% 的范围内变动。设定基准收益率为 10%，不考虑所得税，试就 3 个不确定因素做敏感性分析。

表 5-1　小型电动汽车项目现金流量情况表　　　　　　　　　　　　单位：万元

年序	0	1	2～10	11
投资额	15 000			
年销售收入			19 800	19 800
年经营成本			15 200	15 200
期末残值				2 000
净现金流量	−15 000		4 600	6 600

【实例评析】

设投资额为 K，年销售收入为 B，年经营成本为 C，期末残值为 L，选择净现值指标评价方案的经济效果。

(1) 确定性分析。

$$NPV = -K + (B-C)(P/A, 10\%, 10)(P/F, 10\%, 1) + L(P/F, 10\%, 11)$$
$$= -15\,000 + (19\,800 - 15\,200)(P/A, 10\%, 10)(P/F, 10\%, 1) + 2\,000(P/F, 10\%, 11)$$
$$= 11\,397(万元)$$

(2) 设定投资额变化率为 x，分析投资额变动对方案净现值影响的计算公式为

$$NPV = -K(1+x) + (B-C)(P/A, 10\%, 10)(P/F, 10\%, 1) + L(P/F, 10\%, 11)$$

(3) 设定经营成本变化率为 y，分析经营成本变动对方案净现值影响的计算公式为
$$NPV = -K + [B - C(1+y)](P/A, 10\%, 10)(P/F, 10\%, 1) + L(P/F, 10\%, 11)$$

(4) 设定销售收入变化率为 z，分析销售收入变动对方案净现值影响的计算公式为
$$NPV = -K + [B(1+z) - C](P/A, 10\%, 10)(P/F, 10\%, 1) + L(P/F, 10\%, 11)$$

(5) 相对效果分析。

分别对 x、y、z 取不同的值，计算出各不确定因素在不同变动幅度下方案的 NPV，结果见表 5-2。

表 5-2 各不确定因素在不同变动幅度下方案的 NPV　　　　　　　　单位：万元

不确定因素	变化率								
	-20%	-15%	-10%	-5%	0	5%	10%	15%	20%
投资额	14 397	13 647	12 897	12 147	11 397	10 647	9 897	9 147	8 397
经营成本	28 378	24 133	19 888	15 642	11 397	7 151	2 906	-1 339	-5 585
销售收入	-10 724	-5 194	336	5 867	11 397	16 927	22 457	27 987	33 518

(6) 绘制敏感性分析图(图 5.4)。

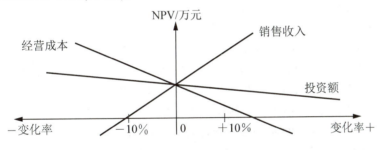

图 5.4 敏感性分析图

(7) 绝对效果分析。

取 NPV=0，计算得：x=76.0%，y=13.4%，z=-10.3%。

如果经营成本与销售收入不变，投资额增长 76.0%；如果投资额与销售收入不变，经营成本增长 13.4%；如果投资额与经营成本不变，销售收入低于预期值 10.3%，方案才变得不可接受。因此，销售收入变动对净现值影响最大，经营成本变动次之，投资额变动的影响很小。

(8) 综合评价。

对于方案来说，产品价格与经营成本都是敏感性因素。在做出决策前，应该对产品价格和经营成本及其可能变动的范围做出更为精确的预测估算。如果产品价格低于原来预测值 10.3%以上或经营成本高于原预测值 13.4%以上的可能性较大，则意味着这笔投资有较大的风险。另外，经营成本的变动对方案经济效果有较大影响这一分析结论还说明，如果实施本方案，严格控制经营成本将是提高项目经营效益的重要途径。至于投资额，显然不是本方案的敏感性因素，即使增加 20%甚至更多一些也不会影响决策的结论。

2) 多因素敏感性分析

多因素敏感性分析是指在假定其他不确定因素不变的条件下，计算分析两种或两种以上不确定因素同时发生变动，对项目经济效益指标的影响程度，确定敏感性因素及其极限值。多因素敏感性分析一般是在单因素敏感性分析基础上进行的，单因素敏感性分析的方法简单，但其不足之处在于忽略了因素之间的相关性。实际上，一个因素的变动往往也伴随着其他因素的变动，多因素敏感性分析考虑了这种相关性，因而能反映几个因素同时变动对项目产生的综合影响。

应用实例 5-4

设某投资方案的初始投资为 3 000 万元，年净收益为 480 万元，寿命期为 10 年，基准收益率为 10%，期末残值为 200 万元。

(1) 试对主要参数初始投资、年净收益、寿命期和基准收益率单独变化时的净现值进行单因素敏感性分析。

(2) 对此案例进行多因素敏感性分析。

【实例评析】

1) 单因素敏感性分析

(1) 确定方案经济评价指标——净现值。

(2) 设各因素变化率为 k，变化范围为 ±30%，间隔为 10%。

(3) 计算各因素单独变化时所得净现值。用 NPV_j（$j=1$, 2, 3, 4）分别表示初始投资、年净收益、寿命期和基准收益率单独变化时的净现值，其计算公式为

$$NPV_1 = 480(P/A, 10\%, 10) + 200(P/F, 10\%, 10) - 3\,000(1+k)$$

$$NPV_2 = 480(1+k)(P/A, 10\%, 10) + 200(P/F, 10\%, 10) - 3\,000$$

$$NPV_3 = 480[P/A, 10\%, 10(1+k)] + 200[P/F, 10\%, 10(1+k)] - 3\,000$$

$$NPV_4 = 480[P/A, 10\%(1+k), 10] + 200[P/F, 10\%(1+k), 10] - 3\,000$$

计算结果见表 5-3。

表 5-3　各因素单独变化时所得净现值　　　　　　　　　　单位：万元

不确定因素	变化率						
	-30%	-20%	-10%	0	10%	20%	30%
初始投资	927	627	327	27	-273	-573	-873
年净收益	-858	-563	-268	27	321	616	911
寿命期	-560	-346	-151	27	170	334	468
基准收益率	479	313	170	27	-98	-224	-436

根据表中的数据，画出敏感性分析图（图 5.5）。用横坐标表示不确定因素变化率 k，纵坐标表示净现值。

(4) 确定敏感性因素，对方案的风险情况做出判断。在敏感性分析图上找出各敏感性曲线与横轴的交点，这一点上的横坐标值就是使净现值等于零的临界值。

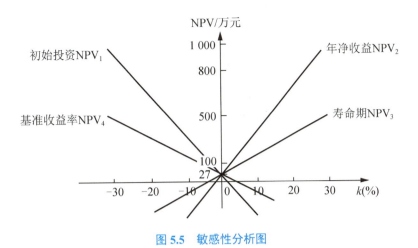

图 5.5 敏感性分析图

初始投资的敏感性曲线与横轴交点的横坐标值约为 0.98%，此时初始投资 K 为
$$K=3\,000\times(1+0.98\%)\approx 3\,029(万元)$$
即初始投资增加到 3 029 万元时，净现值降至零，说明初始投资必须控制在 3 029 万元以下，方案才是可行的。

年净收益与横轴交点的横坐标值约为 -1%，使方案可行的年净收益 M 为
$$M\geqslant 480\times(1-1\%)\approx 475(万元)$$
寿命期与横轴交点的横坐标值约为 -5%，使方案可行的寿命期 n 为
$$n\geqslant 10\times(1-5\%)=9.5(年)$$
基准收益率与横轴交点的横坐标值约为 4.8%，使方案可行的基准收益率 i 为
$$i\leqslant 10\%\times(1+4.8\%)=10.48\%$$
对比各因素的临界变化率 k_j 及敏感性曲线的形状，可知临界变化率绝对值较小则敏感性曲线较陡，相应因素的变化对净现值的影响较大。

2) 多因素敏感性分析

在以上计算中，我们得到 4 个主要因素的临界变化率，分别是：初始投资 0.98%，年净收益 -1%，寿命期 -5%，基准收益率 4.8%。其中，最为敏感的两个因素是年净收益和初始投资，因此对这两个因素做多因素敏感性分析。

设初始投资变化率为 x，年净收益变化率为 y，有
$$NPV=480(1+y)(P/A,10\%,10)+200(P/F,10\%,10)-3\,000(1+x)=26.53-3\,000x+2\,949.41y$$
令 $NPV=0$，有
$$y=1.02x-0.01$$
在坐标系上画出一直线，如图 5.6 所示，即临界线 $NPV=0$，其在 x 轴和 y 轴上截得的点分别是 (0.98%, 0) 和 (0, -1%)，0.98% 和 -1% 正是单因素变化时初始投资和年净收益的临界变化率。因此，如果先进行了单因素敏感性分析，对呈线性变化的因素进行双因素敏感性分析就可以做简化，只要将两个因素的临界变化率找到，连接这两点而成的直线即为双因素临界线。

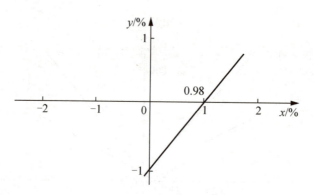

图 5.6　多因素敏感性分析

由图 5.6 可知，临界线把平面分成两个部分，左上平面为年净收益增加、初始投资减小，应是方案的可行区域；右下平面为年净收益减小、初始投资增加，是方案的不可行区域。所以，为了保证方案在经济上可接受，应设法防止右下平面区域的变化组合情况出现。

> **特别提示**
>
> 敏感性分析的优点：①一定程度上对不确定因素的变动对投资效果的影响做了定量描述；②了解了不确定因素的风险程度；③集中重点控制和管理敏感性因素。缺点：不能说明不确定因素发生的可能性的大小。

本 章 小 结

投资经济活动中，为了提高经济评价的准确度和可信度，避免和减少投资决策的失误，有必要对投资方案做不确定性分析，为投资决策提供客观、科学的依据。

不确定性分析是为了估计不确定因素的变化对投资项目经济效益影响的程度，运用一定的方法对影响投资效益的不确定因素进行计算分析。不确定性分析的方法很多，其中最常用的是盈亏平衡分析和敏感性分析。

盈亏平衡分析是根据项目正常年份的产量、成本、销售收入、税金、销售利润等数据，计算分析产量、成本、利润三者之间的平衡关系，确定盈亏平衡点，它只用于财务评价。

敏感性分析是通过测定一个或多个敏感性因素的变化所导致的经济效益指标的变化幅度，了解各种因素的变化对实现预期目标的影响程度，从而对外部条件发生不利变化时投资方案的承受能力做出判断。它是经济决策中常用的一种不确定性分析方法。敏感性分析可同时用于财务评价和国民经济评价。

第 5 章 风险与不确定性分析

复习思考题

一、单项选择题

1. 已知某投资方案内部收益率(IRR)为 10%，现选择 4 个影响因素分别进行单因素敏感性分析，计算结果如下：当产品价格上涨 10%时，IRR=11.0%；当原材料价格上涨 10%时，IRR=9.5%；当建设投资上涨 10%时，IRR=9.0%；当人民币汇率上涨 10%时，IRR=8.8%。根据上述条件判断，最敏感的因素是(　　)。

   A．建设投资　　B．原材料价格　　C．人民币汇率　　D．产品价格

2. 为了进行盈亏平衡分析，需要将技术方案的运行成本划分为(　　)。

   A．历史成本和现时成本　　B．过去成本和现在成本
   C．预算成本和实际成本　　D．固定成本和变动成本

3. 某技术方案有一笔长期借款，每年付息 80 万元，到期一次还本。技术方案年折旧费为 120 万元，正常生产年份的原材料费用为 1 000 万元，管理人员工资及福利费为 100 万元。则上述构成固定成本的费用额为(　　)万元/年。

   A．300　　B．1 200　　C．1 220　　D．1 300

4. 某技术方案年设计生产能力为 10 万台，固定成本为 1 200 万元，满负荷生产时，产品年销售收入为 9 000 万元，单台产品变动成本为 560 元(以上均为不含税价格)，单台产品税金及附加为 12 元，则该方案以生产能力利用率表示的盈亏平衡点是(　　)。

   A．13.33%　　B．14.24%　　C．35.29%　　D．36.59%

5. 某技术方案年设计生产能力为 10 万台，单台产品销售价格(含税)为 2 000 元，单台产品变动成本(含税)为 1 000 元，单台产品税金及附加为 150 元，若盈亏平衡点年产量为 5 万台，则该方案的年固定成本为(　　)万元。

   A．5 000　　B．4 250　　C．5 750　　D．9 250

6. 对某技术方案的净现值(NPV)进行单因素敏感性分析，投资额、产品价格、经营成本以及汇率 4 个因素的敏感性分析如图 5.7 所示，则对净现值指标来说，最敏感的因素是(　　)。

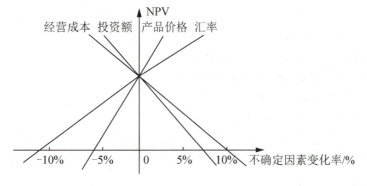

图 5.7　敏感性分析图

A. 投资额　　　　B. 产品价格　　　　C. 经营成本　　　　D. 汇率

7. 当技术方案年设计生产能力为 15 万台,年固定成本为 1 500 万元,产品单台销售价格为 800 元,单台产品变动成本为 500 元,单台产品销售税金及附加为 80 元,则该技术方案盈亏平衡点的产销量为(　　)台。

A. 58 010　　　B. 60 000　　　C. 60 100　　　D. 68 181

8. 某技术方案年设计生产能力为 20 万台,产品单台销售价格为 1 600 元,生产人员基本工资为 1 600 万元/年,设备折旧费为 850 万元/年,管理费为 750 万元/年,原材料费为 16 000 万元/年,包装费为 1 400 万元/年,生产用电费为 800 万元/年,单台产品销售税金及附加为 200 元,则该技术方案盈亏平衡点的产销量为(　　)台。

A. 20 000　　　B. 46 300　　　C. 65 306　　　D. 80 000

9. 某技术方案年设计生产能力为 10 万台,年固定成本为 1 200 万元,产品单台销售价格为 900 元,单台产品变动成本为 560 元,单台产品销售税金及附加为 120 元,则该技术方案盈亏平衡点的生产能力利用率为(　　)。

A. 53.50%　　　B. 54.55%　　　C. 65.20%　　　D. 74.50%

二、多项选择题

1. 投资项目及其经济评价的不确定性产生的原因有(　　)。

   A. 物价变动
   B. 生产能力的变化
   C. 生产工艺或技术的更新
   D. 项目经济寿命的变动
   E. 建设期、投产期及投资费用的变化

2. 下列关于盈亏平衡分析的说法,正确的有(　　)。

   A. 盈亏平衡点越小,项目投产后盈利的可能性越大,抗风险能力越强
   B. 当企业在小于盈亏平衡点的产量下组织生产时,企业盈利
   C. 盈亏平衡分析只适用于技术方案的经济效果评价
   D. 当生产能力利用率大于盈亏平衡点的利用率时,企业盈利
   E. 盈亏平衡分析不能反映产生技术方案风险的根源

3. 某技术方案经济评价指标对甲、乙、丙 3 个不确定因素的变化率分别为-10%、5%、9%,据此可以得出的结论有(　　)。

   A. 经济评价指标对于甲因素最敏感
   B. 甲因素下降 10%,方案达到盈亏平衡
   C. 经济评价指标与丙因素反方向变化
   D. 经济评价指标对于乙因素最不敏感
   E. 丙因素上升 9%,方案由可行转为不可行

4. 项目盈亏平衡分析中,若其他条件不变,可以降低盈亏平衡点产量的途径有(　　)。

   A. 提高设计生产能力
   B. 降低产品售价
   C. 提高销售税金及附加率

D．降低固定成本

E．降低单位产品变动成本

5．不确定因素变化率提供了各个不确定因素变动幅度与评价指标变动差额之间的比例，下列正确表述不确定因素变化率的说法有(　　)。

　　A．不确定因素变化率的绝对值越小，表明评价指标对于不确定因素越敏感

　　B．不确定因素变化率的绝对值越大，表明评价指标对于不确定因素越敏感

　　C．不确定因素变化率大于零，评价指标与不确定因素同方向变化

　　D．不确定因素变化率小于零，评价指标与不确定因素同方向变化

　　E．不确定因素变化率越大，表明评价指标对于不确定因素越敏感

6．在单因素敏感性分析时，常选择的不确定因素有(　　)。

　　A．内部收益率　　　　　　　B．技术方案总投资

　　C．产品价格　　　　　　　　D．经营成本

　　E．产销量

三、计算题

1．设某电视机生产项目设计年产电视机 50 000 台，每台售价为 4 000 元，销售税率为 15%。该项目投产后年固定成本总额为 3 100 万元，单位产品变动成本为 1 740 元，设产量等于销量，试对项目进行盈亏平衡分析。

2．某公司生产某种结构件，设计年产销量为 3 万件，每件的售价为 300 元，单位产品变动成本为 120 元，单位产品销售税金及附加为 40 元，年固定成本为 280 万元。试求：

(1) 该公司不亏不盈时的最低年产销量是多少？

(2) 达到设计能力时的盈利是多少？

(3) 年利润为 100 万元时的年产销量是多少？

第 6 章　设备更新经济分析

思维导图

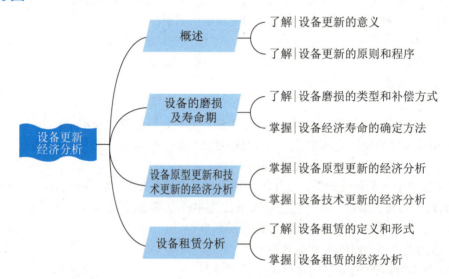

导入案例

商品经济的实践向人们揭示的客观规律是：一个企业的兴衰关键在市场，市场的关键在产品，产品的关键在设备和人。"设备管理"既是研究设备本身物质运动和价值运动的系统工程，也是研究设备与人组成的复合系统工程。充分发挥系统功能，对工业企业经营活动有着至关重要的作用，大量事实能充分证明这一论点。

山东青岛有两个啤酒厂。甲厂自投产以来，经济效益一直不佳，但 5 年后开始攀升，经济效益以平均每年 640 万元递增，并在第 10 年兼并了几个亏损企业，成立了集团公司，当年利税 5 500 万元，充分发挥了骨干企业的作用，取得了显著的社会效益和经济效益。甲厂为何能发生如此巨变呢？究其原因就是设备和设备管理工作。投产之初，甲厂的两条啤酒灌装线都是国产第一代试制产品，一条故障停机率高达 30%，另一条设计制造不成熟，安装 4 年总开机时间不到 4 个月，几乎不能使用。两条灌装线酒损高达 20% 左右，造成该企业有酒灌不出，只能夏季低价卖散酒。本来市场很好，啤酒供不应求，但甲厂却是好市场、低效益。该厂总结经验，吸取教训，在国内购买性能好的单机，选配了两条灌装线，投产后每线稳定班产 35t，酒损控制在 2% 左右，故障停机率小于 1%，为甲厂的高产、优质、低消耗提供了可靠的保障，奠定了经济腾飞的基础。在这一巨变中，全厂职工深刻认识到了设备前期管理工作的重要性，尝到了设备管理的甜头。

乙厂比甲厂晚投产 5 年，投产初期几年效益很好，报纸、电视台经常报道，知名度很高，在人们的心目中认为乙厂比甲厂产品好、活力强，是个很有前途和希望的好企业。但好景不长，几年后设备老化，加上新引进的一条灌装线因地基和安装不符合要求而不能充分发挥效能，导致乙厂每况愈下，连续亏损，最后被甲厂兼并。兼并后该厂从设备管理入手，进行调整、修理，不仅扭亏，而且创利税 1 911 万元。

以上两个企业的兴衰，与设备管理的好坏紧密关联。这些具体事实，有力地说明了设备管理对工业企业兴衰的巨大制约作用。

6.1 概 述

在企业的生产经营活动中，设备管理的主要任务是为企业提供优良而又经济的技术装备，使企业的生产经营活动建立在最佳的物质和技术基础之上，保证生产经营顺利进行，使企业获得最高的经济效益。

设备指可供企业在生产中长期使用，并在反复使用中基本保持原有实物形态和功能的劳动资料和物质资料的总称。

6.1.1 设备更新的意义

设备是现代企业生产的重要物质和技术基础。对企业来说，设备使用多少年最合理，什么时间更新设备最合适，如何更新设备最经济，这些都是企业管理者经常遇到的经济问

题。随着社会需求水平的不断提高和科学技术的不断发展，新技术、新工艺、新材料不断出现，设备的更新速度越来越快，企业经常面临设备陈旧、落后的情况。在这样的情况下，是决定购买最新式设备，还是拖延设备的更新直到其不能再使用为止呢？作为企业，为了促进技术发展和提高经济效益，必须对设备整个运行期间的技术经济状况进行分析和研究，以做出正确的决策。

设备更新和技术改造是一个国家经济发展的关键因素，各种机器设备的质量和技术水平也是衡量一个国家工业化水平的重要标志。从发达国家经济发展的经验可以看出，积极采用新技术、新设备可使一个国家的经济力量突飞猛进。在我国，还有一些大型企业(基本上是20世纪中叶建成的)，由于不重视技术改造和设备更新，而长期陷于高耗费、低质量和产品落后的状况，这些都严重阻碍了我国经济的发展。老企业的设备更新和技术改造，在我国是一项十分重要而又迫切的任务。

(1) 设备更新是促进科学技术和生产发展的重要因素。设备是工业生产的物质基础，落后的技术装备必将限制科学和生产的高速发展。科学技术的进步促使生产设备不断改进和提高，生产设备是科学技术发展的结晶。因此要依靠更新设备来实现高产、优质、低成本，进一步推进科学技术和生产发展。

(2) 设备更新是产品更新换代、提高劳动生产率、获得最佳经济效益的有效途径。设备更新、技术水平提高以后，可使生产率和产品质量大幅度提高，并使产品成本和工人劳动强度降低，从而取得较好的经济效益。同时为适应新产品高性能的要求，必须采用高性能的设备。

(3) 设备更新是扩大再生产、节约能源的根本措施。中国能源有效利用率比发达国家低20%左右。老设备效率低、能耗高，更新设备可以显著地节约能源。同时为满足市场日益增长的需要，扩大短线产品的生产能力，必须采用更为先进的高效率、高精度设备，提高产品产量、质量并降低成本。

(4) 设备更新是搞好环境保护及改善劳动条件的主要方法。生产中常见的跑、冒、漏现象产生的噪声、排放物等会对环境造成污染，使工人劳动强度加大，劳动条件恶劣。大多数这方面的问题可通过更新设备得到解决。

6.1.2 设备更新的原则

设备是企业生产的重要物质条件，企业为了进行生产，必须花费一定的投资，用以购置各种机器设备。从广义上讲，设备更新应包括：设备修理、设备重置、狭义的设备更新和现代化改装。从狭义上讲，设备更新是指设备在使用过程中，由于有形磨损和无形磨损的作用，致使其功能受到一定的影响，效能有所降低，因而需要以结构更加先进、技术更加完善、生产效益更高的设备去替代原有的设备。

确定设备更新必须进行技术经济分析。设备更新技术经济分析就是不同方案的比选，其基本原理和评价方法与互斥型方案比选相同。但在设备更新方案比选时，还应遵循如下原则。

1．不考虑沉没成本

沉没成本是既有企业过去投资决策发生的、非现在决策能改变(或不受现在决策影响)的、已经计入过去投资费用回收计划的费用。由于沉没成本是已经发生的费用，不管企业生产什么或生产多少，这项费用都不可避免，因此现在的决策对它不起作用。在进行设备更新方案比选时，原设备的价值应按目前实际价值计算，而不考虑其沉没成本。

例如，某设备 4 年前购置时的原始成本是 8 万元，目前的账面价值是 3 万元，现在的市场价值仅为 1.8 万元。在进行设备更新分析时，旧设备往往会产生一笔沉没成本，即

$$沉没成本 = 设备账面价值 - 当前市场价值 \tag{6-1}$$

或

$$沉没成本 = (设备原始成本 - 历年折旧) - 当前市场价值 \tag{6-2}$$

则本例设备的沉没成本为 1.2(3-1.8)万元，是过去投资决策发生的而与现在的更新决策无关，目前该设备的价值等于市场价值 1.8 万元。

2．客观、正确地描述新旧设备的现金流量

设备更新方案比选时，应该站在一个客观的立场上，遵循供求均衡的原则来考虑原设备目前的价值(或净残值)。只有这样，才能客观、正确地描述新旧设备的现金流量。例如，对两台新旧设备进行比较时，不能把出售旧设备的收入作为新设备的现金流入，而应把出售旧设备这笔收入作为购买旧设备的费用。

3．以剩余经济寿命为基准的逐年滚动比较

在确定设备最佳更新时机时，应首先计算现有设备的剩余经济寿命和新设备的经济寿命，然后利用逐年滚动计算方法进行比较。

如果不遵循以上原则，方案比选结果或更新时机的确定则有可能发生错误。

6.1.3 设备更新的程序

科学的更新应在全面、系统了解企业现有设备的性能、服务年限、残值，以及现在市场上同类设备的价格、技术进步等情况后，根据企业自身的经济实力和行业内其他企业的设备使用情况，分清轻重缓急，有重点地进行设备更新。

1．设备更新经济分析一般需要解决的问题

(1) 设备的磨损通过大修理进行补偿在经济上是否合理？
(2) 对企业来说，设备使用多少年最经济合理？
(3) 什么时间更新设备最合适？
(4) 用什么方式更新设备最经济合理？

设备更新的特点

无论要解决哪个问题，设备更新的经济分析都是对多个互斥型方案进行比较、选择和优化的过程。

2．设备更新一般应遵循的程序

(1) 确定目标：确定分析的具体设备。
(2) 收集资料：收集设备磨损程度、费用、价值等资料。
(3) 计算经济寿命，确定最佳更新时间。
(4) 列出所有可能的更新方案。

(5) 选择最佳更新方案。
(6) 实施。

这一过程如图 6.1 所示。

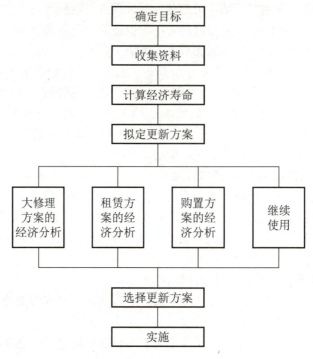

图 6.1　设备更新分析程序

知识链接

中国工程机械行业巨人：中联重科股份有限公司

　　中联重科股份有限公司创立于 1992 年，主要从事工程机械、农业机械等高新技术装备的研发制造，目前已覆盖全球 100 余个国家和地区，在"一带一路"沿线均有市场布局，是一家持续创新的全球化企业。企业于 2000 年在深交所上市，2010 年在香港联交所上市，目前注册资本 86.67 亿元，总资产 1 315 亿元，位居全球工程机械企业第 5 位。

　　企业主导产品涵盖 18 大类别、106 个产品系列、660 个品种。工程机械技术引领地位稳固，研制出全球最长 101m 碳纤维臂架混凝土泵车、中国首台 3 200t 级履带式起重机等标志性产品。农业机械方面，研发出大型拖拉机、大型高效联合收割机等高端农机装备，引领"智慧农业、精准农业"的发展方向。

　　中联重科是从国家级研究院孵化而来的企业，通过重组并购，参与到传统国企的改革、改组、改造之中，在老企业植入新机制、新技术，取得了经济和社会的双重效益。党的二十大报告提出，深化国资国企改革，加快国有经济布局优化和结构调整，推动国有资本和国有企业做强做优做大，提升企业核心竞争力。作为中国机械标准化、科技化、国际化的开拓者，中联重科将继续传承国家级科研院所的技术底蕴和行业使命。

6.2 设备的磨损及寿命期

设备购置后，无论是使用还是闲置，它的使用价值和自身价值都会发生变化，这些都会引起设备的更新。

6.2.1 设备磨损

1. 设备磨损及其分类

设备在使用或闲置中，不可避免地会发生实物形态的变化及技术技能的下降，这就是设备的磨损。磨损分为有形磨损和无形磨损。设备磨损是有形磨损和无形磨损共同作用的结果。

1) 设备的有形磨损

机械设备在使用或闲置过程中，都会发生实体的磨损，这种磨损称为有形磨损。有形磨损分为如下两种。

(1) 第一种有形磨损。设备在运转过程中，在外力的作用下零部件会发生摩擦、振动和疲劳等现象，致使设备的实体产生磨损。发生第一种有形磨损，可使设备零部件受损、精度降低。当这种有形磨损达到一定程度时，整个设备的功能就会下降，导致废品率上升，甚至难以继续正常工作等。

(2) 第二种有形磨损。设备在闲置过程中，由于自然力的作用及管理保养不善而产生的磨损，如机械生锈、金属腐蚀、橡胶或塑料老化等。

两种有形磨损都会造成设备的使用价值降低，设备的运行费用和维修费用增加。

2) 设备的无形磨损

无形磨损是由于科学技术进步使原有设备的价值降低或相对贬值。无形磨损也分为两种。

(1) 第一种无形磨损。设备的技术结构和性能并没有变化，但由于技术进步，社会劳动生产率水平的提高，相同结构设备的再生产价值降低，致使原设备相对贬值。

(2) 第二种无形磨损。由于科学技术的进步，不断创新出性能更完善、效率更高的设备，使原有设备相对陈旧落后，其经济效益相对降低而发生贬值。

有形磨损和无形磨损的比较见表 6-1。

表 6-1　有形磨损和无形磨损的比较

磨损类型		产生原因	设备实体是否变化	后果	表现方式
有形磨损	第一种	外力作用	是	设备的功能下降，甚至难以继续正常工作	零部件损坏
	第二种	自然力的作用或管理保养不善	是	设备的功能下降，设备的运行费用和维修费用增加	机械生锈、金属腐蚀、橡胶或塑料老化

续表

磨损类型		产生原因	设备实体是否变化	后果	表现方式
无形磨损	第一种	技术进步	否	原设备功能不变，相对贬值	市场上同类设备价格下降
	第二种	技术进步	否	原设备功能不变，但相对陈旧落后	市场上出现了性能更好的设备

2．设备磨损的补偿方式

设备发生磨损后，需要进行补偿，以恢复设备的生产能力。由于机器设备遭受磨损的形式不同，补偿磨损的方式也不一样。设备有形磨损的局部补偿是修理，无形磨损的局部补偿是现代化改装。修理是更换部分已磨损的零部件和调整设备，以恢复设备的生产功能和效率为主要目标；现代化改装是对设备的结构做局部的改进和技术上的革新，如增添新的、必需的零部件，以增加设备的生产功能和效率为主要目标。有形磨损和无形磨损的完全补偿则是设备更新，设备更新是对整个设备进行更换。设备更新又包括设备购置和设备租赁两种方式。

设备磨损的补偿方式如图 6.2 所示。

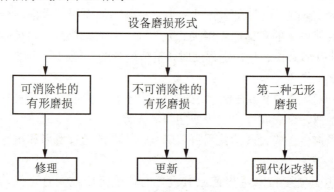

图 6.2　设备磨损的补偿方式

知识链接

RCM(以可靠性为中心的维修)

RCM(reliability-centered maintenance)是欧美通过对设备磨损曲线和设备故障诊断技术进行进一步的研究后发展出来的一种维修体系。RCM 强调对设备的异常工况进行早期诊断和早期治疗，以设备状态为基准安排各种方式的计划维修，以达到最高的设备可利用率和最低的维修费用。其维修体系的发展大约经历了事后维修、预防性维修和预测性维修。RCM 在美国融合了更多的维修方式和诊断方法，正在发展成为 RCM2，尤其适用于设备可靠性要求极高的发电厂和化工行业。

RCM 的目标是达到总体成本的平衡点，使得可靠性投资所得到的回报为最高，它通过一组系统工作过程来达到这个目标。

美国波音飞机制造公司对飞机和发动机等复杂设备进行了长期的抽样研究，发现设备磨损曲线有多种形式，且随着设备复杂程度的提高，设备故障发生的随机性越来越大，

MTBF(mean time between failures，平均故障间隔时间)的准确度和对计划的指导意义发生了改变。以 MTBF 为基准的预防性维修方式在某些场合下被以 P-F 间隔为基准的预测性维修方式所替代。P-F 间隔是指从我们能够预测发现设备故障的时刻到设备完全失效时刻之间的时间间隔。

(资料来源：第一工程机械网)

6.2.2　设备寿命期

设备的寿命在不同需求下有不同的内涵和意义。现代设备的寿命，不仅要考虑设备的自然寿命，而且要考虑设备的折旧寿命、技术寿命和经济寿命。

1. 设备寿命的概念

设备寿命从不同角度可划分为折旧寿命、物理寿命(自然寿命)、技术寿命和经济寿命。

(1) 设备的折旧寿命是指按现行会计制度规定的折旧方法和原则，将设备的原值通过折旧的形式转入产品成本，直到提取的折旧费与设备的原值相等的全部时间。它与提取折旧的方法有关。

(2) 设备的物理寿命又称自然寿命，是指设备从投入使用开始，直到因有形磨损而不能继续使用、报废为止所经历的全部时间。它主要是由设备的有形磨损所决定的。

搞好设备维修和保养可延长设备的物理寿命，但不能从根本上避免设备的磨损。任何一台设备磨损到一定程度时，都必须进行更新。因为随着设备使用时间的延长，设备不断老化，维修所支出的费用也会逐渐增加，从而出现恶性使用阶段，即经济上不合理的使用阶段。因此，设备的物理寿命不能成为设备更新的估算依据。

(3) 设备的技术寿命是指一台设备能在市场上维持其自身价值而不显陈旧落后的全部时间。设备的技术寿命也指在一种会使原设备由于技术性无形磨损而报废的新设备出现之前的这一段时间。由于科学技术迅速发展，一方面，人们对产品的质量和精度的要求越来越高；另一方面，市场上不断涌现出技术上更先进、性能上更完美的设备，这就使得原有设备虽还能继续使用，但已不能保证产品的精度、质量和技术要求而被淘汰。由此可见，技术寿命主要是由设备的无形磨损所决定的，它一般比物理寿命要短，而且科学技术进步越快，技术寿命越短。所以，在估算设备寿命时，必须考虑设备技术寿命期限的变化特点及其使用的制约或影响。

(4) 设备的经济寿命是指设备从投入使用开始，到因继续使用在经济上不合理而被更新为止所经历的时间。它是由维护费用的提高和使用价值的降低决定的。设备使用年限越长，每年所分摊的设备购置费越少。但是随着设备使用年限的增加，一方面，需要更多的维修费以维持原有功能；另一方面，设备的操作成本及原材料、能源耗费也会增加，年运行时间、生产效率、质量将下降。年资产消耗成本的降低，会被年运行成本的增加或收益的下降所抵消，因此，在整个变化过程中存在着某一年份，设备的年平均使用成本最低，经济效益最好。如图 6.3 所示，在 N_0 年，设备年平均使用成本达到最小值，我们称设备从开始使用到其年平均使用成本最低(或年盈利最高)的使用年限 N_0 为设备的经济寿命。可见，设备的经济寿命就是从经济观点(即成本观点或收益观点)确定的设备更新的最佳时刻。

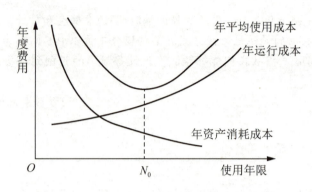

图 6.3　年度费用曲线

2. 设备寿命期限的影响因素

影响设备寿命期限的因素较多，其中主要有：设备的技术构成，设备成本，生产产品类型，操作水平，维护质量。

6.2.3　设备经济寿命的估算

1. 设备经济寿命的确定原则

(1) 使设备在经济寿命内平均每年净收益(纯利润)达到最大。

(2) 使设备在经济寿命内一次性投资和各种经营费总和达到最小。

2. 设备经济寿命的确定方法

确定设备经济寿命的方法可分为静态模式和动态模式。下面仅介绍静态模式下设备经济寿命的确定方法。

静态模式下设备经济寿命的确定方法，是在不考虑资金时间价值的基础上计算设备年平均使用成本 $\bar{C}_N$，使 $\bar{C}_N$ 最小的 N_0 就是设备的经济寿命，即

$$\bar{C}_N = \frac{P - L_N}{N} + \frac{1}{N}\sum_{t=1}^{N} C_t \tag{6-3}$$

式中：$\bar{C}_N$——N 年内设备的年平均使用成本；

　　　P——设备目前实际价值，新设备包括购置费和安装费，旧设备则包括旧设备现在的市场价值和继续使用旧设备追加的投资；

　　　C_t——第 t 年的设备运行成本，包括人工费、材料费、能源费、维修费、停工损失、废次品损失等；

　　　L_N——第 N 年年末的设备净残值。

式(6-3)中，$\frac{P - L_N}{N}$ 为设备的年平均资产消耗成本，而 $\frac{1}{N}\sum_{t=1}^{N} C_t$ 为设备的年平均运行成本。

如果使用年限 N 为变量，则当 $N_0(0 < N_0 < N)$ 为经济寿命时，应满足 $\bar{C}_N$ 最小。

应用实例 6-1

某设备目前实际价值为 30 000 元,有关统计资料见表 6-2,试求该设备的经济寿命。

表 6-2 某设备有关统计资料　　　　　　　　　　　　　　　　单位:元

使用年数 t	1	2	3	4	5	6	7
年运行成本	5 000	6 000	7 000	9 000	11 500	14 000	17 000
年末残值	15 000	7 500	3 750	1 875	1 000	1 000	1 000

【实例评析】

根据统计资料,可以计算该设备在不同使用年限时的静态年平均成本,见表 6-3。

表 6-3 设备在不同使用年限时的静态年平均成本　　　　　　　单位:元

使用年限 N	资产消耗成本 $P-L_N$	年平均资产消耗成本 (3)=(2)/(1)	年度运行成本 C_t	运行成本累计 $\sum C_t$	年平均运行成本 (6)=(5)/(1)	年平均使用成本 $\overline{C}_N$ (7)=(3)+(6)
(1)	(2)	(3)	(4)	(5)	(6)	(7)
1	15 000	15 000	5 000	5 000	5 000	20 000
2	22 500	11 250	6 000	11 000	5 500	16 750
3	26 250	8 750	7 000	18 000	6 000	14 750
4	28 125	7 031	9 000	27 000	6 750	13 781
5	29 000	5 800	11 500	38 500	7 700	13 500
6	29 000	4 833	14 000	52 500	8 750	13 583
7	29 000	4 143	17 000	69 500	9 929	14 072

由计算结果可以看出,该设备在使用 5 年时,其年平均使用成本 13 500 元为最低。因此,该设备的经济寿命为 5 年。

从以上实例可以看出,用设备的年平均使用成本 $\overline{C}_N$ 估算设备的经济寿命的过程是:在已知设备现金流量的情况下,逐年计算出从寿命 1 年到 N 年全部使用期的年平均使用成本 $\overline{C}_N$,从中找出年平均使用成本 $\overline{C}_N$ 的最小值及其所对应的年限,从而确定设备的经济寿命。

由于设备使用时间越长,设备的有形磨损和无形磨损越加剧,从而导致设备的维护修理费用增加得越多,这种逐年递增的费用 ΔC_t 称为设备的低劣化值。用低劣化值表示设备损耗的方法称为低劣化值法。如果每年设备的低劣化值是均等的,即 $\Delta C_t=\lambda$,每年的设备损耗呈线性增长,则可以简化经济寿命的计算,即

$$N_0 = \sqrt{\frac{2(P-L_N)}{\lambda}} \tag{6-4}$$

式中:N_0——设备的经济寿命;
　　　λ——设备的低劣化值。

应用实例 6-2

设有一台设备,目前实际价值为 8 000 元,预计残值为 800 元,第 1 年的设备运行成本为 600 元,每年设备的低劣化增量是均等的,低劣化值为 300 元,求设备的经济寿命。

【实例评析】

设备的经济寿命

$$N_0 = \sqrt{\frac{2\times(8\,000-800)}{300}} \approx 7(年)$$

将各年的计算结果列于表 6-4 中,进行比较后,也可得到同样的结果。

表 6-4 用低劣化值法计算设备经济寿命 单位:元

使用年限 N	年平均资产消耗成本 $(P-L_N)/N$	年度运行成本 C_t	运行成本累计 $\sum C_t$	年平均运行成本 (5)=(4)/(1)	年平均使用成本 $\bar{C}_N$ (6)=(2)+(5)
(1)	(2)	(3)	(4)	(5)	(6)
1	7 200	600	600	600	7 800
2	3 600	900	1 500	750	4 350
3	2 400	1 200	2 700	900	3 300
4	1 800	1 500	4 200	1 050	2 850
5	1 440	1 800	6 000	1 200	2 640
6	1 200	2 100	8 100	1 350	2 550
7	1 029	2 400	10 500	1 500	2 529
8	900	2 700	13 200	1 650	2 550
9	800	3 000	16 200	1 800	2 600

3. 设备更新时机的确定

设备更新方案的比选就是对新设备方案与旧设备方案进行比较分析,也就是决定现在马上购置新设备、淘汰旧设备,还是至少保留使用旧设备一段时间,再用新设备替换旧设备。新设备原始费用高,运营费和维修费低,旧设备目前净残值低,运营费和维修费高,因此必须进行权衡判断,才能做出正确的选择,一般要进行逐年比较。

在静态模式下进行设备更新方案比选时,可按如下步骤进行。

(1) 计算新旧设备方案不同使用年限的静态年平均使用成本和经济寿命。

(2) 确定设备更新时机。设备更新即便在经济上是有利的,却也未必需要立即更新。换言之,设备更新分析还包括更新时机选择的问题。设备更新时机的确定如下。

如果旧设备继续使用 1 年的年平均使用成本低于新设备的年平均使用成本,即 $\bar{C}_{N旧} < \bar{C}_{N新}$,此时不更新旧设备,继续使用旧设备 1 年;当新旧设备方案 $\bar{C}_{N旧} > \bar{C}_{N新}$ 时,应更新现有设备,此时即为设备更新的时机。

总之,以经济寿命为依据的更新方案比选,应以使设备都使用到最有利的年限来进行分析。

6.3 设备原型更新和技术更新的经济分析

设备更新是指对正在使用的设备进行更换。对企业来说，设备更新决策是很重要的，如果由于机器暂时的故障就将现有的设备进行草率处理，或者片面追求现代化，在企业资金紧张的情况下购买最新式设备，可能造成企业流动资本的严重不足，使企业陷入经营危机。相反，当竞争对手积极利用现代化设备降低成本和提高产品质量时，企业还在依靠低效率的设备进行生产，最终也必将为此付出代价。因此，应该怎样更新、什么时候更新，以及选择合理的更新方案是十分重要的。企业在进行设备更新时，应首先系统、全面地了解现有设备的性能、服务年限、磨损程度、技术进步等情况，然后有重点、有区别地对待。

对于新旧设备而言，其在费用方面具有不同的特点，新设备的特点是原始费用高，但运行和维修费用低，而旧设备恰恰相反。某台设备是否更新，何时更新，选用何种设备更新，既要考虑技术发展的需要，又要考虑经济效益。这就需要对设备更新进行方案的比较和选优。设备更新方案比选的基本原理和评价方法与互斥型投资方案比选相同。但在实际比选时，它还具有以下两个特点。

(1) 通常，我们假定设备产生的收益相同，因而在进行方案比较时只对其费用进行比较。

(2) 由于不同的设备方案的使用寿命不同，因此，通常采用年度费用进行比较。

设备更新有两种情况。

(1) 有形磨损造成的设备更新，即原型更新。

(2) 无形磨损造成的设备更新，即技术更新。

下面我们分别进行详细分析。

6.3.1 设备原型更新的经济分析

某些设备在其整个使用期内并不会过时，即在一定时期内还没有更先进的设备出现。在这种情况下，设备在使用过程中避免不了有形磨损的作用，引起设备的维修费用，特别是大修理费用以及其他运行费用的不断增加。这时立即进行原型设备替换，能否保证在经济上合算，这就是原型更新问题。设备原型更新通常由设备的经济寿命决定，即当设备运行到设备的经济寿命时，即进行更新。

设备原型更新的经济分析首先要计算设备的经济寿命，以经济寿命来决定设备是否需要更新，它适用于长期生产同一类型产品的企业进行周期性重复更换的设备。在比较方案时，应注意经济寿命计算中的两种特殊情况。

(1) 如果一台设备在整个使用期间，其年度使用成本和残值固定不变，这时，其使用的年限越长，年度费用越低。也就是说，它的经济寿命等于它的服务寿命。

(2) 如果一台设备目前的估计残值和未来的估计残值相等,而年度使用成本逐年增加,其最短的寿命(一般为 1 年)就是它的经济寿命。

6.3.2 设备技术更新的经济分析

在技术不断进步的条件下,由于无形磨损的作用,很可能在设备尚未使用到其经济寿命时,就已经出现了价格很低的同型设备或工作效率更高和经济效益更好的新型同类设备,这时就要分析继续使用原设备和购置新设备的两种方案,进行选择,确定设备是否更新。

✓ 应用实例 6-3

某企业 5 年前购置一设备,价值 75 万元,购置时预期使用寿命为 15 年,残值为零。该设备进行直线折旧,目前已提折旧 25 万元,账面净值为 50 万元。利用这一设备,企业每年消耗的生产成本为 70 万元,产生的销售额为 100 万元。现在市场上推出一种新设备,价值 120 万元(含运输、安装、调试等所有费用),使用寿命为 10 年,预计 10 年后残值为 20 万元。该设备由于技术先进,效率较高,预期可使产品销售量由原来每年 100 万元增加到每年 110 万元(假设产品产量增加,同时增加的产量又均可在市场上售出),同时可使生产成本(指原材料消耗、劳动力工资等)由每年 70 万元下降到每年 50 万元。如果现在将原设备出售,估计售价为 10 万元。

问折现率为 10%时,该企业是否应用新设备替换原设备?

【实例评析】

问题的解决是两个方案的比选。

方案 1:不做更新,继续使用原设备。

方案 2:更新原设备,购置新设备。

根据设备更新方案比较的特点和原则,原设备的投资及第 5 年年末的账面余额均为沉没成本,评价时不应计入,原设备若在第 5 年年末出售所得 10 万元,即为原设备继续使用的投资。因此方案 1 又可叙述为:以 10 万元的价格购入设备,使用 10 年,年运行成本 70 万元,期末无残值。两方案的净现金流量情况如图 6.4 和图 6.5 所示。

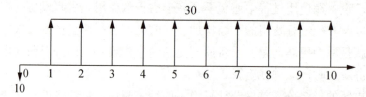

图 6.4 方案 1 的现金流量图(单位:万元)

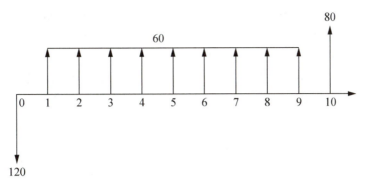

图 6.5　方案 2 的现金流量图(单位：万元)

方案的净现值为

$$NPV_1 = -10 + 30(P/A, 10\%, 10) = 174.34(万元)$$
$$NPV_2 = -120 + 60(P/A, 10\%, 10) + 20(P/F, 10\%, 10) = 256.39(万元)$$

结论：$NPV_2 > NPV_1$，因此应该选择方案 2，即更新原设备，购置新设备。

对现有设备来说，任何一项与该设备有关的构造和运行的新发展及改进都会导致其提前更新。人们可能会因为新设备的购置费用较大，而趋向保留现有设备，然而新设备的使用会提高产品质量，从而带来收入的增加以及运营费用、维修费用的减少。设备更新的关键是，新设备与现有设备相比的节约额可能比新设备投入的购置费用的价值要大。

应用实例 6-4

某单位 3 年前以 40 万元的价格购买了一台设备，一直运行正常。但现在市场上出现了一种改进的新型号，售价为 35 万元，并且其运营费用低于现有设备。现有设备和新型设备的残值及运营费用见表 6-5。现有设备还可以使用 4 年，新型设备的经济寿命为 6 年。假设 $i_c = 15\%$，问是否需要用新型设备更新现有设备？

表 6-5　新旧设备残值及运营费用表　　　　　　　　　　　　单位：元

年序	现有设备		新型设备	
	运营费用	残值	运营费用	残值
0		120 000		350 000
1	34 000	70 000	2 000	300 000
2	39 000	40 000	10 000	270 000
3	46 000	25 000	12 000	240 000
4	56 000	10 000	15 000	200 000
5			20 000	170 000
6			26 000	150 000

【实例评析】

因为现有设备还可以使用 4 年，所以对于新型设备来说，只要考虑前 4 年的情况。现有设备的 40 万元的购置费是沉没成本，只考虑 12 万元的现行市场价格。

$$AC_{旧}=[120\ 000+34\ 000(P/F, 15\%, 1)+39\ 000(P/F, 15\%, 2)+46\ 000(P/F, 15\%, 3)+$$
$$56\ 000(P/F, 15\%, 4)-10\ 000(P/F, 15\%, 4)]\times(A/P, 15\%, 4)=82\ 532.78(元)$$
$$AC_{新}=(350\ 000-200\ 000)\times(A/P, 15\%, 4)+200\ 000\times15\%+$$
$$[2\ 000(P/F, 15\%, 1)+10\ 000(P/F, 15\%, 2)+12\ 000(P/F, 15\%, 3)+$$
$$15\ 000(P/F, 15\%, 4)]\times(A/P, 15\%, 4)=91\ 571.53(元)$$

新型设备的费用年值高于现有设备,所以现在不应进行更新。

6.4 设备租赁分析

6.4.1 设备租赁的定义和形式

1. 设备租赁的定义

设备租赁是随着企业资产所有权和使用权的分离应运而生的设备使用形式,它是指设备使用者(承租人)按照合同规定向设备所有者(出租人)租借设备,并按期支付一定的租金而取得设备使用权的经济活动。它是设备投资的一种方式。

对于承租人来说,设备租赁与设备购买相比的优越性在于:可以节省设备投资,在资金不足和借款受到限制的情况下,也能使用设备;可加快设备更新,避免技术落后的风险;可避免通货膨胀的冲击,减少投资风险;可获得良好的技术服务,提高设备的利用率,从而获得更多的收益。

其不足之处则在于:在租赁期间承租人对租用设备无所有权,只有使用权,故承租人无权随意对设备进行改造,且不能处置设备,也不能用于担保或抵押贷款;一般设备租赁的总费用比购置设备费用高;租赁合同规定严格,毁约要赔偿损失、罚款较多等。

2. 设备租赁的形式

设备租赁一般有融资租赁和经营租赁两种方式。

1) 融资租赁

融资租赁又称财务租赁,是一种融资和融物相结合的方式,它是指出租人和承租人共同承担确定时期的租让和付费义务,不得任意终止和取消租赁合同。这种租赁方式是以融资和对设备的长期使用为前提的。设备由承租人选定,设备的性能、维修、保养和老化都由承租人承担,对于承租人来说,融资租入的设备属于固定资产,可以计提折旧计入企业成本,而租赁费一般不能直接计入成本,应由企业税后支付。但租赁费中的利息和手续费(按租赁合同规定,手续费可包括在租赁费中,或者一次性支付)可在支付时计入企业成本。这种租赁方式主要解决企业大型、贵重的设备和长期资产的需求问题。

由于融资租赁具有把融资和融物结合起来的特点,这使得租赁能够提供及时而灵活的资金融通方式,是企业取得设备、进行生产经营的一种重要手段。

2) 经营租赁

经营租赁是一种传统的设备租赁方式。出租人除向承租人提供租赁物外,还承担租赁设备的保养、维修、老化、贬值以及不再续租的风险。这种租赁方式带有临时性，因而租金较高。承租人一般用这种方式租赁技术更新较快、租期较短的设备，承租设备的使用期也短于设备的寿命期，并且经营租赁设备的租赁费计入企业成本，可减少企业所得税。临时使用的设备(如车辆、计算机、仪器等设备)通常采用这种方式。

融资租赁的租赁期相当于设备的寿命期。而在经营租赁中，租赁双方的任何一方可以随时以一定方式在通知对方后的规定期限内取消或中止租约。

6.4.2 设备租赁的经济分析

企业在决定进行设备投资之前，必须充分考虑影响设备购置与租赁方案的主要因素，这样才能获得最佳的经济效益。

1. 影响设备购置和租赁的主要因素

影响设备购置和租赁的主要因素包括：项目的寿命期；设备的价格；企业是需要长期占有设备，还是短期需要这种设备；设备的经济寿命；设备技术过时风险的大小；租赁期长短；设备租金金额；租金的支付方式；租赁机构的信用度、经济实力以及与承租人的配合情况。

2. 设备租赁经济分析的步骤

(1) 根据企业生产经营目标和技术状况，提出设备更新的投资建议。

(2) 拟订若干设备更新方案，包括购置方案、租赁方案。

(3) 定性分析筛选方案，包括分析企业财务能力，分析设备技术风险、使用、维修等特点。

(4) 定量分析并优选方案，结合其他因素，做出租赁还是购置的投资决策。

3. 设备租赁经济分析的方法

设备租赁的经济分析是对设备租赁和设备购置进行经济比选，也是互斥型方案选优问题，其方法与设备更新方案选择无实质上的差别，故可运用现值法、年值法等进行选优。

(1) 设备寿命相同时可以采用净现值法，设备寿命不同时可以采用年值法。无论采用净现值法，还是年值法，均以收益较大或成本较少的方案为宜。

(2) 在假设租赁和购置所得到设备的收入相同的条件下，最简单的方法是将租赁成本和购置成本进行比较。根据互斥型方案比选的差量原则，只需比较它们之间的差异部分。

经营租赁的净现金流量

净现金流量=销售收入-经营成本-租赁费-销售税金及附加-
(销售收入-经营成本-租赁费-销售税金及附加)×所得税税率 (6-5)

融资租赁的净现金流量

净现金流量=销售收入-经营成本-租赁费-销售税金及附加-(销售收入-
经营成本-折旧费-租赁费中的手续费和利息-销售税金及附加)×
所得税税率 (6-6)

在相同条件下，购置设备方案的净现金流量

净现金流量=销售收入-经营成本-设备购置费-贷款利息-销售税金及附加-
(销售收入-经营成本-折旧费-利息-销售税金及附加)×
所得税税率   (6-7)

从式(6-5)~式(6-7)可以看出，只需比较两者净现金流量的差异部分，即比较以下内容。
① 经营租赁：所得税税率×租赁费-租赁费。
② 融资租赁：所得税税率×(折旧费+租赁费中的手续费和利息)-租赁费。
③ 设备购置：所得税税率×(折旧费+利息)-设备购置费-贷款利息。

应用实例6-5

企业需要某种设备，其购置费为100 000元。如果借款购买，则每年需按10%的借款利率等额支付本利和，借款期和设备使用期均为5年，设备期末残值为3 000元。这种设备也可以采用经营租赁方式租入，每年租赁费为30 000元。企业所得税税率为25%，采用直线法提取折旧，基准收益率为10%。试分析企业应采用购置方案，还是租赁方案。

【实例评析】

(1) 企业若采用购置方案，相关费用计算如下。

① 计算年折旧费。

$$年折旧费=(100\,000-3\,000)/5=19\,400(元)$$

② 计算年借款利息。

各年支付的本利和按下式计算，则各年的还本付息见表6-6。

$$A=100\,000(A/P,10\%,5)=100\,000×0.263\,8=26\,380(元)$$

表6-6 各年剩余本金和还本付息金额   单位：元

年序	剩余本金	还款金额	其中支付利息
1	100 000	26 380	10 000
2	83 620	26 380	8 362
3	65 602	26 380	6 560
4	45 782	26 380	4 578
5	23 980	26 380	2 398

③ 计算设备购置方案的现值。

当借款购买时，企业可以将所支付的利息及折旧费从成本中扣除而免税，并且可以回收残值。因此，借款购买设备的成本现值需扣除折旧费、支付利息的免税金额和回收残值。

$$PC=100\,000-19\,400×0.25(P/A,10\%,5)-10\,000×0.25(P/F,10\%,1)-$$
$$8\,362×0.25(P/F,10\%,2)-6\,560×0.25(P/F,10\%,3)-$$
$$4\,578×0.25(P/F,10\%,4)-2\,398×0.25(P/F,10\%,5)-$$
$$3\,000(P/F,10\%,5)=73\,327.19(元)$$

(2) 计算设备租赁方案的现值。

当租赁设备时，承租人可以将租金计入成本而免税。故计算设备租赁方案的成本现值时需扣除租金免税金额。

$$PC=30\ 000(P/A, 10\%, 5)-30\ 000×0.25(P/A, 10\%, 5)=85\ 293(元)$$

所以从企业角度出发，应该选择购置设备的方案。

> **特别提示**
>
> 由于每个企业都要根据利润大小缴纳所得税，按财务制度规定，经营租赁的租金允许计入成本；购买设备每年计提的折旧费也允许计入成本；若用借款购买设备，其每年支付的利息也可以计入成本。在其他费用保持不变的情况下，计入的成本越多，则利润总额越少，企业交纳的所得税也越少。因此，在充分考虑各种方式的税收优惠影响下，应该选择税后收益更大或税后成本更小的方案。

应用实例6-6

某企业需要某种设备，可以考虑用自有资金购买，购置费为10 000元，也可以融资租赁，年租赁费为1 600元(其中利息部分200元)，此设备的寿命为10年，期末无残值。当设备投入使用后，可带来年销售收入6 000元，销售税金及附加为600元，年经营成本为1 200元，采用直线法提取折旧，所得税税率为25%，基准收益率为10%。要求比较购置方案和租赁方案。

【实例评析】

(1) 企业如果购置该设备。

$$年折旧额=10\ 000/10=1\ 000(元)$$
$$年净利润=(6\ 000-1\ 200-600-1\ 000)×(1-25\%)=2\ 400(元)$$
$$年净现金流量=2\ 400+1\ 000=3\ 400(元)$$
$$净现值=-10\ 000+3\ 400(P/A, 10\%, 10)=10\ 891.64(元)$$

(2) 企业如果租赁该设备。

$$年折旧额=10\ 000/10=1\ 000(元)$$
$$年净利润=(6\ 000-1\ 200-600-1\ 000-200)×(1-25\%)=2\ 250(元)$$
$$年净现金流量=2\ 250+1\ 000-(1\ 600-200)=1\ 850(元)$$
$$净现值=1\ 850(P/A, 10\%, 10)=11\ 367.51(元)$$

从计算结果可知，租赁方案的净现值高于购置方案的净现值，故租赁方案优于购置方案。

知识链接

中国首场工程机械二手设备无底价拍卖会成功举办

2012年11月18日，由易极环中(北京)拍卖有限公司举办的中国首场工程机械二手设备无底价拍卖会在河北徐水成功落下帷幕。此次拍卖开创了国内工程机械界无底价拍卖之先河，并创造了3个"国内第一"，分别是：

(1) 易极环中(北京)拍卖有限公司为中国第一家工程机械无底价拍卖公司。

(2) 易极徐水拍卖场是中国第一家工程机械永久性拍卖场。

(3) 成功举办了中国第一场工程机械无底价拍卖会。

二手设备由于折旧少、投资回报高、回本时间短的特点,广受国内有实力的企业及个人欢迎。目前国内的工程机械二手设备主要通过个人交易、二手交易市场、厂家及代理商有底价拍卖的方式处理,定价权主要集中在卖方手上,卖方往往根据账面资产盈亏状况来决定产品的价格,客户的议价权不足。而无底价拍卖的方式在国外已经有了成熟的模式并取得了良好的效果,这种方式即通过不设定最低成交价,由竞拍客户出价,价格最高者得的方式进行设备处理。此次拍卖吸引了来自全国各地的500位客户踊跃参加,客户在全场竞相举牌,最终实现31件设备(图 6.6)全部成交,总成交价格为1 140多万元,在目前的低迷环境下实现如此成绩,提振了市场信心。

图 6.6 拍卖的机械设备

(资料来源:第一工程机械网)

本 章 小 结

设备更新问题在工程经济中一直是一个涉及面较广的论题。本章所论述的设备更新的经济分析是指设备在使用过程中,由于有形磨损和无形磨损的作用,致使其功能受到一定的影响,因而需要以结构更加先进、技术更加完善、生产效益更高的设备去替代原有的设备。

设备的更新源于设备的磨损,磨损的形式以及如何进行补偿是设备更新经济分析首先应该了解的;继而要掌握设备经济寿命的概念、不同模式下设备经济寿命的求解以及设备经济寿命的确定对设备更新分析有何作用。

设备更新的经济分析中不同方案比选的基本原理和评价方法与互斥型方案比选相同,但在实际比选时,还应注意设备更新方案比较的特点和原则。

本章从设备原型更新和设备技术更新两方面进行阐述。设备原型更新是简单更新,主要是解决设备的损坏问题,不具有更新技术的性质。设备技术更新是以结构更先进、技术更完善、效率更高、性能更好、能源和原材料消耗更少的新型设备来替换那些技术上陈旧、在经济上不宜继续使用的旧设备。通常所说的设备更新主要是指设备技术更新。

到底是购买设备合算,还是租赁设备合算,取决于两种方案在经济上的比较,其比较的原则和方法与一般互斥型方案的比较并无实质性的差别。

第6章 设备更新经济分析

复习思考题

一、单项选择题

1. 设备无形磨损不是由生产过程中使用或自然力的作用造成的,而是由社会经济环境变化造成的设备价值贬值,造成设备无形磨损是由于( )。
   A. 精度降低 B. 设备闲置 C. 市值进步 D. 技术进步

2. 企业的设备更新既是一个经济问题,也是一个重要的决策问题。在做设备更新方案比较时,对原设备价值的评估是按( )考虑的。
   A. 设备原值 B. 资产净值 C. 市场实际价值 D. 账面价值

3. 设备在使用过程中,磨损的程度与使用强度和使用时间长短有关的属于( )。
   A. 第一种有形磨损 B. 第一种无形磨损
   C. 第二种有形磨损 D. 第二种无形磨损

4. 关于设备磨损,下列表述中正确的是( )。
   A. 有形磨损造成设备的性能、精度降低,但设备使用价值不变
   B. 有形磨损和无形磨损都引起机器设备原始价值的贬值
   C. 遭受无形磨损的设备不能继续使用
   D. 无形磨损是受自然力作用的结果

5. 设备更新方案的比选原则不包括( )。
   A. 应客观分析问题 B. 不考虑沉没成本
   C. 应逐年滚动比较 D. 考虑设备技术进步

6. 不能作为设备更新估算依据的是设备的( )。
   A. 技术寿命 B. 自然寿命 C. 经济寿命 D. 有效寿命

7. 某建筑公司需要一台大型塔式起重机用于项目建设施工,经市场预测、企业财务能力分析及技术经济论证,决定以经营租赁方式租用该设备。做出该决定的主要依据不包括( )。
   A. 当前的项目建设期较短,未来施工任务不确定
   B. 该设备现有产品面临技术过时的风险
   C. 可以用该设备抵押贷款以解决流动资金不足的困难
   D. 可以使企业享受税费方面的利益

8. 对设备购置与租赁方案进行比选,若分析后考虑采用经营租赁方案,该设备的状态不包括( )。
   A. 技术过时风险大 B. 保养维护复杂
   C. 使用时间短 D. 保养维护简单

9. 在进行设备租赁与设备购置的选择时,设备租赁与购置的经济比选是互斥型方案的选优问题。寿命期相同时,可能采用的比选尺度是( )。
   A. 净现值 B. 内部收益率
   C. 投资回收期 D. 净年值

10. 某设备原始价值是 800 元，不论使用多久，其残值均为零，使用费第 1 年为 200 元，以后每年增加 100 元，该设备经济寿命为( )年。
   A. 2　　　　　　　　　　　　　B. 3
   C. 4　　　　　　　　　　　　　D. 5

二、多项选择题

1. 更新是对整个设备进行更换，属于完全补偿，其适用于设备的磨损形式包括( )。
   A. 可消除性的有形磨损　　　　　B. 第一种无形磨损
   C. 不可消除性的有形磨损　　　　D. 无形磨损
   E. 第二种无形磨损

2. 造成设备第一种无形磨损的原因包括( )。
   A. 技术进步　　　　　　　　　　B. 社会劳动生产率水平提高
   C. 受自然力的作用产生磨损　　　D. 同类设备的再生产价值降低
   E. 使用磨损

3. 下列关于设备磨损及磨损补偿的说法，正确的有( )。
   A. 设备在闲置过程中不会发生磨损
   B. 更新是对整个设备进行更换，属于完全补偿
   C. 有形磨损和无形磨损都会引起机器设备原始价值的贬值
   D. 无形磨损是技术进步的结果，同类设备再生产价值降低，致使原设备贬值
   E. 物理磨损使得设备的运行费用和维修费用增加，效率降低

4. 设备发生了可消除的有形磨损，其补偿方式有( )。
   A. 大修　　　　B. 更新　　　　C. 现代化改装
   D. 提取折旧　　E. 技术改造

5. 对于承租人来说，设备租赁与设备购买相比的优越性主要体现在( )。
   A. 可以根据需要随时处置设备
   B. 可以获得良好的技术服务
   C. 可以保持资金的流动状态，防止呆滞
   D. 可以避免通货膨胀和利率波动的冲击
   E. 可以享受税费上的利益

三、简答题

1. 设备磨损有哪些主要形式？
2. 什么是有形磨损？什么是无形磨损？
3. 什么是设备的经济寿命？
4. 设备更新方案比较的原则有哪些？
5. 什么是融资租赁？设备租赁与设备购置比较有什么优势？

在线答题

第7章 建设项目的经济评价

思维导图

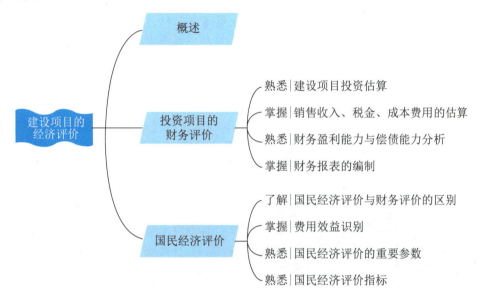

导入案例

阳光花苑(图 7.1)位于郑州市中原路与西环路交会处西 500m，是由郑州煤电长城房产开发投资有限公司在西区开发的大型双气住宅项目。阳光花苑总建筑面积达 600 000m²，整个社区由 26 栋高层和 4 栋小高层围合而成，是一个集休闲、娱乐、健身、购物为一体的居住社区。项目是由澳大利亚贝尔曼设计事务所董事兼总经理顾忠良先生规划设计的。顾忠良，世界著名建筑师，其代表作墨尔本皇冠赌场，1996 年开业时即轰动全球，被评为世界十大建筑之一。阳光花苑建筑立面造型以现代风格为主，线条简洁，通过中间色和白色的穿插搭配和形体的变化，强调一个"时尚之家"的概念。

项目第三期总建筑面积 82 431.23m²。地上总建筑面积 53 219.98m²，包括配建小学建筑面积 9 000m²，住宅建筑面积 40 759.98m²，社区综合服务中心建筑面积 1 200m²，消防控制室建筑面积 50m²，物业用房建筑面积 2 100m²，便民店建筑面积 110m²；地下总建筑面积 29 211.25m²，包括地下车库建筑面积 20 607.61m²(地下机动车停车位 520 个)，地下储藏室建筑面积 8 603.64m²。

本项目开发建设总投资估算为 22 673.17 万元，其中建设投资 21 929.17 万元，建设期利息 744 万元。总投资的 70%为银行贷款。

项目建设期 2 年，运营期 2 年，建设期的第 2 年开始销售，2016 年项目开工，当前房屋均价为：住宅 10 000 元/m²，商业(便民店)20 000 元/m²，地下车位 11 万元/个，地下储藏室 4 000 元/m²，预计年涨幅 5%。

试对该项目进行经济评价。

图 7.1　阳光花苑

7.1　概　　述

按照《建设项目经济评价方法与参数(第三版)》的有关规定，建设项目的经济评价包括财务评价和国民经济评价，财务评价和国民经济评价共同构成了完整的工程项目经济评价体系。

建设项目的经济评价是项目前期工作的重要内容，对于加强固定资产投资宏观调控、提高投资决策的科学化水平、引导和促进各类资源合理配置、优化投资结构、减少和规避投资风险、充分发挥投资效益具有重要作用。

建设项目财务评价是根据国家现行的财税制度和价格体系，从建设项目角度出发，分析、计算项目直接发生的财务效益和费用，编制有关报表，计算有关指标，评价项目的盈利和偿债能力、综合平衡情况能力等财务状况，据此判断项目的财务可行性。财务评价是工程经济的核心内容，它既是工程经济学原理的应用，又是其理论的深化，同时也为国民经济评价提供调整计算的基础。

建设项目国民经济评价是在合理配置社会资源的前提下，从国家经济整体利益出发，遵守费用与效益统一划分的原则，用影子价格、影子汇率和社会折现率，计算项目给国民经济带来的净增量效益，分析项目的经济效率和对社会的影响，以此来评价项目在宏观经济上的可行性。

7.2 投资项目的财务评价

7.2.1 财务评价的作用、内容和基本步骤

1. 财务评价的作用

(1) 衡量竞争性建设项目的盈利能力和偿债能力。
(2) 权衡非营利项目或微利项目的经济优惠措施。
(3) 合营项目谈判签约的重要依据。
(4) 项目资金规划的重要依据。

2. 财务评价的内容

1) 盈利能力分析

主要是考察项目投资的盈利水平，它直接关系到项目投产后能否生存和发展，是评价项目在财务上的可行性程度的基本标志。盈利能力是企业进行投资活动的原动力，也是企业进行投资决策时考虑的首要因素。在财务评价中，应当考察拟建项目建成投产后是否有盈利，盈利能力有多大，盈利能力是否足以使项目可行。

2) 偿债能力分析

拟建项目的偿债能力主要是指项目偿还建设项目投资借款和清偿其他债务的能力。它直接关系到企业面临的财务风险和企业财务信用程度，而且偿债能力的大小是企业进行筹资决策的重要依据。

3) 不确定性分析

分析项目的盈利能力和偿债能力时所用的工程经济要素数据一般是预测和估计的，具有一定的不确定性。因此，还要分析这些不确定因素对经济评价指标的影响，估计项目可能存在的风险，考察项目财务评价的可靠性，也就是进行项目的不确定性分析。不确定性分析的内容详见第5章。

3. 财务评价的基本步骤

(1) 进行财务评价主要数据与参数的确定、估算和分析，编制财务评价的辅助报表。根据项目市场研究和技术分析的结果、国家的现行财税制度，进行一系列财务数据的估算，并在此基础上编制辅助报表。辅助报表包括：建设投资估算表，流动资金估算表，固定资产折旧估算表，无形资产及递延资产摊销估算表，资金使用计划与资金筹措表，销售收入、

销售税金及附加和增值税估算表，总成本费用估算表，等等。

(2) 编制财务评价的基本报表。将分析和估算所得数据进行汇总，编制财务评价的基本报表，包括现金流量表、利润表、借款还本付息计算表、资产负债表、资金来源与运用表等。

(3) 计算财务评价的各项指标，进行财务分析。包括盈利能力指标计算分析、偿债能力指标计算分析、不确定性分析，将计算出的指标与国家有关部门公布的基础值，或与经验标准、历史标准、目标标准等加以比较，并从项目的角度提出项目可行与否的结论。

7.2.2 主要数据的确定、估算和分析

1. 财务评价基准参数的选取

1) 内部收益率的判别基准

内部收益率包括项目财务内部收益率、项目资本金内部收益率以及投资各方的内部收益率。

(1) 项目财务内部收益率的判别基准。项目财务内部收益率的判别基准是财务基准收益率，可采用行业或企业统一发布执行的基准数据，也可以由评价者自行设定。近年来，以项目的加权平均资金成本为基础来确定财务基准收益率的做法已成趋势。

(2) 项目资本金内部收益率的判别基准。项目资本金内部收益率的判别基准是最低可接受收益率。它的确定主要取决于当时的资本收益水平以及项目所有资本金投资者对权益资金收益的综合要求，涉及资金机会成本的概念以及投资者对风险的态度。

(3) 投资各方的内部收益率的判别基准。投资各方的内部收益率的判别基准是投资各方对投资收益水平的最低期望值，也可以称为最低可接受收益率。它取决于投资者的决策理念、资本实力和对风险的承受能力。

2) 项目静态投资回收期的判别基准

项目静态投资回收期的判别基准是基准静态回收期，其取值可以根据行业水平或投资者的具体要求而定。

2. 建设项目投资估算

投资估算是在对项目的建设规模、产品方案、工艺技术及设备方案、工程方案及项目实施进度等进行研究并基本确定的基础上，估算项目所需资金总额并测算建设期分年资金使用计划。按照现行项目投资管理规定，建设项目投资估算包括固定资产投资估算和流动资金的估算。

1) 固定资产投资概略估算方法

对于项目建议书阶段的固定资产投资，可采用一些简便方法估算。主要有以下几种方法。

(1) 设备系数法。以拟建项目或装置的设备费为基数，根据已建成的同类项目或装置的建筑安装费和其他工程费用等占设备费的百分比，求出相应的建筑安装及其他有关费用，其总和即为项目或装置的投资额。其计算公式为

$$C = E(1 + f_1 P_1 + f_2 P_2 + f_3 P_3 + \cdots) + I \tag{7-1}$$

式中： C——拟建项目或装置的投资额；
E——根据拟建项目或装置的设备清单按当时当地价格计算的设备费(包括运杂费)的总和；
P_1、P_2、P_3——分别为已建同类项目或装置中建筑安装费及其他工程费用占设备费的百分比；
f_1、f_2、f_3——分别为由时间因素引起的定额、价格、费用标准等变化的综合调整系数；
I——拟建项目或装置的其他费用。

(2) 主体专业系数法。以拟建项目中的最主要、投资比重较大并与生产能力直接相关的工艺设备的投资(包括运杂费及安装费)为基数，根据同类型的已建项目的有关统计资料，计算出拟建项目的各个专业工程(总图、土建、暖通、给排水、管道、电气及电信、自控及其他工程等)费用占工艺设备费的百分比，据以求出各专业的投资额，然后把各专业投资额(包括工艺设备费)相加求和，即为项目的总费用。其计算公式为

$$C = E(1 + f_1 P_1' + f_2 P_2' + f_3 P_3' + \cdots) + I \tag{7-2}$$

式中：P_1'、P_2'、P_3'——已建同类项目中各专业工程费用占工艺设备费的百分比；
其余符号含义同上式。

(3) 朗格系数法。以设备费为基础，乘以适当的系数来推算项目的建设费用。其计算公式为

$$D = C(1 + \sum K_i) K_c \tag{7-3}$$

式中：D——总建设费用；
C——主要设备费用；
K_i——管线、仪表、建筑物等项费用的总估算系数；
K_c——管理费、合同费、应急费等项费用的总估算系数。

总建设费用与主要设备费用之比为朗格系数 KL，即

$$KL = (1 + \sum K_i) K_c \tag{7-4}$$

这种方法比较简单，但没有考虑设备规格和材质的差异，所以精确度不高。

(4) 生产能力指数法。根据已建成的、性质类似的建设项目或装置的投资额和生产能力，以及拟建项目或装置的生产能力估算项目的投资额。其计算公式为

$$C_2 = C_1 \left(\frac{A_2}{A_1}\right)^n f \tag{7-5}$$

式中：C_1、C_2——分别为已建类似项目或装置和拟建项目或装置的投资额；
A_1、A_2——分别为已建类似项目或装置和拟建项目或装置的生产能力；
f——不同时期、不同地点的定额、单价、费用变更等的综合调整系数；
n——生产能力指数，$0 \leqslant n \leqslant 1$。

若已建类似项目或装置的规模和拟建项目或装置的规模相差不大，生产规模比值为 0.5～2，则指数 n 的取值近似为 1。若已建类似项目或装置与拟建项目或装置的规模相差不大于 50 倍，且拟建项目或装置的扩大仅靠增大设备规模来达到，则 n 的取值为 0.6～0.7；若是靠增加相同规格设备的数量来达到，则 n 的取值为 0.8～0.9。

采用这种方法计算简单、速度快，但要求类似工程的资料可靠、条件基本相同，否则误差就会较大。

(5) 指标估算法。对于房屋、建筑物等投资的估算，经常采用指标估算法，即根据各种具体的投资估算指标进行单位工程投资的估算。投资估算指标的形式较多，根据这些投资估算指标，乘以所需的面积、体积、容量等，就可以求出相应的土建工程、给排水工程、照明工程、采暖工程、变配电工程等各单位工程的投资额。在此基础上，可汇总成每一单项的投资额。另外，再估算工程建设其他费用及预备费，即可求得建设项目总投资。

采用这种方法时，一方面要注意，若套用的指标与具体工程之间的标准或条件有差异，应加以必要的局部换算或调整；另一方面要注意，使用的指标单位应密切结合每个单位工程的特点，能正确反映其设计参数，切勿盲目地单纯套用一种单位。

2) 固定资产投资详细估算方法

详见本书第 2 章。

3) 流动资金的估算

流动资金的估算方法有两种。一是扩大指标估算法。扩大指标估算法是按照流动资金占某种费用基数的比率来估算流动资金。一般常用的费用基数有销售收入、经营成本、总成本费用和固定资产投资等，采用何种基数依行业习惯而定。所采用的比率根据经验或依行业或部门给定的参考值确定，也有的行业习惯按单位产量占用流动资金额估算流动资金。扩大指标估算法简便易行，适用于项目初选阶段。二是分项详细估算法，这是通常采用的流动资金估算方法。分项详细估算法的公式如下。

$$流动资金 = 流动资产 - 流动负债 \tag{7-6}$$

$$流动资产 = 现金 + 应收账款 + 预付账款 + 存货 \tag{7-7}$$

$$流动负债 = 应付账款 + 预收账款 \tag{7-8}$$

$$流动资金本年增加额 = 本年流动资金 - 上年流动资金 \tag{7-9}$$

(1) 现金的估算。项目流动资金中的现金是指为了维持正常生产运营必须预留的货币资金。其计算公式为

$$现金 = \frac{年工资及福利费 + 年其他费用}{现金周转次数} \tag{7-10}$$

年其他费用 = 制造费用 + 管理费用 + 销售费用 - 以上三项费用中所包含的工资及福利费、折旧费、摊销费、修理费和利息支出 (7-11)

$$周转次数 = \frac{360}{最低需要周转天数} \tag{7-12}$$

(2) 应收账款和预付账款的估算。应收账款是指企业对外销售商品、提供劳务尚未收回的款项，预付账款是指企业为购买各类材料、半成品或服务所欲先支付的款项。其计算公式为

$$应收账款 = \frac{年经营成本}{应收账款周转次数} \tag{7-13}$$

$$预付账款 = \frac{年外购商品或服务费用金额}{预付账款周转次数} \tag{7-14}$$

(3) 存货的估算。存货是指企业在日常生产经营过程中持有的以备出售，或者仍然处于生产过程，或者在生产或提供劳务过程中将消耗的材料和物料等，包括各类材料、燃料、包装物、低值易耗品、在产品、外购商品、协作件、自制半成品和产成品等。项目中的存

货一般仅考虑外购原材料、燃料、其他材料、在产品和产成品，并分项进行估算。其计算公式为

$$存货 = 外购原材料、燃料 + 其他材料 + 在产品 + 产成品 \tag{7-15}$$

$$外购原材料、燃料 = \frac{年外购原材料、燃料费}{原材料、燃料周转次数} \tag{7-16}$$

$$其他材料 = \frac{年其他材料费用}{其他材料周转次数} \tag{7-17}$$

$$在产品 = \frac{年外购原材料、燃料和动力费 + 年工资及福利费 + 年修理费 + 年其他制造费}{在产品周转次数} \tag{7-18}$$

$$产成品 = \frac{年经营成本}{产成品周转次数} \tag{7-19}$$

(4) 流动负债的估算。流动负债是指在一年或者超过一年的一个营业周期内，需要偿还的各种债务，包括短期借款、应付票据、应付账款、预收账款、应付职工薪酬、应交税费、其他应付款等。在项目评价中，流动负债只考虑应付账款和预收账款两项。其计算公式为

$$应付账款 = \frac{年外购原材料、燃料、动力费和其他材料费用}{应付账款周转次数} \tag{7-20}$$

$$预收账款 = \frac{预收的年营业收入金额}{预收账款周转次数} \tag{7-21}$$

(5) 铺底流动资金的估算。流动资金一般应在投产前开始筹措。根据国家现行规定要求，新建、改建、扩建和技术改造项目，必须将项目建成投产后所需的30%铺底流动资金列入投资计划，铺底流动资金不落实的，国家不予批准立项，银行不予贷款。铺底流动资金的计算公式为

$$铺底流动资金 = 流动资金 \times 30\% \tag{7-22}$$

铺底流动资金是计算项目资本金的重要依据，也是国家控制项目投资规模的重要指标。根据国家现行规定，国家控制投资规模的项目总投资包括固定资产投资和铺底流动资金，并以此为基数计算项目资本金比例。计算公式为

$$项目资本金最低需要量 = 项目总投资 \times 国家规定的最低资本金比例 \tag{7-23}$$

$$项目总投资 = 固定资产投资 + 铺底流动资金 \tag{7-24}$$

$$固定资产投资 = 固定资产投资静态部分 + 固定资产投资动态部分 \tag{7-25}$$

对于概算调整和后评价项目，固定资产投资动态部分还应包括建设期因汇率变动而产生的汇兑损益以及国家批准新开征的其他税费。

4) **投资估算表及其他相关财务报表的编制**

(1) 固定资产投资估算表的编制。该表包括工程费用、工程建设其他费用、预备费、建设期利息等。分别对上述内容估算或计算后即可编制此表。

(2) 固定资产折旧估算表的编制。该表包括各项固定资产的原值、分年度折旧费与净值以及期末净值等内容。编制该表首先要依据固定资产投资估算表确定各项固定资产原值，再依据项目的生产期和有关规定确定折旧方法、折旧年限与折旧率，进而计算各年的折旧

费和净值，最后汇总得到项目总固定资产的年折旧费和净值。期末净值即为项目的期末余值。

(3) 无形资产及递延资产摊销估算表的编制。该表的内容和编制与固定资产折旧估算表类似。编制时，首先确定无形资产及递延资产的原值，再按摊销年限等额摊销。无形资产的摊销年限不少于 10 年，递延资产的摊销年限不少于 5 年。

(4) 流动资金估算表的编制。流动资金估算表包括流动资产、流动负债、流动资金及流动资金本年增加额 4 项内容。该表是在对生产期各年流动资金估算的基础上编制的。

(5) 资金使用计划与资金筹措表的编制。资金使用计划与资金筹措表包括总投资的构成、资金筹措及各年度的资金使用安排等内容。该表可依据固定资产投资估算表和流动资金估算表编制。

3. 投资项目中销售收入的估算

1) 销售收入的内容

投资项目现金流量的识别和计算

销售(营业)收入是指项目投产后在一定时期内销售产品(营业或提供劳务)而取得的收入。销售(营业)收入的主要内容包括以下几部分。

(1) 生产经营期各年生产负荷。项目生产经营期各年生产负荷是计算销售收入的基础。经济评估人员应配合技术评估人员鉴定各年生产负荷的确定是否有充分依据，是否与产品市场需求量预测相符合，是否考虑了项目的建设进度，以及原材料、燃料、动力供应和工艺技术等因素对生产负荷的制约和影响作用。

(2) 产品销售价格。销售(营业)收入的重点是对产品价格进行估算。要鉴定选用的产品销售(服务)价格是否合理，价格水平是否反映市场供求状况，判别项目是否高估或低估了产出物价格。

为防止人为夸大或缩小项目的效益，属于国家控制价格的物资，要按国家规定的价格政策执行；价格已经放开的产品，应根据市场情况合理选用价格，一般不宜超过同类产品的进口价格(含各种税费)。产品销售价格一般采用出厂价格，参考当前国内市场价格和国际市场价格，通过预测分析而合理选定。出口产品应根据离岸价格扣除国内各种税费计算出厂价格。同时还应注意与投入物价格选用的同期性，并注意价格中不应含有增值税。

2) 销售收入的计算方法

在项目评估中，产品销售(营业)收入的计算，一般假设当年生产产品当年全部销售。销售(营业)收入计算公式为

$$销售(营业)收入 = \sum_{i=1}^{n} Q_i P_i \tag{7-26}$$

式中：Q_i——第 i 种产品的年产量；

P_i——第 i 种产品的销售单价。

当项目产品外销时，还应计算外汇销售收入，并按评估时的现行汇率折算成人民币，再计入销售收入总额。

3) 补贴收入的估算

某些经营性的公益事业、基础设施建设项目，如城市轨道交通项目、垃圾处理项目、污水处理项目等，政府会在项目运营期给予一定数额的财政补助，以维持正常运营，使投资者能获得合理的投资收益。对这类技术方案应按有关规定估算企业可能得到的与收益相

关的政府补助(与资产相关的政府补助不在此处核算,与资产相关的政府补助是指企业取得的,用于购建或以其他方式形成长期资产的政府补助),包括先征后返的增值税、按销量或工作量等依据国家规定的补助定额计算并按期给予的定额补贴,以及属于财政扶持而给予的其他形式的补贴等,应按相关规定合理估算,计作补贴收入。

4. 投资项目中税金的估算

税金是国家凭借政治权力参与国民收入分配和再分配的一种货币形式。在建设项目经济评价中正确计算各种税金,是合理确定建设项目效益与费用的重要基础。

建设项目经济评价涉及的税金主要包括增值税、消费税、资源税、城市维护建设税、教育费附加、地方教育附加、耕地占用税、环境保护税、关税、所得税,有些行业还包括土地增值税。此外还有车船税、房产税、城镇土地使用税、印花税和契税等。

税金一般属于财务现金流出。在进行税金计算时,应说明税种、征税方式、税基、税率、计税额等,这些内容应根据相关税法和技术方案的具体情况确定。各项税金如有减免、抵免的优惠,应说明政策依据以及减免、抵免的方式并按相关规定估算减免、抵免金额。

1) 增值税的估算

增值税是对商品生产、流通、劳务服务中多个环节的新增价值或商品的附加值征收的一种流转税。增值税实行价外税,也就是由消费者负担,有增值才征收,没增值不征税。增值税已经成为我国最主要的税种之一。

根据《中华人民共和国增值税暂行条例》《中华人民共和国增值税暂行条例实施细则》和《财政部 国家税务总局关于全面推开营业税改征增值税试点的通知》(财税〔2016〕36号)等规定,工程项目投资构成中的建筑安装工程费、设备购置费、工程建设其他费用中所含增值税进项税额,应根据国家增值税相关规定实施抵扣。但为满足筹资需要,必须足额估算项目建设投资,为此,项目建设投资估算应按含增值税进项税额的价格进行。同时,要将可抵扣固定资产进项税额单独列示,以便在财务分析中正确计算固定资产原值和应纳增值税额。

按照现行税法规定,增值税作为价外税不包括在销售税金及附加中。增值税的估算应遵循价外税的计税原则,在项目经济评价中应注意以下几点。

(1) 在项目财务评价中,产品销售税金及附加不包括增值税,产出物的价格不含增值税中的销项税,投入物的价格中不含增值税中的进项税。

(2) 城市维护建设税、教育费附加和地方教育附加都以增值税为计算基数,因此在财务评价中,还应单独计算项目的增值税额(销项税额减进项税额),以便计算销售税金及附加。

(3) 增值税的税率、计征依据、计算方法和减免办法,均应按国家有关规定执行。产品出口退税比例,按照现行有关规定计算。

2) 消费税的估算

消费税是针对特定消费品征收的税金。在建设项目经济评价中,对适用消费税的产品,消费税实行从价定率、从量定额或者从价定率和从量定额复合计税(简称复合计税)。

(1) 实行从价定率。计算公式为

$$应纳消费税额=销售额×比例税率 \tag{7-27}$$

(2) 实行从量定额。计算公式为

$$应纳消费税额=销售数量×定额税率 \tag{7-28}$$

(3) 实行复合计税。计算公式为

$$应纳消费税额=销售额×比例税率+销售数量×定额税率 \tag{7-29}$$

纳税人销售的应税消费品，以人民币计算销售额；纳税人以人民币以外的货币结算销售额的，应当折合成人民币计算。销售额为纳税人销售应税消费品向购买方收取的全部价款和价外费用。

3) 资源税的估算

资源税是国家对开发应税资源的单位和个人在应税资源产品(以下称应税产品)的销售或自用环节中征收的税种。资源税按照《资源税税目税率表》实行从价计征或者从量计征。

(1) 实行从价计征。计算公式为

$$应纳资源税额=应税产品的销售额×适用税率 \tag{7-30}$$

(2) 实行从量计征。计算公式为

$$应纳资源税额=应税产品的销售数量×适用单位税额 \tag{7-31}$$

纳税人开采或生产不同税目应税产品的，应当分别核算不同税目应税产品的销售额或销售数量。纳税人开采或生产应税产品自用的，应当依照规定缴纳资源税；但自用于连续生产应税产品的，不缴纳资源税。

国务院根据国民经济和社会发展需要，依照《中华人民共和国资源税法》的原则，对取用地表水或者地下水的单位和个人试点征收水资源税。征收水资源税的，停止征收水资源费。

4) 土地增值税的估算

土地增值税是对有偿转让房地产取得的增值额征收的税种。房地产开发项目应按规定计算土地增值税。土地增值税按四级超率累进税率计算，计算公式为

$$应纳土地增值税额=增值额×适用税率 \tag{7-32}$$

式中：适用税率根据增值额未超过或超过扣除项目金额比率的多少确定。

5) 附加税的估算

附加税是随某种税收按一定比例加征的税种。技术方案经济评价涉及的附加税主要是城市维护建设税和教育费附加、地方教育附加。

城市维护建设税是一种为了加强城市的维护建设，扩大和稳定城市维护建设资金来源的地方附加税。教育费附加是国家为发展地方教育事业，扩大地方教育经费来源，计征用于教育的政府性基金，是地方收取的专项费用。地方教育附加是各省、自治区、直辖市根据国家有关规定，为实施"科教兴省"战略，增加地方教育的资金投入，所开征的一个地方政府性基金，主要用于各地方的教育经费的投入补充。

城市维护建设税和教育费附加、地方教育附加，以增值税和消费税为税基乘以相应的税率计算。城市维护建设税税率根据投资项目所在地不同有3个等级，市区为7%，县城和镇为5%，市区、县城和镇以外为1%；教育费附加税率为3%；地方教育附加税率为2%。城市维护建设税和教育费附加、地方教育附加分别与增值税和消费税同时缴纳。

在经济效果分析时，消费税、资源税、土地增值税和城市维护建设税、教育费附加、地方教育附加均可包含在销售税金及附加中。

6) 耕地占用税的估算

耕地占用税是为了合理利用土地资源，加强土地管理和保护耕地，对在我国境内占用用于种植农作物的土地建设建筑物、构筑物或者从事非农业建设的单位和个人征收的税金。耕地占用税的纳税人，应当依照规定缴纳耕地占用税。对占用耕地建设农田水利设施的，不缴纳耕地占用税。

耕地占用税以纳税人实际占用的耕地面积为计税依据，按照规定的适用税额一次性征收。计算公式为

$$应纳耕地占用税额 = 实际占用的耕地面积(m^2) \times 适用税额 \qquad (7-33)$$

7) 环境保护税的估算

环境保护税是为了保护和改善环境，减少污染物排放，推进生态文明建设，对在我国领域和我国管辖的其他海域，直接向环境排放应税污染物的企业事业单位和其他生产经营者征收的税金。环境保护税所称应税污染物是指《环境保护税税目税额表》《应税污染物和当量值表》规定的大气污染物、水污染物、固体废物和噪声。环境保护税应纳税额按照应税污染物分别计算。

(1) 应税大气污染物。应纳税额计算公式为

$$应纳环境保护税额 = 大气污染当量数 \times 适用税额 \qquad (7-34)$$

式中：大气污染当量数按照应税大气污染物排放量折合的污染当量数确定。

(2) 应税水污染物。应纳税额计算公式为

$$应纳环境保护税额 = 水污染当量数 \times 适用税额 \qquad (7-35)$$

式中：水污染当量数按照应税水污染物排放量折合的污染当量数确定。

(3) 应税固体废物。应纳税额计算公式为

$$应纳环境保护税额 = 固体废物排放量 \times 适用税额 \qquad (7-36)$$

式中：固体废物排放量按照应税固体废物的排放量确定。

(4) 应税噪声。应纳税额计算公式为

$$应纳环境保护税额 = 分贝数 \times 适用税额 \qquad (7-37)$$

式中：分贝数按照应税噪声超过国家规定标准的分贝数确定。

8) 关税的估算

关税是以进出口的应税货物为纳税对象的税种。建设项目经济评价中涉及引进设备、技术和进口原材料时，应按有关税法和国家的税收优惠政策，正确估算进口关税。进出口货物关税实行从价计征、从量计征或者以国家规定的其他方式征收。

(1) 实行从价计征。计算公式为

$$应纳关税额 = 完税价格 \times 关税税率 \qquad (7-38)$$

进口货物的完税价格，由海关以该货物的成交价格为基础审查确定，并应当包括货物运抵我国境内输入地点起卸前的运输及其相关费用、保险费；出口货物的完税价格，由海关以该货物的成交价格为基础审查确定，并应当包括货物运至我国境内输出地点装载前的运输及其相关费用、保险费。

(2) 实行从量计征。计算公式为

$$应纳关税额=货物数量×单位税额 \quad (7-39)$$

我国仅对少数货物征收出口关税，而对大部分货物免征出口关税。若投资项目的出口产品属征税货物，应按规定估算出口关税。

9) 所得税的估算

建设项目经济评价中所得税是指企业所得税，即针对企业应纳税所得额征收的税种。企业所得税按有关税法扣除所得税前项目计算应纳税所得额，并采用适应的税率计算。计算公式为

$$应纳所得税额=应纳税所得额×适用税率-减免税额-抵免税额 \quad (7-40)$$

5. 投资项目中成本费用估算

1) 成本费用的构成

成本费用是反映产品生产中资源消耗的一个主要基础数据，是形成产品价格的重要组成部分，是影响经济效益的重要因素。建设项目产出品成本费用的构成与计算，既要符合现行财务制度的有关规定，又要满足经济评价的要求。

我国成本核算办法已参照国际惯例，由原来的完全成本法改成制造成本法。所谓制造成本法是在核算产品成本时，只分配与生产经营最直接和关系密切的费用，而将与生产经营没有直接关系和关系不密切的费用计入当期损益。即直接材料、直接工资、其他直接支出和制造费用计入产品制造成本，管理费用、财务费用和销售费用直接计入当期损益，不要求计算产品的完全成本费用。

为了估算简便，财务评价中通常按成本要素进行归结分类估算。归结后，总成本费用由外购原材料费、外购燃料及动力费、工资及福利费、折旧费、摊销费、修理费、财务费用及其他费用组成。

(1) 外购原材料费。外购原材料费包括企业生产经营过程中实际消耗的原材料、辅助材料、备品备件、外购半成品、包装物以及其他直接材料费。其计算公式为

$$外购原材料费=原材料消耗量×单价 \quad (7-41)$$

(2) 外购燃料及动力费。此项是指企业生产经营过程中实际消耗的燃料及动力费。其计算公式为

$$外购燃料及动力费=燃料及动力消耗量×单价 \quad (7-42)$$

(3) 工资及福利费。工资及福利费(又称职工薪酬)是指企业为了获得职工提供的服务而给予各种形式的报酬及其他相关支出，通常包括职工工资、奖金、津贴补贴、职工福利费，以及医疗保险费、养老保险费、失业保险费、工伤保险费、生育保险费等社会保险费和住房公积金中由职工个人缴付的部分。其计算公式为

$$工资及福利费=职工总人数×人均年工资指标(含福利费) \quad (7-43)$$

式中：职工总人数是指按拟订方案提出的生产人员、生产管理人员、工厂总部管理人员及销售人员总人数；人均年工资指标(含福利费)有时也可考虑一定比率的年增长率。

(4) 折旧费。固定资产折旧应当根据固定资产原值、预计净残值、预计使用年限或预计工作量，一般采用年限平均法或者工作量(或产量)法计算，也可采用加速折旧法。各种方法的计算公式见本书第2章。

(5) 摊销费。摊销费指无形资产和递延资产摊销。无形资产和递延资产的摊销是将这

些资产在使用中损耗的价值转入成本费用中，一般不计残值，从受益之日起，在一定期间分期平均摊销。

无形资产的摊销期限，凡法律和合同或企业申请书分别规定有效期限和受益年限的，按照法定有效期限与合同或企业申请书中规定的受益年限孰短的原则确定。无法确定有效期限，但合同或企业申请书中规定有受益年限的，按合同或企业申请书中规定的受益年限确定。无法确定有效期限和受益年限的，按照不少于 10 年的期限确定。

递延资产一般按照不短于 5 年的期限平均摊销；其中以经营租赁方式租入的固定资产改良工程支出，在租赁有效期限内分期摊销。

无形资产、递延资产的摊销价值通过销售收入得到补偿，增加企业盈余资金，可用于作为周转资金或其他用途。

(6) 修理费。修理费是指为恢复固定资产原有生产能力，保持原有使用效能，对固定资产进行修理或更换零部件而发生的费用。固定资产修理费一般按固定资产原值的一定百分比计提，计提比率可根据经验数据、行业规定或参考各类企业的实际数据加以确定。其计算公式为

$$修理费=固定资产原值×计提比率 \tag{7-44}$$

(7) 财务费用。财务费用是指在生产经营期间发生的利息支出、汇兑损失以及相关的金融机构手续费。在项目评价时，生产经营期间的财务费用通常只考虑利息支出，包括长期借款利息、流动资金借款利息和短期借款利息三部分。在未取得可靠计算依据的情况下，可不考虑汇兑损失及相关的金融机构手续费。

在财务评价中，对国内外借款，无论实际按年、季、月计息，均可简化为按年计息，即将名义利率按计息时间折算成有效利率，其计算公式见本书第 3 章。

(8) 其他费用。其他费用包括制造费用、管理费用和销售费用之和，扣除上述计入各科目的机物料消耗、低值易耗品费用及其运输费用、水电费、工资及福利费、折旧费、摊销费及修理费等费用后其他所有费用的统称。

其他费用的计算方法一般采用工时费用指标、工资费用指标或以上述成本费用[(1)~(7)之和]为基数按照一定的比例提取。其计算公式为

$$其他费用=制度总工时(或设计总工时)×工时费用指标(元/工时) \tag{7-45}$$

式中：工时费用指标(元/工时)根据行业特点或规定计算。

$$其他费用=生产单位职工总数×生产单位一线基本职工比重系数×工资费用指标(元/人) \tag{7-46}$$

式中：工资费用指标(元/人)根据行业特点或规定来计算。

$$其他费用=总成本费用[(1)~(7)之和]×计提比率 \tag{7-47}$$

式中：计提比率根据行业特点或规定来确定。

2) 经营成本的计算

经营成本是项目经济评价中的一个专门术语，是为项目评价的实际需要专门设置的。经营成本的计算公式为

$$经营成本=总成本费用-折旧费-摊销费-利息支出 \tag{7-48}$$

项目评价采用"经营成本"概念的原因在于以下两方面。

(1) 项目评价动态分析的基本报表是现金流量表，它根据项目在计算期内各年发生的

现金流入和流出，进行现金流量分析。各项现金收支在何时发生，就在何时计入。由于投资已在其发生的时间作为一次性支出被计作现金流出，所以不能将折旧费和摊销费在生产经营期再作为现金流出，否则会发生重复计算。因此，在现金流量表中不能将含有折旧费和摊销费的总成本费用作为生产经营期经常性支出，而规定以不包括折旧费和摊销费的经营成本作为生产经营期的经常性支出。

(2) 财务评价要编制的现金流量表主要有全部投资现金流量表和自有资金现金流量表。全部投资现金流量表是在不考虑资金来源的前提下，以全部投资(固定资产投资和流动资金，不含建设期利息)作为计算基础，因此生产经营期的利息支出不应包括在现金流出中。自有资金现金流量表中已将利息支出单列，因此要采用剔除了利息支出的经营成本。

3) 固定成本和变动成本

根据成本费用与产量的关系，可以将总成本费用分解为固定成本、变动成本和半变动(或半固定)成本。按照成本费用的构成，固定成本一般包括工资及福利费(计件工资除外)、折旧费、摊销费、修理费和其他费用等，通常把运营期发生的全部利息也作为固定成本。变动成本主要包括外购原材料费、外购燃料及动力费和计件工资等。其计算公式为

固定成本=工资及福利费(计件工资除外)+折旧费+摊销费+修理费+利息支出+其他费用

(7-49)

变动成本=外购原材料费+外购燃料及动力费+计件工资 (7-50)

6. 财务盈利能力与偿债能力分析

1) 盈利能力分析

财务评价的盈利能力分析是通过一系列盈利能力指标实现的。这些指标可以根据财务报表计算，并将其与财务评价基准参数比较，以判断项目的财务可行性。盈利能力指标有财务净现值、财务内部收益率、投资回收期、投资利润率、投资利税率和资本金利润率等。其中财务净现值、财务内部收益率和投资回收期是必须计算的主要指标，其他指标可根据项目特点和实际需要计算。

(1) 财务净现值(FNPV)。全部投资(或自有资金)财务净现值(FNPV)是指按设定的折现率，各年的净现金流量折现到建设期初的现值之和。其计算公式为

$$FNPV = \sum_{t=1}^{n}(CI-CO)_t(1+i_0)^{-t} \quad (7-51)$$

式中： CI——现金流入量；

CO——现金流出量；

$(CI-CO)_t$——第 t 年的净现金流量；

t——计算期；

i_0——基准收益率或设定的折现率。

若项目计算期内财务净现值大于或等于零，表明项目在计算期内可获得大于或等于基准收益水平的收益额。因此，财务净现值 FNPV≥0 时，项目在财务上可以考虑被接受。

(2) 财务内部收益率(FIRR)。财务内部收益率(FIRR)是反映项目在计算期内投资盈利能力的动态评估指标，是指项目计算期内各年净现金流量现值累计等于零时的折现率，表达式为

$$\sum (CI - CO)_t (1+FIRR)^{-t} = 0 \qquad (7\text{-}52)$$

式中：FIRR 用线性插值法求得；其余符号意义同上式。

全部投资财务内部收益率是反映项目在设定的计算期内全部投资的盈利能力指标。当全部投资财务内部收益率(所得税前、所得税后)大于或等于行业基准收益率或设定的折现率时，项目在财务上可以考虑被接受。

自有资金财务内部收益率则表示项目自有资金的盈利能力。当自有资金财务内部收益(所得税后)大于或等于投资者期望的最低可接受收益率时，项目在财务上可以考虑被接受。

在利用财务内部收益率指标进行盈利能力分析时，应注意计算口径的可比性。对于在计算期内分期建设以及在经营期内某几年的净现金流量多次出现正负值交替现象的非常规项目，财务内部收益率可能出现无解或不合理的情况，此时，可只以财务净现值作为评估指标。

(3) 投资回收期。投资回收期是以项目税前的净收益抵偿全部投资所需的时间。投资回收期一般从建设开始年起计算，同时还应说明自投入运营开始年或发挥效益年算起的投资回收期。静态投资回收期的表达式为

$$\sum_{t=0}^{T_p} (CI - CO)_t = 0 \qquad (7\text{-}53)$$

式中：T_p——投资回收期。

动态投资回收期可根据财务现金流量表(全部投资所得税前)累计净现金流量栏中的数据计算求得，计算公式为

$$T_p = [\text{累计净现金流量开始出现正值年序} - 1] + \frac{\text{上年累计净现金流量的绝对值}}{\text{当年净现金流量}} \qquad (7\text{-}54)$$

投资回收期的分析与评估，应将求出的投资回收期与基准投资回收期 T_0 相比较，当 $T_p \leqslant T_0$ 时，项目在财务上才可以考虑被接受。

(4) 投资利润率。投资利润率是指项目生产经营期内年平均利润总额占项目总投资(固定资产投资与全部流动资金之和)的百分比，它是反映项目单位投资盈利能力的指标。其计算公式为

$$\text{投资利润率} = \frac{\text{年平均利润总额}}{\text{项目总投资}} \times 100\% \qquad (7\text{-}55)$$

当投资利润率大于或等于基准投资利润率时，项目在财务上才可以考虑被接受。

(5) 投资利税率。投资利税率是指项目生产经营期内年平均利税总额占项目总投资(固定资产投资与全部流动资金之和)的百分比，它是反映项目单位投资盈利能力和对财政所做贡献的指标。其计算公式为

$$\text{投资利税率} = \frac{\text{年平均利税总额}}{\text{项目总投资}} \times 100\% \qquad (7\text{-}56)$$

$$\begin{aligned}\text{年利税总额} &= \text{年利润总额} + \text{销售税金及附加} \\ &= \text{年销售收入} - \text{年总成本费用}\end{aligned} \qquad (7\text{-}57)$$

当投资利税率大于或等于基准投资利税率时，项目在财务上才可以考虑被接受。

(6) 资本金利润率。资本金利润率是指项目生产经营期内年平均所得税后利润与注册资金(资本金)的百分比。其计算公式为

$$资本金利润率 = \frac{年平均所得税后利润}{注册资金} \times 100\% \quad (7\text{-}58)$$

2) 偿债能力分析

偿债能力指标有：固定资产投资国内借款偿还期、资产负债率、流动比率和速动比率。这些指标是依据资产负债表、借款还本付息计算表、资金来源与运用表进行计算的。

(1) 固定资产投资国内借款偿还期。固定资产投资国内借款偿还期通过资金来源与运用表和国内借款还本付息计算表计算。其计算公式为

$$借款偿还期 = (借款偿还后开始出现盈余年序 - 开始借款年序) +$$
$$当年借还款额/当年可用还款的资金 \quad (7\text{-}59)$$

当借款偿还期满足借款机构的要求期限时，即认为项目具有还贷能力。

(2) 资产负债率。资产负债率反映企业的长期偿债能力。分析一个企业的长期偿债能力，主要是为了确定该企业债务本息偿还的能力。资产负债率是企业负债总额除以资产总额的百分比。该比率表明在总资产中有多少是通过借款来筹集的，以及企业资产对债权人权益的保障程度。这一比率越小，表明企业债务偿还的稳定性、安全性越高，企业长期偿债能力越强。其计算公式为

$$资产负债率 = \frac{负债总额}{资产总额} \times 100\% \quad (7\text{-}60)$$

(3) 流动比率。流动比率是反映企业的短期偿债能力的重要指标。流动比率是流动资产总额与流动负债总额的百分比。它表明企业每一元流动负债有多少资产作为偿付担保。因此，这个比率越高，表示短期偿债能力越强，流动负债获得清偿的机会越大，债权人的安全性也越高。但是，过高的流动比率也并非是好现象。因为过高的流动比率可能是由企业滞留在流动资产上的资金过多所致，这恰恰反映了企业未能有效地利用资金，从而会影响企业的获利能力。流动比率的计算公式为

$$流动比率 = \frac{流动资产总额}{流动负债总额} \times 100\% \quad (7\text{-}61)$$

最佳流动比率的确定，应视不同行业、不同企业的具体情况而定。一般认为200%较好。

(4) 速动比率。速动比率是速动资产与流动负债的比值。按照财务通则或财务制度规定，速动资产是流动资产减去变现能力较差且不稳定的存货、待摊费用、待处理流动资产损失等后的余额。由于剔除了存货等变现能力较弱且不稳定的资产，因此，速动比率能比流动比率更加准确、可靠地评价企业资产的流动性及其偿还短期负债的能力。速动比率的计算公式为

$$速动比率 = \frac{流动资产总额 - 存货等}{流动负债总额} \times 100\% \quad (7\text{-}62)$$

建设项目的财务效果是通过一系列财务评价指标反映的。这些指标可根据财务评价基本报表和辅助报表计算，并将其与财务评价基准参数进行比较，以判断项目的财务可行性。

7.2.3 财务报表的编制

1. 总成本费用估算表(表7-1)

编制该表,按总成本费用构成项目的各年预测值和各年生产负荷,计算年总成本费用和经营成本。为了便于计算,在该表中将工资及福利费、修理费、折旧费、摊销费、利息支出进行归并后填列。

表7-1 总成本费用估算表   单位:万元

序号	项目	计算期					合计
		1	2	3	…	N	
1	外购原材料费						
2	外购燃料及动力费						
3	工资及福利费						
4	修理费						
5	其他费用						
6	经营成本(1+2+3+4+5)						
7	折旧费						
8	摊销费						
9	利息支出						
10	总成本费用(6+7+8+9)						
	其中:变动成本						
	固定成本						

2. 销售收入、销售税金及附加和增值税估算表(表7-2)

该表中销售收入以估计产销量与预测销售单价的乘积填列;销售税金及附加按国家规定的税种和税率计取。

表7-2 销售收入、销售税金及附加和增值税估算表   单位:万元

序号	项目	计算期					合计
		1	2	3	…	N	
1	销售收入						
1.1	产品A销售收入						
	单价						
	数量						
	销项税额						
1.2	产品B销售收入						
	单价						
	数量						

续表

序号	项目	计算期 1	2	3	...	N	合计
	销项税额						
	……						
2	销售税金及附加						
2.1	消费税						
2.2	城市维护建设税						
2.3	教育费附加						
2.4	地方教育附加						
3	增值税						
	销项税额						
	进项税额						

3．利润表(表7-3)

利润表反映项目计算期内各年的利润总额、所得税及净利润的分配情况，用以计算投资利润率、投资利税率和资本金利润率等指标。

表 7-3　利润表　　　　　　　　　　　　　　　单位：万元

序号	项目	合计	计算期 1	2	3	...	N
1	销售收入						
2	销售税金及附加						
3	总成本费用						
4	补贴收入						
5	利润总额						
6	弥补以前年度亏损						
7	应纳税所得额						
8	所得税						
9	净利润						
10	期初未分配利润						
11	可供分配的利润						
12	提取的盈余公积金						
13	可供投资者分配的利润 (11-12)						
14	应付优先股股利						
15	提取任意盈余公积金						
16	应付普通股股利 (13-14-15)						

续表

序号	项目	合计	计算期				
			1	2	3	…	N
17	各投资方利润分配						
	其中：××方						
	××方						
18	未分配利润						
19	息税前利润 (利润总额+利息支出)						
20	息税折旧摊销前利润 (息税前利润+折旧+摊销)						

该表的编制需依据总成本费用估算表，销售收入、销售税金及附加和增值税估算表，以及表中各项目之间的关系来进行。表中各项目之间的关系为

利润总额=销售收入-总成本费用-销售税金及附加

净利润=利润总额-所得税

可供分配的利润=净利润-特种基金

1) 利润总额的计算

利润总额(又称实现利润)是项目在一定时期内实现的盈亏总额，即销售收入扣除总成本费用和销售税金及附加后的数额。

2) 项目亏损及亏损弥补的处理

项目在上一年度发生的亏损，可以用当年获得的所得税前利润弥补；当年所得税前利润不足以弥补的，可以在5年内用所得税前利润延续弥补；延续5年未弥补的亏损，用缴纳所得税后的利润弥补。

3) 所得税的计算

利润总额按照现行财务制度规定进行调整(如弥补上年的亏损)后，作为评估计算项目应缴纳所得税额的计税基数。所得税税率统一为25%。国家对特殊项目有减免所得税规定的，按国家主管部门的有关规定执行。

4) 所得税后利润额的分配

缴纳所得税后的利润净额按照下列顺序分配。

(1) 提取法定盈余公积金。法定盈余公积金按当年净利润的10%提取，其累计额达到项目法人注册资本的50%以上时可不再提取。法定盈余公积金可用于弥补亏损或按照国家规定转增资本金等。

(2) 提取公益金。公益金按当年净利润的5%~10%提取，主要用于企业职工的集体福利设施支出。

(3) 向投资者分配利润。项目当年无盈利，不得向投资者分配利润；企业上一年度未分配的利润，可以并入当年向投资者分配。

(4) 利润用于上述分配后剩余部分为未分配利润。

4. 现金流量表的编制

1) 全部投资现金流量表(表 7-4)

全部投资现金流量表不分资金来源，以全部投资(包括自有资金和借贷资金等)作为计算基础，不考虑资金的借贷及其偿还等财务条件，即将建设项目不同来源的资金均视为"自有资金"，这就为比较不同的投资方案建立了共同的基础。通过此表，可以计算所得税前及所得税后的财务内部收益率、财务净现值和投资回收期等评价指标，以考察建设项目全部投资的盈利能力，判断方案的可行性。

表 7-4　全部投资现金流量表　　　　　　　　　　　　　单位：万元

序号	项目	合计	计算期				
			0	1	2	⋯	N
1	现金流入量						
1.1	销售收入						
1.2	补贴收入						
1.3	销项税额						
1.4	回收固定资产余值						
1.5	回收流动资金						
2	现金流出量						
2.1	固定资产投资						
2.2	流动资金投资						
2.3	经营成本						
2.4	进项税额						
2.5	应纳增值税						
2.6	销售税金及附加						
2.7	维持运营投资						
3	所得税前净现金流量						
4	累计所得税前净现金流量						
5	所得税						
6	所得税后净现金流量						
7	累计所得税后净现金流量						

计算指标：　　　　　　所得税前：　　　所得税后：
财务内部收益率(%)：
财务净现值($i_c=$　　%)：
投资回收期：

全部投资现金流量表的编制步骤如下。

(1) 依据销售收入、销售税金及附加和增值税估算表填列现金流入项目。

(2) 依据资金使用计划与资金筹措表、总成本费用估算表、利润表填列现金流出项目。

(3) 根据下列关系填列所得税后净现金流量和所得税前净现金流量。

所得税后净现金流量=现金流入量-现金流出量

所得税前净现金流量=所得税后净现金流量+所得税+特种基金

(4) 计算累计所得税后净现金流量和累计所得税前净现金流量。

2) 自有资金现金流量表(表 7-5)

自有资金现金流量表是从投资者的角度出发，以投资者的出资额为计算基础，以借款的本金偿还和利息支付为现金流出，计算资本金财务内部收益率、财务净现值等评价指标，从而反映在一定融资方案下投资者权益投资的获利能力，用以比选融资方案，为投资者投资决策、融资决策提供依据。

表 7-5　自有资金现金流量表　　　　　　　　　　　　　　　　　　单位：万元

序号	项目	合计	计算期			
			0	1	2	… N
1	现金流入量					
1.1	销售收入					
1.2	补贴收入					
1.3	销项税额					
1.4	回收固定资产余值					
1.5	回收流动资金					
2	现金流出量					
2.1	建设项目资本金					
2.2	借款本金偿还					
2.3	借款利息支付					
2.4	经营成本					
2.5	进项税额					
2.6	应纳增值税					
2.7	销售税金及附加					
2.8	所得税					
2.9	维持运营投资					
3	净现金流量(1-2)					

计算指标：
资本金财务内部收益率(%)：
财务净现值($i_c=$　%)：

编制自有资金现金流量表时，各年的现金流入和现金流出等项目的数据资料可分别从销售收入、销售税金及附加和增值税估算表，以及资金使用计划与资金筹措表、借款还本付息计算表、总成本费用估算表、利润表等报表中直接获取，或经简单计算后求得。在全部投资现金流量表编制完成后，也可依据全部投资现金流量表及其他报表来编制。

5. 借款还本付息计算表(表 7-6)

编制该表，首先要依据资金使用计划与资金筹措表填列固定资产投资借款(包括外汇借款)的各具体项目，然后根据固定资产折旧估算表、无形资产及递延资产摊销估算表和利润表填列偿还借款本金的资金来源项目。

表 7-6 借款还本付息计算表　　　　　　　　　　　　单位：万元

序号	项目	计算期					合计
		1	2	3	…	N	
1	借款						
1.1	期初借款余额						
1.2	当期还本付息						
	其中：还本						
	付息						
1.3	期末借款余额						
2	债券						
2.1	期初债务余额						
2.2	当期还本付息						
	其中：还本						
	付息						
2.3	期末债务余额						
3	借款和债券合计						
3.1	期初余额						
3.2	当期还本付息						
	其中：还本						
	付息						
3.3	期末余额						
计算指标	利息备付率						
	偿债备付率						

6．资产负债表(表 7-7)

资产负债表综合反映项目计算期内各年末资产、负债和所有者权益的增减变动及对应关系，用以考察项目资产、负债、所有者权益三者的结构是否合理，计算资产负债率、流动比率及速动比率，进行偿债能力分析。

表 7-7 资产负债表　　　　　　　　　　　　　　　　单位：万元

序号	项目	合计	计算期				
			1	2	3	…	N
1	资产						
1.1	流动资产总额						
1.1.1	现金						
1.1.2	应收账款						
1.1.3	预付账款						

续表

序号	项目	合计	计算期				
			1	2	3	…	N
1.1.4	存货						
1.1.5	其他						
1.2	在建工程						
1.3	固定资产净值						
1.4	无形资产净值						
2	负债及所有者权益						
2.1	流动负债总额						
2.1.1	短期借款						
2.1.2	应付账款						
2.1.3	预收账款						
2.1.4	其他						
2.2	建设投资借款						
2.3	流动资金借款						
	负债小计						
2.4	所有者权益						
2.4.1	资本金						
2.4.2	资本公积						
2.4.3	累计盈余公积金						
2.4.4	累计未分配利润						
	计算指标：资产负债率						
	流动比率						
	速动比率						

在编制资产负债表时需要注意以下问题。

(1) 资产负债表依据流动资金估算表、固定资产投资估算表、资金使用计划与资金筹措表、资金来源与运用表、利润表等财务报表的有关数据编制。表中有资产、负债及所有者权益两大项目。编制该表时，应特别注意是否遵循会计恒等式，即：资产=负债+所有者权益。

(2) 资产负债表是根据会计平衡原理编制的，它为企业经营者、投资者和债权人等不同的报表使用者提供了各自需要的资料。分析中应注意根据资本保全原则，投资者投入的资本金在生产经营期内，除依法转让外，不得以任何方式抽回，计提固定资产折旧不能冲减资本金。

投资项目财务评价的整体流程如图7.2所示。

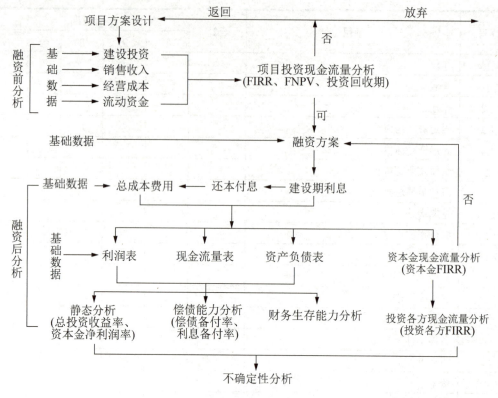

图 7.2 财务评价流程图

7.2.4 财务评价案例

本节以一个新建项目为例,说明投资项目财务评价的主要内容和方法。

某化学纤维厂是新建项目。该项目财务评价是在可行性研究完成市场需求预测、生产规模、工艺技术方案、原材料和燃料及动力的供应、建厂条件和厂址方案、公用工程和辅助设施、环境保护、工厂组织和劳动定员,以及项目实施规划诸方面研究论证和多方案比较后,确定了最佳方案的基础上进行的。

项目生产国内外市场均较紧俏的某种化纤 X 产品。这种产品是纺织品不可缺少的原料,国内市场一直供不应求,每年需要一定数量的进口额,项目投产后可以以产顶进。

厂址位于城市近郊,占用一般农田约 39 000 m^2,靠近铁路、公路、码头,交通运输方便。靠近主要原材料和燃料产地,供应有保证,水电供应可靠。

该项目主要设施包括主生产车间、与工艺生产相适应的辅助生产设施、公用工程,以及有关的生产管理、生活福利等设施。

1. 基础数据

1) 生产规模和产品方案

项目设计正常年份生产化纤 X 产品 1 000t。

2) 实施进度

项目拟 1 年建成,第 2 年投产,当年生产负荷达到设计能力的 80%,第 3 年达到 100%。生产期按 14 年计算,计算期为 15 年。

3) 总投资估算及资金筹措

(1) 固定资产投资估算(表 7-8)。固定资产投资估算是依据国家发展和改革委员会、住房和城乡建设部发布的《建设项目经济评价方法与参数(第三版)》进行编制的。项目建设投资估算额为 4 406.11 万元。

表 7-8 固定资产投资估算表

序号	工程费用名称	估算价值/万元					占固定资产投资的比例/%
		建筑工程	设备工程	安装工程	其他费用	合计	
1	建设投资	682.92	1 778.80	152.08	1 792.31	4 406.11	97
1.1	工程费用	682.92	1 778.80	152.08		2 613.80	58
1.2	其他费用				1 473.32	1 473.32	33
	其中:土地费用				1 358	1 358	30
1.3	预备费用	0	0	0	318.99	318.99	7
1.3.1	基本预备费				318.99	318.99	7
1.3.2	价差预备费				0	0	0
2	建设期利息				114	114	3
	合计	682.92	1 778.80	152.08	1 906.31	4 520.11	100

(2) 流动资金估算(表 7-9)。项目流动资金采用详细估算法估算,估算项目达到设计生产能力的正常年份需流动资金 3 373.14 万元。

项目总投资=固定资产投资+铺底流动资金=4 520.11+3 373.14×30%≈5 532.05(万元)

总资金=建设投资+建设期利息+全部流动资金=4 520.11+3 373.14=7 893.25(万元)

表 7-9 流动资金估算表

单位：万元

序号	项目	周转天数	周转次数	投产期		达到设计能力生产期											
				2	3	4	5	6	7	8	9	10	11	12	13	14	15
1	流动资产			4 803.77	5 977.07	5 977.07	5 977.07	5 977.07	5 977.07	5 977.07	5 977.07	5 977.07	5 977.07	5 977.07	5 977.07	5 977.07	5 977.07
1.1	应收账款	30	12	1 306.32	1 623.99	1 623.99	1 623.99	1 623.99	1 623.99	1 623.99	1 623.99	1 623.99	1 623.99	1 623.99	1 623.99	1 623.99	1 623.99
1.2	存货			3 470.63	4 323.14	4 323.14	4 323.14	4 323.14	4 323.14	4 323.14	4 323.14	4 323.14	4 323.14	4 323.14	4 323.14	4 323.14	4 323.14
1.2.1	原材料	30	12	1 182.54	1 478.17	1 478.17	1 478.17	1 478.17	1 478.17	1 478.17	1 478.17	1 478.17	1 478.17	1 478.17	1 478.17	1 478.17	1 478.17
1.2.2	燃料	30	12	67.35	84.19	84.19	84.19	84.19	84.19	84.19	84.19	84.19	84.19	84.19	84.19	84.19	84.19
1.2.3	在产品	2	180	43.54	54.13	54.13	54.13	54.13	54.13	54.13	54.13	54.13	54.13	54.13	54.13	54.13	54.13
1.2.4	产成品	50	7.2	2 177.20	2 706.65	2 706.65	2 706.65	2 706.65	2 706.65	2 706.65	2 706.65	2 706.65	2 706.65	2 706.65	2 706.65	2 706.65	2 706.65
1.2.5	其他			0	0	0	0	0	0	0	0	0	0	0	0	0	0
1.3	现金	8	45	26.82	29.94	29.94	29.94	29.94	29.94	29.94	29.94	29.94	29.94	29.94	29.94	29.94	29.94
2	流动负债			2 083.14	2 603.93	2 603.93	2 603.93	2 603.93	2 603.93	2 603.93	2 603.93	2 603.93	2 603.93	2 603.93	2 603.93	2 603.93	2 603.93
2.1	应付账款	50	3.6	2 083.14	2 603.93	2 603.93	2 603.93	2 603.93	2 603.93	2 603.93	2 603.93	2 603.93	2 603.93	2 603.93	2 603.93	2 603.93	2 603.93
3	流动资金			2 720.62	3 373.14	3 373.14	3 373.14	3 373.14	3 373.14	3 373.14	3 373.14	3 373.14	3 373.14	3 373.14	3 373.14	3 373.14	3 373.14
4	本年增加额			2 720.62	652.52	0	0	0	0	0	0	0	0	0	0	0	0

(3) 资金筹措。项目自有资金为 1 732.05 万元,其余为借款。固定资产投资由中国工商银行贷款,利息按 5 年以上借款年利率 6%计;流动资金的 70%由中国工商银行贷款。

项目固定资产贷款在运营期的 6 年间,按照等额还本、利息照付的方法偿还。

项目建设投资建设当年投入,流动资金投产年投入。

项目借款用于建设投资 3 800 万元,用于流动资金 2 361.20 万元,总借款 6 161.20 万元。

(4) 产品和成本费用估算依据(以 100%生产负荷计)。

① 外购原材料及辅料 8 655.32 万元,外购包装材料 213.70 万元,外购燃料、动力 505.12 万元(水 3.28 万元、电 84.24 万元、天然气 417.60 万元)。

② 全厂定员 131 人,工资按每人每年 48 000 元估算,福利费按工资的 14%计。

③ 固定资产均采用平均年限法分类折旧,建设投资当中,房屋建筑物价值 755.27 万元,设备价值 2 080.14 万元,车辆价值 55.3 万元,无形资产价值 1 629.41 万元。房屋建筑物折旧年限 20 年,设备折旧年限 10 年,车辆折旧年限 8 年。残值率均取 5%。维修费:车辆、房屋建筑物、设备维修费分别按原值的 5%、2%和 3%计。无形资产和递延资产按 10 年平均摊销,其他费用按销售收入的 1%计。

④ 产品销售价格(含税)为 13.2743 万元/t,产品缴纳增值税税率为 13%,城乡维护建设税按增值税的 7%计取,教育费附加按增值税的 3%计取,地方教育附加按增值税的 2%计取。

⑤ 项目所得税税率 25%,盈余公积金的提取比例为 10%,公益金的提取比例为 5%,基准收益率为 12%。

2. 编制主要财务评价报表

编制主要财务评价报表,计算财务评价指标,见表 7-10~表 7-16。

表 7-10 销售收入、销售税金及附加和增值税估算表

序号	项目	单价	生产负荷80%(第 2 年)		生产负荷100%(第 3 年)		生产负荷100%(第 4~15 年)	
			销量/t	金额/万元	销量/t	金额/万元	销量/t	金额/万元
1	销售收入	13.2743	800	9 397.74	1 000	11 747.17	1 000	11 747.17
2	销售税金及附加			44.39		55.49		55.49
2.1	增值税			369.89		462.36		462.36
2.2	城市维护建设税			25.89		32.37		32.37
2.3	教育费附加			11.10		13.87		13.87
2.4	地方教育附加			7.40		9.25		9.25

表 7-11 总成本费用估算表

单位：万元

序号	项目	投产期		达到设计能力生产期											
		2	3	4	5	6	7	8	9	10	11	12	13	14	15
	生产负荷	80%	100%	100%	100%	100%	100%	100%	100%	100%	100%	100%	100%	100%	100%
1	外购原材料费	6 278.94	7 848.67	7 848.67	7 848.67	7 848.67	7 848.67	7 848.67	7 848.67	7 848.67	7 848.67	7 848.67	7 848.67	7 848.67	7 848.67
2	外购燃料及动力费	368.54	460.68	460.68	460.68	460.68	460.68	460.68	460.68	460.68	460.68	460.68	460.68	460.68	460.68
3	工资及福利费	716.83	716.83	716.83	716.83	716.83	716.83	716.83	716.83	716.83	716.83	716.83	716.83	716.83	716.83
4	修理费	80.27	80.27	80.27	80.27	80.27	80.27	80.27	80.27	77.51	77.51	77.51	77.51	77.51	77.51
5	折旧费	171.64	171.64	171.64	171.64	171.64	171.64	171.64	171.64	165.07	165.07	165.07	165.07	165.07	165.07
6	摊销费	162.94	162.94	162.94	162.94	162.94	162.94	162.94	162.94	162.94	162.94	0	0	0	0
7	利息支出	330.54	337.37	298.23	259.09	219.95	180.81	141.67	141.67	141.67	141.67	141.67	141.67	141.67	141.67
8	其他费用	81.45	101.81	101.81	101.81	101.81	101.81	101.81	101.81	101.81	101.81	101.81	101.81	101.81	101.81
9	总成本费用	8 191.15	9 880.21	9 841.07	9 801.93	9 762.79	9 723.65	9 684.51	9 684.51	9 675.18	9 675.18	9 512.24	9 512.24	9 512.24	9 512.24
	其中：固定成本	1 462.22	1 469.05	1 429.91	1 390.77	1 351.63	1 312.50	1 273.35	1 273.35	1 264.02	1 264.02	1 101.08	1 101.08	1 101.08	1 101.08
	变动成本	6 728.93	8 411.16	8 411.16	8 411.16	8 411.16	8 411.16	8 411.16	8 411.16	8 411.16	8 411.16	8 411.16	8 411.16	8 411.16	8 411.16
10	经营成本	7 526.03	9 208.26	9 208.26	9 208.26	9 208.26	9 208.26	9 208.26	9 208.26	9 205.50	9 205.50	9 205.50	9 205.50	9 205.50	9 205.50

表 7-12 利润表

单位：万元

序号	项目	投产期			达到设计能力生产期										
		2	3	4	5	6	7	8	9	10	11	12	13	14	15
	生产负荷	80%	100%	100%	100%	100%	100%	100%	100%	100%	100%	100%	100%	100%	100%
1	销售收入	9 397.74	11 747.17	11 747.17	11 747.17	11 747.17	11 747.17	11 747.17	11 747.17	11 747.17	11 747.17	11 747.17	11 747.17	11 747.17	11 747.17
2	销售税金及附加	44.39	55.49	55.49	55.49	55.49	55.49	55.49	55.49	55.49	55.49	55.49	55.49	55.49	55.49
3	总成本费用	8 191.15	9 880.21	9 841.07	9 801.93	9 762.79	9 723.65	9 684.51	9 684.51	9 675.18	9 675.18	9 512.24	9 512.24	9 512.24	9 512.24
4	利润总额	1 162.20	1 811.47	1 850.61	1 889.75	1 928.89	1 968.03	2 007.17	2 007.17	2 016.50	2 016.50	2 179.44	2 179.44	2 179.44	2 179.44
5	所得税	290.55	452.87	462.65	472.44	482.22	492.01	501.79	501.79	504.13	504.13	544.86	544.86	544.86	544.86
6	净利润	871.65	1 358.60	1 387.96	1 417.31	1 446.67	1 476.02	1 505.38	1 505.38	1 512.37	1 512.37	1 634.58	1 634.58	1 634.58	1 634.58
7	可供分配利润	871.65	1 358.60	1 387.96	1 417.31	1 446.67	1 476.02	1 505.38	1 505.38	1 512.37	1 512.37	1 634.58	1 634.58	1 634.58	1 634.58
7.1	提取的盈余公积金	130.75	203.79	208.19	212.60	217.00	221.40	225.81	225.81	226.86	226.86	245.19	245.19	245.19	245.19
7.2	应付利润	30.00	30.00	30.00	30.00	30.00	30.00	30.00	30.00	30.00	30.00	30.00	30.00	30.00	30.00
7.3	未分配利润	710.90	1 124.81	1 149.77	1 174.71	1 199.67	1 224.62	1 249.57	1 249.57	1 255.51	1 255.51	1 359.39	1 359.39	1 359.39	1 359.39
	累计未分配利润	710.90	1 835.71	2 985.48	4 160.19	5 359.86	6 584.48	7 834.05	9 083.62	10 339.13	11 594.64	12 954.03	14 313.42	15 672.81	17 032.20

表 7-13 全部投资现金流量表

单位：万元

序号	项目	建设期	投产期				达到设计能力生产期									
			1	2	3	4	5	6	7	8	9	10	11	12	13	14	15
1	现金流入量	0	9 397.74	10 291.04	11 747.17	11 747.17	11 747.17	11 747.17	11 747.17	11 747.17	11 747.17	11 747.17	11 747.17	11 747.17	11 747.17	11 747.17	15 647.48
1.1	销售收入	0	9 397.74	10 291.04	9 916.27	9 263.75	9 263.75	9 263.75	9 263.75	9 263.75	9 263.75	9 260.99	9 260.99	9 260.99	9 260.99	9 260.99	11 747.17
1.2	回收固定资产余值																	527.17
1.3	回收流动资金																	3 373.14
2	现金流出量	4 520.11			652.52													9 260.99
2.1	固定资产投资	4 520.11																
2.2	流动资金投资		2 720.62															
2.3	经营成本		7 526.03	44.39	1 830.90													
2.4	销售税金及附加																	9 205.50
3	所得税前净现金流量	−4 520.11	−893.30	1 830.90	2 483.42	2 483.42	2 483.42	2 483.42	2 483.42	2 483.42	2 483.42	2 486.18	2 486.18	2 486.18	2 486.18	2 486.18	6 386.49
4	累计所得税前净现金流量	−4 520.11	−5 413.41	−3 582.51	−1 099.09	1 384.33	3 867.76	6 351.18	8 834.60	11 318.02	13 804.21	16 290.39	18 776.57	21 262.75	23 748.93	30 135.43
5	所得税 25%		290.55	452.87	462.65	472.44	482.22	492.01	501.79	501.79	504.13	504.13	544.86	544.86	544.86	544.86
6	所得税后净现金流量	−4 520.11	−1 183.85	1 378.03	2 020.77	2 010.98	2 001.20	1 991.41	1 981.63	1 981.63	1 982.05	1 982.05	1 941.32	1 941.32	1 941.32	5 841.63
7	累计所得税后净现金流量	−4 520.11	−5 703.96	−4 325.93	−2 305.16	−294.18	1 707.03	3 698.44	5 680.07	7 661.70	9 643.76	11 625.81	13 567.13	15 508.45	17 449.77	23 291.41

计算指标：
财务净现值（所得税前）=8 221.60   财务净现值（所得税后）=5 472.01
财务内部收益率（所得税前）=33.16%   财务内部收益率（所得税后）=26.40%
包括建设期的投资回收期（所得税前）=4.44   包括建设期的投资回收期（所得税后）=5.15

表 7-14 借款还本付息计算表

单位：万元

序号	项目	建设期	投产期						达到设计能力生产期						
		1	2	3	4	5	6	7	8	9	10	11	12	13	14	15
1	借款还本付息		887.17	848.03	808.89	769.75	730.61	691.47								
1.1	年初借款本金累计		3 914.00	3 261.67	2 609.34	1 957.01	1 304.68	652.35								
1.2	本年借款	3 800.00														
1.3	本年应计利息	114.00	234.84	195.70	156.56	117.42	78.28	39.14								
1.4	本年还本		652.33	652.33	652.33	652.33	652.33	652.33								
1.5	本年付息		234.84	195.70	156.56	117.42	78.28	39.14								
2	偿还借款的资金来源		1 045.48	1 459.39	1 484.35	1 509.29	1 534.25	1 559.20	1 584.15	1 584.15	1 583.52	1 583.52	1 524.46	1 524.46	1 524.46	1 524.46
2.1	利润		710.90	1 124.81	1 149.77	1 174.71	1 199.67	1 224.62	1 249.57	1 249.57	1 255.51	1 255.51	1 359.39	1 359.39	1 359.39	1 359.39
2.2	折旧费		171.64	171.64	171.64	171.64	171.64	171.64	171.64	171.64	165.07	165.07	165.07	165.07	165.07	165.07
2.3	摊销费		162.94	162.94	162.94	162.94	162.94	162.94	162.94	162.94	162.94	162.94	0	0	0	0
2.4	其他资金															
3	偿还借款后结余		158.31	611.36	675.46	739.54	803.64	867.73	1 584.15	1 584.15	1 583.52	1 583.52	1 524.46	1 524.46	1 524.46	1 524.46

单位：万元

表 7-15 资金来源与运用表

序号	项目	建设期	投产期							达到设计能力生产期						
		1	2	3	4	5	6	7	8	9	10	11	12	13	14	15
1	资金来源	4 520.11	4 217.40	2 912.57	2 185.19	2 224.33	2 263.47	2 302.61	2 341.75	2 341.75	2 344.51	2 344.51	2 344.51	2 344.51	2 344.51	6 244.82
1.1	利润总额		1 162.20	1 811.47	1 850.61	1 889.75	1 928.89	1 968.03	2 007.17	2 007.17	2 016.50	2 016.50	2 179.44	2 179.44	2 179.44	2 179.44
1.2	折旧费		171.64	171.64	171.64	171.64	171.64	171.64	171.64	171.64	165.07	165.07	165.07	165.07	165.07	165.07
1.3	摊销费		162.94	162.94	162.94	162.94	162.94	162.94	162.94	162.94	162.94	162.94	0	0	0	0
1.4	长期借款	3 914.00														
1.5	流动资金借款		1 594.68	766.52												
1.6	自有资金	606.11	1 125.94													
1.7	其他															
1.8	回收固定资产余值															527.17
1.9	回收流动资金															3 373.14
2	资金运用	4 520.11	3 693.50	1 787.72	1 144.98	1 154.77	1 164.55	1 174.34	1 174.34	531.79	531.79	534.13	574.86	574.86	574.86	2 936.06
2.1	建设投资	4 406.11														
2.2	建设期利息	114.00														
2.3	流动资金		2 720.62	652.52												
2.4	所得税		290.55	452.87	462.65	472.44	482.22	492.01	501.79	501.79	504.13	504.13	544.86	544.86	544.86	544.86
2.5	应付利润		30.00	30.00	30.00	30.00	30.00	30.00	30.00	30.00	30.00	30.00	30.00	30.00	30.00	30.00
2.6	长期借款本金偿还		652.33	652.33	652.33	652.33	652.33	652.33	0	0	0	0	0	0	0	0
2.7	流动资金借款本金偿还															2 361.20
3	盈余资金	0	523.90	1 124.85	1 040.21	1 069.56	1 098.92	1 128.27	1 809.96	1 809.96	1 810.38	1 810.38	1 769.65	1 769.65	1 769.65	3 308.76
4	累计盈余资金	0	523.90	1 648.75	2 688.96	3 758.52	4 857.44	5 985.71	7 795.67	9 605.63	11 416.01	13 226.39	14 996.04	16 765.69	18 535.34	21 844.10

表 7-16 资产负债表

单位：万元

序号	项目	建设期	投产期					达到设计能力生产期								
		1	2	3	4	5	6	7	8	9	10	11	12	13	14	15
1	资产	4 520.11	9 513.21	11 476.78	12 182.41	12 917.39	13 681.73	14 475.42	15 950.80	17 426.18	18 908.54	20 390.91	21 995.49	23 600.07	25 204.65	26 809.23
1.1	流动资产总额	0	5 327.67	7 625.82	8 666.03	9 735.59	10 834.51	11 962.78	13 772.74	15 582.70	17 393.08	19 203.46	20 973.11	22 742.76	24 512.41	26 282.06
1.1.1	现金		26.82	29.94	29.94	29.94	29.94	29.94	29.94	29.94	29.94	29.94	29.94	29.94	29.94	29.94
1.1.2	应收账款		1 306.32	1 623.99	1 623.99	1 623.99	1 623.99	1 623.99	1 623.99	1 623.99	1 623.99	1 623.99	1 623.99	1 623.99	1 623.99	1 623.99
1.1.3	存货		3 470.63	4 323.14	4 323.14	4 323.14	4 323.14	4 323.14	4 323.14	4 323.14	4 323.14	4 323.14	4 323.14	4 323.14	4 323.14	4 323.14
1.1.4	累计盈余资金		523.90	1 648.75	2 688.96	3 758.52	4 857.44	5 985.71	7 795.67	9 605.63	11 416.01	13 226.39	14 996.04	16 765.69	18 535.34	20 304.99
1.2	在建工程	4 520.11														
1.3	固定资产净值		2 719.07	2 547.43	2 375.79	2 204.15	2 032.51	1 860.87	1 689.23	1 517.59	1 352.52	1 187.45	1 022.38	857.31	692.24	527.17
1.4	无形资产净值		1 466.47	1 303.53	1 140.59	977.65	814.71	651.77	488.83	325.89	162.95	0	0	0	0	0
2	负债及所有者权益	4 520.11	9 513.19	11 476.77	12 182.41	12 917.39	13 681.73	14 475.41	15 950.79	17 426.17	18 908.54	20 390.91	21 995.49	23 600.07	25 204.65	26 809.23
2.1	流动负债总额	0	3 677.82	4 965.13	4 965.13	4 965.13	4 965.13	4 965.13	4 965.13	4 965.13	4 965.13	4 965.13	4 965.13	4 965.13	4 965.13	4 965.13
2.1.1	应付账款		2 083.14	2 603.93	2 603.93	2 603.93	2 603.93	2 603.93	2 603.93	2 603.93	2 603.93	2 603.93	2 603.93	2 603.93	2 603.93	2 603.93
2.2	流动资金借款		1 594.68	2 361.20	2 361.20	2 361.20	2 361.20	2 361.20	2 361.20	2 361.20	2 361.20	2 361.20	2 361.20	2 361.20	2 361.20	2 361.20
2.3	长期借款	3 914.00	3 261.67	2 609.34	1 957.01	1 304.68	652.35	0	0	0	0	0	0	0	0	0
2.4	负债小计	3 914.00	6 939.49	7 574.47	6 922.14	6 269.81	5 617.48	4 965.13	4 965.13	4 965.13	4 965.13	4 965.13	4 965.13	4 965.13	4 965.13	4 965.13
2.4	所有者权益	606.11	2 573.70	3 902.30	5 260.27	6 647.58	8 064.25	9 510.28	10 985.66	12 461.04	13 943.41	15 425.78	17 030.36	18 634.94	20 239.52	21 844.10
2.4.1	资本金	606.11	1 732.05	1 732.05	1 732.05	1 732.05	1 732.05	1 732.05	1 732.05	1 732.05	1 732.05	1 732.05	1 732.05	1 732.05	1 732.05	1 732.05
2.4.2	累计盈余公积金		130.75	334.54	542.74	755.34	972.35	1 193.75	1 419.56	1 645.37	1 872.23	2 099.09	2 344.29	2 589.48	2 834.67	3 079.86
2.4.3	累计未分配利润		710.90	1 835.71	2 985.48	4 160.19	5 359.86	6 584.48	7 834.05	9 083.62	10 339.13	11 594.64	12 954.03	14 313.42	15 672.81	17 032.20
计算指标	资产负债率	87%	73%	66%	57%	49%	41%	35%	31%	29%	27%	25%	23%	21%	20%	19%
	流动比率		144%	153%	173%	195%	216%	239%	275%	311%	347%	383%	418%	453%	489%	524%
	速动比率		50%	66%	86%	108%	129%	152%	188%	224%	260%	296%	331%	366%	402%	437%

以上数据说明，该项目具有很大的财务可行性，抵抗风险的能力较好。

7.3 国民经济评价

解读 2016 年国民经济数据

投资项目的国民经济评价,是把投资项目放到整个国民经济体系中来研究考察,从国民经济的角度来分析、计算和比较国民经济为项目所要付出的全部成本和国民经济从项目中可能获得的全部效益,并据此评价项目的经济合理性,从而选择对国民经济最有利的方案。国民经济评价的主要目的是实现国家资源的优化配置和有效利用,以保证国民经济可持续地稳定发展。

7.3.1 国民经济评价的作用及与财务评价的区别

1. 国民经济评价的作用

投资项目国民经济评价的作用主要体现在以下三方面。

(1) 从宏观上实现优化配置国家的有限资源。对于一个国家来说,其用于发展的资源(如人才、资金、自然资源等)总是有限的,资源的稀缺与社会需求的增长之间存在着较大的矛盾,只有通过优化资源配置,使资源得到最佳利用,才能有效地促进国民经济的稳定发展。而通过财务评价,是无法确切反映资源是否得到了有效利用的;只有通过国民经济评价,才能实现从宏观上引导国家有限经济资源的合理配置,鼓励和促进那些对国民经济有正面影响的项目的发展,抑制和淘汰那些对国民经济有负面影响的项目。

(2) 真实地反映工程项目对国民经济的净贡献。在很多发展中国家,由于产业结构不合理、市场体系不健全以及过度保护民族工业等原因,导致国内的价格体系产生较严重的扭曲和失真,不少物品的价格既不能反映价值,也不能反映供求关系。在此情形下,按现行价格计算工程项目的投入与产出,不能正确反映出项目对国民经济的影响。只有运用能反映物品真实价值的影子价格来计算项目的费用与效益,才能真实反映工程项目对国民经济的净贡献,从而判断项目的建设对国民经济总目标的实现是否有利。

(3) 使政府投资决策科学化。通过国民经济评价,合理运用影子价格、影子汇率、社会折现率等参数以及经济净现值、经济内部收益率等指标,有效地引导投资方向,控制投资规模,提高投资质量。对于国家决策部门和经济计划部门来说,应高度重视国民经济评价的结论,把工程项目的国民经济评价作为主要的决策手段,使投资决策科学化。

2. 国民经济评价与财务评价的区别

国民经济评价与财务评价都是通过现金流量表来计算净现值、内部收益率等经济评价指标,二者都是从项目的成本与收益着手来评价项目的经济合理性以及项目建设的可行性。财务评价和国民经济评价是建设项目经济评价的两个层次,它们相互联系,有共同点又有区别。二者的主要区别如下。

(1) 评价的角度和基本出发点不同。财务评价是站在企业的角度,按照现行的财税制度去分析投资项目的盈利能力和贷款偿还能力,以确定项目的财务可行性;国民经济评价则是站在整个国家和地区的角度,分析投资项目需要国家付出的代价和对国家的贡献,以考察投资行为的经济合理性。

(2) 采用的价格不同。财务评价使用的是以现行市场价格体系为基础的市场价格(预测值)；国民经济评价使用的是反映资源的真实经济价值，反映机会成本、供求关系以及社会资源稀缺程度的影子价格。

(3) 费用与效益的划分不同。财务评价根据项目的实际收支确定项目的费用与效益；国民经济评价则着眼于项目实际耗费的全社会有用资源以及项目向社会贡献的有用产品来计算项目的费用与效益。

(4) 采用的主要参数不同。财务评价采用的是官方汇率和行业基准收益率；国民经济评价采用的是由国家统一测定和颁布的影子汇率和社会折现率。

7.3.2 费用效益识别

正确地识别费用与效益，是保证国民经济评价正确的前提。费用效益识别是指从国家和社会的宏观利益出发，通过对投资项目的费用和经济效益进行系统的识别和分析，求得投资项目的经济净收益，并以此来评价投资项目可行性的一种方法。费用效益识别的核心是通过比较各种备选方案的全部预期效益和全部预计费用的现值来评价这些方案，并以此作为决策的参考依据。项目的效益是对项目的正贡献，而费用则是对项目的反贡献，或者说是项目的损失。

费用与效益的识别原则为：凡是工程项目使国民经济发生的实际资源消耗，或者国民经济为工程项目付出的代价，即为费用；凡是工程项目使国民经济发生的实际资源产出与节约，或者对国民经济做出的贡献，即为效益。费用可分为直接费用和间接费用，效益可分为直接效益和间接效益。

1. 直接效益和直接费用

直接效益是指项目产出物的直接经济价值。一般表现为增加该种产出物数量满足国内需求的效益；替代其他相同或类似企业的产出物，致使原有企业减/停产导致国家有用资源耗费减少的效益；增加出口(或减少进口)所增收(或节支)的外汇效益。

直接费用是指项目投入物的直接经济价值。一般表现为其他项目为供应本项目投入物而扩大生产规模所耗用的资源费用；减少对其他项目(或最终消费者)投入物的供应而放弃的效益；增加进口(或减少出口)所耗用(或减收)的外汇效益。

2. 间接效益和间接费用

间接效益是指工程项目对国民经济做出了贡献，但在直接效益中未得以反映的部分，如技术扩散效果、项目对自然环境造成的损害、项目对上下游企业带来的相邻效果等。工程项目的间接效益和间接费用统称为外部效果。对于显著的外部效果应做定量分析，计入项目的总收益和总费用中；不能定量的，应尽可能做定性描述。

国务院改革
转移支付
制度

3. 转移支付

项目与各种社会实体之间的货币转移，如国内借款利息、缴纳的税金以及财政补贴等一般并不发生资源的实际耗用和增加，而仅仅是资源的使用权在不同的社会实体之间的一种转移，称为转移支付，不列为项目的费用或效益。

(1) 税金。税金是政府调节分配和供求关系的重要手段，在财务评价中，税金显然是工程项目的一种费用。但从国民经济整体来看，它仅仅表示项目对国民经济的贡献从纳税人那里转移到了政府手中，由政府再分配。所以税金只是一种转移支付，不能计为国民经济评价中的费用或效益。税金包括所得税、增值税、土地税等。

(2) 利息。利息是利润的一种转化形式，在财务评价现金流量表中是费用，但从国民经济整体来看，并不会导致资源的增减，因此也不能计为国民经济评价中的费用或效益。

(3) 补贴。补贴是一种货币流动方向与税收相反的转移支付。补贴虽然使工程项目的财务收益增加，但同时也使国家财政收入减少，实质上仍然是国民经济中不同实体之间的货币转移，整个国民经济并没有因此发生变化。因此，补贴也不是国民经济评价中的费用或效益。

综上所述，直接效益是指项目产出物的直接经济价值，直接费用是指项目投入物的直接经济价值；间接效益和间接费用应尽可能做定性描述；税金、利息、补贴均是转移支付，不列为项目的费用或效益。

7.3.3 国民经济评价的重要参数

1．影子价格

在我国和大多数发展中国家，由于经济机制、经济政策、社会和历史的原因，都或多或少地存在着产品市场价格与实际价值严重脱节甚至背离的现象。而在计算工程项目的费用和效益时，都需要使用各类产品的价格。若价格失真，则必将影响到项目国民经济评价的可靠性和科学性，导致决策失误。

影子价格是一种能够反映社会效益和费用的合理价格。它是在社会经济处于某种最优状态，供应与需求达到均衡时的产品和资源的价格，从理论上说可以通过数学规划的方法求得，即影子价格是一种用数学方法计算出来的最优价格。《建设项目经济评价方法与参数(第三版)》规定，通常将项目的投入物和产出物区分为外贸货物、非外贸货物和特殊投入物三类，采用不同的思路确定其影子价格。

例如，对于外贸货物，其投入物或产出物影子价格的计算公式为

$$出口产出的影子价格(出厂价)=离岸价×影子汇率-出口费用 \qquad (7\text{-}63)$$

$$进口投入的影子价格(到厂价)=到岸价×影子汇率+进口费用 \qquad (7\text{-}64)$$

2．影子汇率

影子汇率指单位外汇的经济价值，区分于外汇的财务价格和市场价格。它是指项目在国民经济评价中，将外汇换算为本币货币的系数，从而正确反映外汇对于国家的真实价值。影子汇率代表着外汇的影子价格。影子汇率是一个重要的国民经济评价参数，由国家统一测定发布，并且定期调整。目前我国发布的是影子汇率换算系数。《建设项目经济评价方法与参数(第三版)》中影子汇率换算系数取值为1.08。在项目经济评价中，将外汇牌价乘以影子汇率换算系数即得影子汇率。

3．社会折现率

社会折现率代表着社会投资所应达到的最低收益水平，它反映了对于社会费用和效益价值的时间偏好，即对资金机会成本和资金时间价值的估量。在实际中，国家根据宏观调

控意图和现实经济状况,制定、发布统一的社会折现率,以利于统一评价标准。《建设项目经济评价方法与参数(第三版)》中推荐的社会折现率为8%。

社会折现率作为国民经济评价中的一项重要参数,是国家评价和调控投资活动的重要经济杠杆之一。它在项目评价中作为计算经济净现值的折现率,并作为经济内部收益率的判据,只有经济内部收益率大于社会折现率的项目才可行。

影子价格、影子汇率、社会折现率是国民经济评价中的重要参数,注意与财务评价中的参数相区别。

7.3.4 国民经济评价指标

国民经济评价主要是进行经济盈利能力的分析,其基本评价指标为经济净现值和经济内部收益率。此外,还可以根据需要和可能计算间接费用和间接效益,纳入费用和效益流量中,对难以量化的间接费用、间接效益进行定性分析。

1. 经济净现值(ENPV)

经济净现值(ENPV)是指用社会折现率将项目计算期内各年的净效益流量折算到建设期初的现值之和。它是国民经济评价的主要评价指标,其计算公式为

$$\text{ENPV} = \sum_{t=1}^{n}(B-C)_t(1+i_s)^{-t} \tag{7-65}$$

式中: B——经济效益流量;
C——经济费用流量;
$(B-C)_t$——第 t 年的净效益流量;
n——项目的计算期(年);
i_s——社会折现率。

在国民经济评价中,当经济净现值大于或等于零时,表示项目超过或达到符合社会折现率的社会盈余,认为该项目从经济资源配置的角度可以被接受;反之,则应拒绝。

2. 经济内部收益率(EIRR)

经济内部收益率是项目在计算期内经济净效益流量的现值累计等于零时的折现率,它是反映工程项目对国民经济净贡献的相对指标,也表示工程项目占用资金所获得的动态收益率。其表达式为

$$\sum_{t=1}^{n}(B-C)_t(1+\text{EIRR})^{-t}=0 \tag{7-66}$$

式中:EIRR——经济内部收益率;
其他符号意义同上式。

经济内部收益率大于或等于社会折现率,表明工程项目对国民经济净贡献超过或者达到要求的水平,应认为项目可以被接受。

经济净现值(ENPV)和经济内部收益率(EIRR)是国民经济评价的重要指标,计算时需要注意其中的参数是国民经济评价意义上的费用、效益,计算方法与财务评价类似。

本章小结

(1) 建设项目的经济评价包括财务评价和国民经济评价。

(2) 建设项目财务评价是根据国家现行的财税制度和价格体系，从建设项目角度出发，分析、计算项目直接发生的财务效益和费用，编制有关报表，计算有关指标，评价项目的盈利和偿债能力、综合平衡情况能力等财务状况，据此判断项目的财务可行性。

(3) 国民经济评价是从国民经济整体利益出发，遵守收益与费用计算范围相一致的原则，用影子价格、影子汇率和社会折现率，计算项目给国民经济带来的净增量效益，以此来评价项目的经济合理性和宏观可行性，实现资源的最优利用和合理配置。

复习思考题

一、单项选择题

1. 某建设单位为了明确在特定融资方案下投资者权益投资的获利能力，以投资方案资本金作为计算基础，把资本金偿还和利息支付作为现金流出，则该单位编制的现金流量表是( )。
   - A. 自有资金现金流量表
   - B. 财务计划现金流量表
   - C. 投资各方现金流量表
   - D. 全部投资现金流量表

2. 企业净利润是( )的余额。
   - A. 当期利润总额扣除增值税及附加
   - B. 当期利润总额扣除所得税费用
   - C. 当期收入扣除增值税及附加
   - D. 当期营业利润扣除所得税费用

3. 对于待定的投资方案，若基准收益增大，则投资方案评价指标的变化规律是( )。
   - A. 财务净现值与财务内部收益率均增大
   - B. 财务净现值增大，财务内部收益率减小
   - C. 财务净现值减小，财务内部收益率增大
   - D. 财务净现值与财务内部收益率均减小

4. 反映企业在一定会计期间经营成果的报表是( )。
   - A. 所有者权益变动表
   - B. 资产负债表
   - C. 现金流量表
   - D. 利润表

5. 下列静态会计等式中，错误的是( )。
   - A. 资产=权益
   - B. 负债=资产-所有者权益
   - C. 资产=债权人权益
   - D. 所有者权益=资产-债权人权益

6. 在项目财务评价中，若某一方案可行，则( )。
   - A. $P_t > P_c$，FNPV>0，FIRR<i
   - B. $P_t > P_c$，FNPV<0，FIRR<i
   - C. $P_t < P_c$，FNPV<0，FIRR<i
   - D. $P_t < P_c$，FNPV>0，FIRR>i

7. 在实际经济生活中，有些产品的市场价格不能真实反映国民经济对项目的投入和产

出，在这种情况下进行经济分析时，必须采用(　　)。

　　A．可变价格　　　B．影子价格　　　C．市场价格　　　D．不变价格

8．在国民经济评价中，以下不属于转移支付的是(　　)。

　　A．国外银行借款利息　　　　　B．国内银行借款利息

　　C．税金　　　　　　　　　　　D．政府补贴

9．国民经济评价中涉及外币与人民币之间的换算均应采用(　　)。

　　A．影子汇率　　　　　　　　　B．基本汇率

　　C．非外贸货物的影子价格　　　D．外贸货物的影子价格

10．当财务评价与国民经济评价不一致时，应以(　　)结论为决策依据。

　　A．综合评价　　B．国民经济评价　　C．财务评价　　D．社会评价

二、多项选择题

1．自有资金现金流量表中，作为现金流出的项目有(　　)。

　　A．经营成本　　　　　　　B．借款本金偿还

　　C．回收固定资产余值　　　D．借款利息支付

　　E．流动资金借款

2．所有者权益是指所有者在企业中享有的经济利益，包括(　　)。

　　A．未分配利润　　　　　B．资本公积金

　　C．盈余公积金　　　　　D．长期投资

　　E．补贴收入

3．建设项目财务盈利能力分析中，动态分析指标有(　　)。

　　A．财务净现值　　　　　B．财务净现值指数

　　C．财务内部收益率　　　D．投资收益率

　　E．静态投资回收期

4．项目投资现金流量表中，现金流出范围包括(　　)。

　　A．利息支出　　　　　B．固定资产投资

　　C．经营成本　　　　　D．固定资产折旧费

　　E．短期借款

5．进行项目财务评价时，保证项目财务可行的条件有(　　)。

　　A．FNPV<0　　　　　　B．FIRR$\geqslant i_c$

　　C．FIRR<i_c　　　　　D．$P_t \leqslant P_c$

　　E．以上都不对

6．下列项目中，一般要进行经济分析的有(　　)。

　　A．国家参与投资的大型项目

　　B．涉及国家安全的项目

　　C．私人投资的项目

　　D．利用国际金融组织和外国政府贷款，需要政府主权信用担保的建设项目

　　E．自有住房项目

7．下列各项中，作为项目经济分析的间接效益的有(　　)。

A．邮电通信项目提供的邮电服务满足社会需求的效益
B．教育项目使人力资本增加的效益
C．项目使用劳动力，使非技术劳动力经训练而转变为技术劳动力的效益
D．城市地铁建设使得地铁沿线附近的房地产升值的效益
E．以上都不是

8．经济费用效益分析与财务分析的区别有(　　)。
A．经济费用效益分析的理论基础是新古典经济学有关资源优化配置的理论
B．经济费用效益分析通常只有偿债能力分析
C．经济费用效益分析更关注从利益群体各方的角度来分析项目，与国民经济评价和财务评价出发点不完全相同
D．经济费用效益分析只考虑间接的费用与效益，不考虑直接的费用与效益
E．以上都是

9．目前我国尚有少部分产品或服务是由政府调控价格的。政府调控价格包括(　　)。
A．政府指导价　　　　　　　　B．最低限价
C．最高限价　　　　　　　　　D．市场价
E．商业折扣价

10．外部效果通常要考察(　　)方面。
A．技术扩散效果　　　　　　　B．环境影响
C．上下游企业相邻效果　　　　D．乘数效果
E．境外政策

三、判断题

1．速动比率是可以反映企业偿债能力的指标。　　　　　　　　　　(　　)
2．流动比率越大，则表示企业销售能力越强。　　　　　　　　　　(　　)
3．企业现金管理的目标是在资产的流动性和盈利能力之间做出抉择，以获得最大的长期利益。　　　　　　　　　　　　　　　　　　　　　　　　　　　　(　　)
4．利润表是反映某一会计时点财务状况的财务报表。　　　　　　　(　　)
5．资产负债表是反映企业在某一特定日期财务状况的报表。　　　　(　　)
6．财务内部收益率是使投资项目财务净现值为零的折现率。　　　　(　　)
7．项目的间接效益和间接费用统称为外部效果。　　　　　　　　　(　　)
8．项目的国民经济评价结果主要通过编制的国民经济评价报表和根据报表计算的某些评价指标来表述。　　　　　　　　　　　　　　　　　　　　　　　　(　　)
9．经济费用效益分析只进行盈利能力分析，财务分析既要进行盈利能力分析，也要进行偿债能力分析。　　　　　　　　　　　　　　　　　　　　　　　　(　　)
10．国民经济评价与财务评价考察问题的角度不同，国民经济评价是从投资项目角度考察项目的经济效果和社会效果。　　　　　　　　　　　　　　　(　　)

四、简答题

1．财务评价的目的和内容有哪些？
2．简述工程项目财务评价的方法与费用。

3．财务评价有哪些报表？各有什么作用？
4．建设项目的财务评价与国民经济评价有什么不同？
5．国民经济评价中费用与效益的识别原则有哪些？
6．什么是影子价格？为什么国民经济分析中要使用影子价格？

综 合 实 训

请对导入案例进行财务评价。

【实训目标】

通过实训，学生应学会收集建设项目经济评价的相关资料，能够自主思考、分析和计算，将财务评价的基本理论具体应用于实践当中，进一步掌握各类财务报表的编制方法和经济评价的分析方法。

【实训要求】

1．能够应用建设项目经济评价的理论知识对实际案例进行估算和分析。
2．能够根据教材提供的相关指标、公式，计算并编制财务报表。
3．能通过对原始数据的综合分析，就项目在经济上是否可行做出判断。

在线答题

第8章 价值工程

思维导图

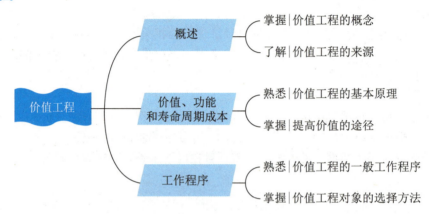

第 8 章 价值工程

导入案例

某开发商拟开发一幢商住楼,有如下 3 种可行设计方案。

方案 A:结构方案为大柱网框架轻墙体系,采用预应力大跨度叠合楼板,墙体材料采用多孔砖及移动式可拆装式分室隔墙,窗户采用单框双玻璃塑钢窗,面积利用系数为 93%,单方造价为 1 438 元/m^2。

方案 B:结构方案同 A 方案,墙体内浇外砌施工,窗户采用单框双玻璃空腹钢窗,面积利用系数为 87%,单方造价为 1 108 元/m^2。

方案 C:结构方案采用砖混结构体系,采用多孔预应力板,墙体材料采用标准黏土砖,窗户采用玻璃空腹钢窗,面积利用系数为 70.69%,单方造价为 1 082 元/m^2。

方案功能得分及重要性系数见表 8-1。

表 8-1 方案功能得分及重要性系数表

方案功能	方案功能得分			方案功能重要性系数
	A	B	C	
结构体系 F_1	10	10	8	0.25
模板类型 F_2	10	10	9	0.05
墙体材料 F_3	8	9	7	0.25
面积利用系数 F_4	9	8	7	0.35
窗户类型 F_5	9	7	8	0.10

问题:

(1) 试应用价值工程方法选择最优设计方案。

(2) 为控制工程造价和进一步降低费用,拟针对所选的最优设计方案的土建工程部分,以工程材料费为对象开展价值工程分析。将土建工程划分为 4 个功能项目,各功能项目评分及其目前成本见表 8-2。按限额设计要求,目标成本额应控制在 12 170 万元以内。试分析各功能项目的目标成本及成本可能降低的幅度,并确定出功能改进顺序。

表 8-2 各功能项目评分及其目前成本资料表

序号	功能项目	功能评分	目前成本/万元
1	桩基围护工程	10	1 520
2	地下室工程	11	1 482
3	主体结构工程	35	4 705
4	装饰工程	38	5 105
	合计	94	12 812

8.1 概 述

价值工程是一种通过各相关领域的协作，对所研究对象的功能与费用进行系统分析，并不断创新，力图以最低的寿命周期成本可靠地实现必要的功能，旨在提高某种事物价值的思想方法和管理技术。

功能的提高不是无限的，它受到一定用途和条件的支配和制约，同时又与成本紧密相连。价值工程以满足用户需要的必要功能为前提，脱离用户需要的高功能属于功能多余，达不到用户需要的功能属于功能不足。价值工程的目的就是既要满足必要功能，又要降低总成本，追求最佳价值。

价值工程产生于20世纪40年代的美国，其创始人是美国通用电气公司的采购员迈尔斯(L. D. Miles)。价值工程最初主要应用在产品开发设计等领域，近年来发展很快，如今已延伸到行政、培训、管理等方面。采用价值工程原理和方法，可以提高管理水平，使各项措施和决策更加科学、合理，进而提高经济效益。

价值工程的定义中，涉及价值、功能和寿命周期成本3个基本概念。

知识链接

迈尔斯——价值工程之父

1932年，价值工程之父迈尔斯(L. D. Miles，1904—1985年，图8.1)从美国内布拉斯加大学工程学院毕业，获得电机工程方面的学位，进入美国通用电气公司，开始了漫长而又富有成就的职业生涯。他在通用电气公司做的工作充分展示了他的才能，随后6年先后获得12项专利。在此期间，迈尔斯逐渐产生了对不必要成本的认识并开始研究优化工作方法。

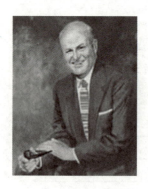

图8.1 迈尔斯

1938年，由于对成本具有敏锐的判断力，迈尔斯被调到通用电气公司采购部，任采购工程师。

1941年，受第二次世界大战的影响，和其他大型公司一样，通用电气公司迅速转型，为生产战时军用装备高速运转，迈尔斯穿梭于各大供应商之间，为保障公司获得低价、优质原材料而操劳。

1946年，迈尔斯开始担任通用电气公司的洛克绝缘体公司的采购部经理。在洛克绝缘体公司工作期间，他开始研究基于功能来降低成本的方法，即价值分析。自此这一新型管理技术进入萌发阶段。

1947年，迈尔斯总结了他在工作实践中有关材料、设计、功能、费用之间关系的经验，发表了专文《价值分析》(Value Analysis)。

第8章 价值工程

> **知识链接**

价值工程在我国的产生与发展

我国自1978年引进价值工程,至今已有四十多年的历史。价值工程首先在机械工业部门得到应用,1981年8月原国家第一机械工业部以一机企字(81)1047号文件发出了《关于积极推行价值工程的通知》,要求机械工业企业和科研单位应努力学习和掌握价值工程的原理与方法,从实际出发,以实事求是的科学态度,积极推行价值工程,努力把价值工程贯穿到科研、设计、制造工艺和销售服务的全过程。1982年10月,我国创办了第一个价值工程专业性刊物《价值工程通讯》,后更名《价值工程》。1984年国家经济委员会将价值工程作为18种现代化管理方法之一向全国推广。1986年国家标准局组织制定了《中华人民共和国价值工程国家标准》(征求意见稿),1987年国家标准局颁布了第一个价值工程标准《价值工程基本术语和一般工作程序》。1988年5月,我国成立了价值工程的全国学术团体——中国企业管理协会价值工程研究会,并把《价值工程》杂志作为会刊。

政府及领导的重视与关注,使价值工程得以迅速发展。价值工程自1978年引入我国后,很快就引起了科技、教育界的重视,通过宣传、培训进一步被一些工业企业所采用,均取得了明显的效果。政府有关部门的关心与支持给价值工程在我国的应用注入了动力。

几十年来,一些高等院校、学术团体通过教材、刊物、讲座、培训等方式陆续普及价值工程的原理与方法及其在国内外有关行业的应用,许多部门、行业和地方以及企业、大专院校、行业协会和专业学会纷纷成立价值工程学会、研究会,通过会议、学习班、讨论等方式组织宣传推广,同时还编写并出版了数十种价值工程的专著,开展了国际价值工程学术交流活动,有效地推动了价值工程在我国的推广应用。

> **特别提示**
>
> 据统计,在开展价值工程活动的过程中,工人提出的改善方案,一般可降低成本5%;技术人员提出的改善方案,可降低成本20%~25%;而有组织地开展价值工程活动,则可降低成本30%以上。
>
> 一般统计数字表明,在价值工程上花费1元钱可以得到的效益是10~20元。应用价值工程并付诸实施,一般可提高产品功能并降低成本5%~30%,技术经济效果是十分显著的。

8.2　价值、功能和寿命周期成本

8.2.1　价值

价值工程中的"价值"是指对象所具有的功能与获得该功能的全部费用之比,它不是

对象的使用价值,也不是对象的交换价值,而是对象的比较价值。设对象(如产品、工艺、劳务等)的功能为 F(Function),其成本为 C(Cost),价值为 V(Value),则可利用下列公式计算价值

$$V = \frac{F}{C} \tag{8-1}$$

价值的高低取决于功能和成本。产品的价值高低表明产品合理的程度、有效利用资源的程度和产品物美价廉的程度;产品价值高就是好产品,其资源利用程度就高;价值低的产品表明其资源没有得到有效利用,应设法改进和提高。价值的引入带来了对产品的新的评价形式,即把功能与成本、技术与经济结合起来进行评价。

8.2.2 功能

价值工程中的功能是对象能够满足某种需求的一种属性。任何产品都具有功能,如住宅的功能是提供居住空间,建筑物基础的功能是承受荷载等。

功能是产品的本质属性,产品具备了功能才能得以存在和被人使用。人们购买产品实际上是购买产品所具有的功能,价值工程的特点之一就是研究并切实保证用户要求的功能。

8.2.3 寿命周期成本(寿命周期费用)

产品在整个寿命周期过程中所发生的费用称为寿命周期成本 C,又称为寿命周期费用,包括设计制造费用 C_1 和使用费用 C_2 两部分,即

$$C = C_1 + C_2 \tag{8-2}$$

产品的寿命周期成本与产品的功能有关。从图 8.2 可以看出,随着产品的功能水平提高,产品的使用费用降低,但是设计制造费用增高;反之,使用费用增高,设计制造费用降低。一座精心设计、施工的住宅,其质量得到保证,则使用过程中发生的维修费用就一定较低;相反,粗心设计并且在施工中偷工减料,建造的住宅质量一定低劣,使用过程中的维修费用就一定较高。设计制造费用、使用费用与功能水平的变化规律决定了寿命周期成本呈如图 8.2 所示的马鞍形变化曲线,寿命周期成本存在最低值 C_0。

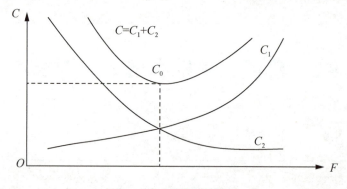

图 8.2 寿命周期成本曲线

> **特别提示**
>
> 建设项目的全寿命周期涵盖了从项目前期可行性研究、投资决策开始，经过工程设计、施工安装、竣工投产，直至项目生产期末的全过程。因此，对建设项目的评价，应充分考虑该项目在整个寿命周期内的成本费用。

8.2.4 提高价值的途径

公式(8-1)不仅深刻地反映出产品价值与功能和实现此功能所耗成本之间的关系，而且为如何提高价值提供了5种途径。

(1) 在提高产品功能的同时降低产品成本，这是大幅度提高价值最为理想的途径，即

$$\frac{F\uparrow}{C\downarrow}=V\uparrow\uparrow \tag{8-3}$$

例如重庆轻轨新线一期工程，根据城市特点，引进跨座式单轨技术。其梁轨一体化的构造，决定了施工要求的高精度，以及易造成工程返工甚至 PC 轨道梁报废的难题。国外长期以来采用"先墩后梁"的模式组织建设，这种模式的建设周期很长，为实现建设目标，重庆轻轨新线一期工程打破常规，成功运用了"墩梁并举"模式，大幅缩减了工期(工期仅4年，远少于常规模式的7～10年)；各项精度水平均有大幅提高，确保了建设质量；减少了资金积压时间，降低了工程融资成本及工程总造价；减少了对城市道路的占用时间，方便市民出行，减少堵车；节省了宝贵资源，同时又降低了环境污染。

(2) 在产品成本不变的条件下，通过提高产品的功能达到提高产品价值的目的，即

$$\frac{F\uparrow}{C\rightarrow}=V\uparrow \tag{8-4}$$

例如人防工程，若仅仅考虑战时的隐蔽功能，平时闲置不用，将需要投入大量的人力、财力予以维护；若在设计时考虑战时能发挥隐蔽功能，平时也能作为地下商场、地下停车场等加以利用，则可大大提高人防工程的功能性，增加经济效益。

(3) 在保持产品功能不变的前提下，通过降低成本达到提高价值的目的，即

$$\frac{F\rightarrow}{C\downarrow}=V\uparrow \tag{8-5}$$

例如某电影院，由于夏季气温高，需设计空调系统降温，以满足人们的舒适度要求。经过相关人员的价值分析，决定采用人防地道风降温系统代替机械制冷系统。该系统实施后，在满足电影院温度要求的前提下，不仅降低了造价，而且节约了运行费和维修费。

(4) 在适度增大产品成本的同时，使产品功能有较大幅度提高，即功能的提高幅度超过了成本的提高幅度，最终达到提升产品价值的目的，即

$$\frac{F\uparrow\uparrow}{C\uparrow}=V\uparrow \tag{8-6}$$

例如在机场、高铁站、酒店大厅、影院候影区、商场等场所，大多布置有共享按摩椅。商家的投资虽然增大了，但是在共享经济时代，很多人愿意享受轻松休闲的按摩椅，这给

商家带来的消费量不可小觑。

(5) 在产品功能略有下降的同时，使产品成本大幅度下降，即功能的下降幅度小于成本下降的幅度，这样也可以达到提升产品价值的目的，即

$$\frac{F\downarrow}{C\downarrow\downarrow}=V\uparrow \tag{8-7}$$

例如老年人手机，在保证接听和拨打电话这一基本功能的基础上，根据老年人的实际需求，改进有别于普通手机的大字体、大按键、大音量、一键亲情拨号、一键求救、收音机、手电筒、监护定位、助听等功能，减少普通手机的办公、拍照、多媒体娱乐、数据应用等功能。从总体来看，老年人手机功能比普通手机降低了些，但整体生产成本也大大降低，且仍能满足老年人顾客对手机特定的功能要求。

在产品形成的各个阶段都可以应用价值工程提升产品价值，但在不同的阶段应用价值工程，其效果却是大不相同的。价值工程更侧重于产品的研制与设计阶段，对于工程项目来说，即侧重于规划与设计阶段。

8.3 工 作 程 序

价值工程的工作过程，实质上就是针对产品的功能和成本提出问题、分析问题、解决问题的过程。针对价值工程的研究对象，整个活动是围绕着 8 个基本问题的明确和解决系统地展开的。这 8 个问题决定了价值工程的一般工作程序，见表 8-3。

表 8-3　价值工程的一般工作程序

价值工程工作阶段	设计程序	工作步骤		价值工程对应问题
		基本步骤	详细步骤	
准备阶段	制订工作计划	确定目标	对象选择	1. 这是什么？
			信息收集	
分析阶段	规定评价(功能要求事项实现程度的)标准	功能分析	功能定义	2. 这是干什么用的？
			功能整理	
		功能评价	功能成本分析	3. 它的成本是多少？
			功能评价	4. 它的价值是多少？
			确定改进范围	
创新阶段	初步设计(提出各种设计方案)	制定改进方案	方案创造	5. 有其他方法能实现这一功能吗？
	评价各设计方案，对方案进行改进、选优		概略评价	6. 新方案的成本是多少？
			调整完善	
			详细评价	
	书面化		提出提案	7. 新方案能满足功能要求吗？
实施阶段	检查实施情况并评价活动成果	实施评价成果	方案审批	8. 偏离目标了吗？
			实施与检查	
			成果鉴定	

第8章 价值工程

知识链接

价值工程在绿色建筑和绿色施工中的应用

党的二十大报告提出,建设现代化产业体系,推动制造业高端化、智能化、绿色化发展。绿色建筑和绿色施工是建筑业高质量发展的方向。当前,作为培养懂技术、会施工、能管理的综合素质高、动手能力强的技能型人才的建筑类职业院校,要提高全体学生的绿色发展意识,倡导和普及绿色施工理念。

绿色建筑(图 8.3)是指在建筑的全寿命周期内,最大程度地节约资源(节能、节地、节水、节材)、保护环境和减少污染,为人们提供健康、舒适和高效的使用空间,与自然和谐共生的建筑。

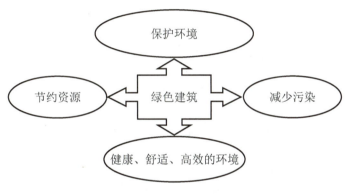

图 8.3 绿色建筑

绿色施工是一项全面、复杂的系统工程,是指在工程建设过程中,从施工策划、材料采购、现场施工、工程验收等方面进行全面控制的过程。绿色施工与过去的施工方法相比有较大的区别,传统的施工模式与绿色施工及其管理模式之间存在一定的转化过程。过去的施工方法以满足工程本身指标为目的,以工程质量、工期、成本、安全等为根本目标,在节约资源和环境保护方面考虑得很少。当节约资源、环境保护方面与工程质量、工期、成本、安全等发生冲突时,总是保证后者,放弃前者,这样做的后果常常是虽然工程本身的质量、工期、成本、安全达到了要求,但是浪费了资源,破坏了环境。而绿色施工强调以资源的高效利用为核心,以环保优先为原则,追求高效、低耗、环保、统筹兼顾的施工方法,体现了价值工程的思想方法。

8.3.1 选择价值工程对象

价值工程(VE)的主要应用途径是进行分析,选择的对象是在总体中确定的功能分析的对象。VE 对象是根据企业、市场的需要,从得到效益出发来确定的。

1. 选择 VE 对象的一般原则

1) 从设计上考虑

从设计上考虑,应该选择结构复杂的、质量大的、尺寸大的、材料贵的、性能差的、技术水平低的，目的是简化复杂结构，避免使用昂贵的材料。

2) 从市场销售角度考虑

从市场销售角度考虑，应该选择用户意见多的、系统配套差的、维修能力低的、产量大的(大批量生产中小的改变就会引起成本大幅度的变化)、工艺复杂的(易导致次品增加的)。

3) 从成本方面考虑

从成本方面考虑，应该选择成本高于同类产品或高于功能相似的产品者。

2. 选择 VE 对象的方法

VE 对象的选择方法有很多种，不同方法适宜于不同的 VE 对象，根据企业条件选用适宜的方法，就可以取得较好效果。常用的方法有经验分析法、ABC 分析法、强制确定法、费用百分比法、最合适区域法等。

(1) 经验分析法，或称因素分析法，即根据上述选择对象时应考虑的因素，凭借 VE 人员的经验，选择和确定对象。此法的优点是简单易行，考虑问题综合全面。其缺点是缺乏定量数据，受经验人员的水平和态度影响较大，为了克服这种缺点，应选择业务熟悉、经验丰富的人员共同研究讨论确定。

(2) ABC 分析法，又称帕累托(Pareto)分配律法，是根据帕累托对西方社会财富的分配规律研究而得来的。帕累托是意大利经济学家，他在研究资本主义社会财富的占有状况时，发现这样一个规律：占人口比例不大的少数人，占有社会财富的大部分；而占人口比例很大的多数人，却占据社会财富的小部分。

同理，这是一种按零部件成本在整个产品成本中所占比重的大小选择 VE 对象的方法。据统计，在一件产品中，往往有 10%～20% 的零部件，其成本占产品整体成本的 60%～80%。ABC 分析法就是把产品零部件按其成本大小顺序排列，把所有研究对象划分成主次有别的 A、B、C 三类，选出前 10%～20% 的零部件作为 VE 对象，如图 8.4 所示。通过这种划分，明确关键的少数和一般的多数，准确地选择 VE 对象。

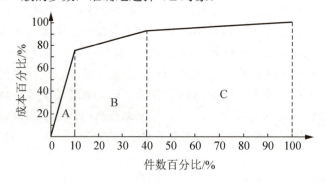

图 8.4 ABC 分析曲线图

应用实例 8-1

某住宅楼工程基础部分包含 17 个分项工程，各分项工程成本见表 8-4，试采用 ABC 分析法确定该基础工程中可能作为价值工程研究对象的分项工程。

表 8-4 某住宅楼基础分项工程 ABC 分类

分项工程名称	成本/元	累计分项工程数	累计分项工程数百分比	累计成本/元	累计成本百分比	分类
C25 带形钢筋混凝土基础	63 436	1	5.88%	63 436	39.5%	A
干铺土石屑垫层	29 119	2	11.76%	92 555	57.64%	A
回填土	14 753	3	17.65%	107 308	66.83%	A
商品混凝土运费	10 991	4	23.53%	118 299	73.67%	B
C20 混凝土基础垫层	10 952	5	29.41%	129 251	80.49%	B
排水费	10 487	6	35.29%	139 738	87.02%	B
C25 独立式钢筋混凝土基础	6 181	7	41.18%	145 919	90.87%	C
C20 带形无筋混凝土基础	5 638	8	47.06%	151 557	94.38%	C
C25 矩形钢筋混凝土柱	2 791	9	52.94%	154 348	96.12%	C
M5 砂浆砌砖基础	2 202	10	58.82%	156 550	97.49%	C
挖土机挖土	2 058	11	64.71%	158 608	98.77%	C
推土机场外运费	693	12	70.59%	159 301	99.20%	C
履带式挖土机场外运费	529	13	76.47%	159 830	99.53%	C
满堂脚手架	241	14	82.35%	160 071	99.68%	C
平整场地	223	15	88.24%	160 294	99.82%	C
槽底钎探	197	16	94.12%	160 491	99.94%	C
基础防潮底	89	17	100%	160 580	100%	C
总成本	160 580					

【实例评析】

基础分项工程的 ABC 分类见表 8-4，其中，C25 带形钢筋混凝土基础、干铺土石屑垫层、回填土 3 项工程为 A 类工程，应考虑作为价值工程分析的对象。

(3) 强制确定法(forced decision method)，简称 FD 法，也称 0—1 评分法。其基本思想是：产品的每一个零部件成本应与其功能重要性相符合，否则功能与成本的匹配就不合理。通过求功能评价系数、成本系数计算价值系数，并把价值系数不为 1 的作为 VE 对象，具体做法如下。

① 计算功能评价系数。一般请 5～15 位对产品熟悉的人员各自对每个零部件的功能重要性进行评价打分，将所有零部件两两对比，分别评价功能的相对重要性，功能相对重要者打 1 分，相对不重要者打 0 分，然后求出每个零部件的累计得分以及全部零部件的总分，用式(8-8)计算功能评价系数。

$$功能评价系数\ F = \frac{各零部件的累计得分}{全部零部件总分} \tag{8-8}$$

② 计算成本系数。

$$成本系数\ C = \frac{各零部件目前成本}{产品总成本} \tag{8-9}$$

③ 计算价值系数。

$$价值系数\ V = \frac{功能评价系数F}{成本系数C} \qquad (8\text{-}10)$$

④ 确定 VE 对象。判别的原则如下。

若 $V<1$，即功能评价系数小于成本系数，表明评价对象的现实成本偏高，而功能要求不高；或功能虽无过剩，但实现功能的条件或方法不佳，以致实现功能的成本大于功能的实际需要，应作为 VE 对象。

若 $V>1$，即功能评价系数大于成本系数，说明评价对象的功能比较重要，但成本偏低，这时可能是由于存在着过剩的功能，是否应作为 VE 对象、提高成本，应视情况而定。

若 $V=1$，表示功能评价系数等于成本系数，说明评价对象的价值为最佳，一般无须改进。

 应用实例 8-2

已知某产品由 5 个主要零件构成，现用强制确定法进行 VE 对象选择。

【实例评析】

(1) 求功能评价系数，见表 8-5。

表 8-5　功能评价系数计算表

零件	得分					总分	功能评价系数
	A	B	C	D	E		
A	×	1	1	0	1	3	0.3
B	0	×	1	0	0	1	0.1
C	0	0	×	0	0	0	0.0
D	1	1	1	×	1	4	0.4
E	0	1	1	0	×	2	0.2
合计						10	1.0

(2) 求每个零件的价值系数，见表 8-6。

表 8-6　价值系数计算表

零件	功能评价系数	目前成本/元	成本系数	价值系数
A	0.3	6.04	0.364	0.824
B	0.1	1.25	0.075	1.333
C	0.0	1.55	0.093	0.000
D	0.4	2.97	0.179	2.235
E	0.2	4.81	0.289	0.692
合计	1.0	16.62	1.000	

由表 8-6 可知，零件 C 的价值系数最低，可以将其省略或与其他零件合并；零件 E 的价值系数为 0.692，其功能评价系数仅为 0.2，而成本系数为 0.289，居第二位，说明它的功

能重要性不大但目前成本较高,其降低成本的潜力很大,可作为 VE 对象;零件 D 的价值系数最高为 2.235,说明成本偏低,可适当增加成本,使其功能更加完善,也可作为 VE 对象。

此方法是从功能与成本两方面来考虑问题的,所以比较全面且简便易行,能够将功能由定性表达提升到定量分析。但这种方法依据人的主观打分,不能准确地反映出功能差距的大小。当零部件间功能差别不大,且一次分析的零部件数目不太多时,可采用强制确定法。当零部件很多时,可先用经验分析法、ABC 分析法选出重点零部件,再用强制确定法细选。

(4) 费用百分比法。这是根据各个对象(如产品、设备等)所花费的某种费用占该种费用总额的比重大小来确定 VE 对象的方法。

例如,某工厂生产多种产品,其生产用动力消耗大大超过同类企业的一般水平。为了进行价值工程活动,首先分析各产品的动力消耗比重,然后与各产品的产值比重进行比较,如发现 A、C 两产品的动力消耗比重超过产值比重,就可确定 A、C 两产品为 VE 对象,设法降低其动力消耗和成本。

(5) 最合适区域法,或称田中法。以成本系数为横坐标,功能评价系数为纵坐标,如图 8.5 所示,则与横轴呈 45°角的一条直线为理想价值线($F/C=1$)。围绕该线有一朝向原点由两条曲线包围的喇叭形区域,叫作最合适区域。凡价值系数点落在这个区域的对象,可不作为重点改善目标;凡落在喇叭形区域的左上方或者右下方的对象,均属于功能改善的目标。这种方法由日本学者田中提出,也是一种通过计算价值系数选择 VE 对象的方法。它计算价值系数的方法步骤与强制确定法相同,但在根据价值系数选择 VE 对象时,提出了一个价值系数的最合适区域。

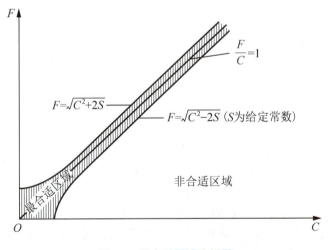

图 8.5　最合适区域分析图

8.3.2　信息收集

信息资料的收集,应该是全面的、准确的和及时的,见表 8-7。

表 8-7　信息内容表

项目	内　　容
用户方面	使用目的、使用条件、使用环境、维护保养条件、操作标准，用户对产品的意见等；如果是消费品，尚需了解用户的经济收入、身份、民族习惯、审美观等
市场方面	市场需求、市场容量、竞争产品的价格、利润、销售量、质量指标、用户反映等
技术方面	本产品设计、创造等技术档案，国内外同类产品的设计方案，产品结构、加工工艺、设备、材料标准、成品率及其成本、新技术、新工艺、新材料、三废处理、国外专利、产品目录等
经济方面	产品成本的构成，包括生产费用、销售费用、运输储存费用、零部件的成本及外购件、协助件的费用等
本企业的基本情况	经营方针、生产能力、经营情况、技术经济指标等
政府和社会方面	有关法律、条例、政策、防止公害、环境保护等

搜集信息资料的方法一般有以下几种。

(1) 询问法。询问法一般有面谈、电话询问、书面询问、计算机网络询问等方式。询问法将要调查的内容告诉被调查者，并请其认真回答，从而获得满足自己需要的信息资料。

(2) 查询法。通过网络查询，或查阅各种书籍、期刊、专刊、样本、目录、广告、报纸、录音、论文等，来寻找与调查内容有关的信息资料。

(3) 观察法。派遣调查人员到现场，直接观察搜集信息资料。这就要求调查人员十分熟悉各种情况，并要求他们具备较敏锐的洞察力和发现问题、分析问题的能力。运用这种方法可以搜集到第一手资料。同时可以采用录音、摄像、拍照等工具协助搜集。

(4) 购买法。通过购买元件、样品、模型、样机、产品、科研资料、设计图纸、专利等来获取有关的信息资料。

(5) 试销试用法。将生产出的样品采取试销试用的方式来获取有关信息资料。利用这种方法，必须同时将调查表发给试销试用的单位和个人，请他们把试用情况和意见随时填写在调查表上，调查表按规定期限收回。

8.3.3　功能定义

价值工程是以功能为对象，以功能分析为核心的科学方法，这也是价值工程区别于其他方法和技术的最显著特点。所以研究价值工程，必须对功能这一基本概念进行探讨。功能是指事物或方法以及人所能完成的事项，即所具有的某种特定的作用或用途。如载重汽车特定用途(即功能)是承载货物，人的功能是运用大脑和双手创造并改变世界上的事物。

关于功能的定义，国内外学者有许多论述，这些论述从不同侧面对功能进行了解释和说明，使人们从概念上对功能有所了解，但最能反映功能本质特性的，还要属国家标准《价值工程　第 1 部分：基本术语》(GB/T 8223.1—2009)中"对象能满足某种需求的效用或属性"的定义。

任何产品都具有使用价值，即功能，这是存在于产品中的一种本质。功能的主要特性有：功能的整体性，表现在缺少的破坏性和多余的无效性；功能的二重性，表现在可以计量的客观功能和不易计量的主观功能；功能的系统性，表现在具有层次性、联系性和制约性；功能载体的替代性，表现在材料替代、结构替代、工艺替代等。为了进行功能定义，可以先将功能分为以下几类。

(1) 按功能的重要程度分类，产品的功能一般可分为基本功能和辅助功能。基本功能就是要达到这种产品的目的所必不可少的功能，是产品的主要功能，如果不具备这种功能，这种产品就失去其存在的价值。辅助功能是为了更有效地实现基本功能而附加的功能，是次要功能。例如，住宅的基本功能就是居住，柱子的基本功能就是承受上部构件传递来的荷载，非承重墙的基本功能就是围护和分割空间。住宅的辅助功能可以是投资、储藏等，柱子的辅助功能可以是装饰等，非承重墙的辅助功能可以是隔声、隔热等。再如，对于台灯，其基本功能是照明，其次还要求造型美观、光线柔和、色彩适宜等辅助功能。但是，如果有人将台灯作为摆设，那么显而易见，此时的台灯本质上属于装饰用品，之前的辅助功能则变成基本功能。

(2) 按功能的性质分类，产品的功能可分为使用功能和美学功能。使用功能是从功能的内涵上反映其使用属性，而美学功能是从产品外观上反映功能的艺术属性。例如，机电产品应注重使用功能，美学功能重要性相对低一些；服装、鞋帽等产品一方面需要耐穿等使用功能，另一方面要求产品的式样、颜色等美学功能；各种工艺品，主要需要美学功能。

(3) 按用户的需求分类，产品的功能可分为必要功能和不必要功能。必要功能是指用户所需要的功能以及与实现用户需求有关的功能，如使用功能、美学功能、基本功能、辅助功能等；不必要功能是不符合用户需求的功能，又包括三类：一是多余功能，二是重复功能，三是过剩功能。例如，一户三口之家，在同一楼层买了两套住宅，互相打通后，出现了两个厨房，其中一个厨房就属于不必要功能，可以对其进行改造。价值工程的功能，一般是指必要功能。

(4) 按功能的量化标准分类，产品的功能可分为过剩功能与不足功能。过剩功能是指某些功能虽属必要，但满足需要有余，在数量上超过了用户要求或标准功能水平，常常表现为"大材小用"。不足功能是相对于过剩功能而言的，表现为产品整体功能或零部件功能水平在数量上低于标准功能水平，不能完全满足用户需要。例如，某机器本来需要 5.5kW 电动机，却配备了 7.5kW 的电动机，则表现为功能过剩；相反，若实际需要 7.5kW 的电动机，却配备了 5.5kW 的电动机，则属于不足功能。

(5) 按总体与局部分类，产品的功能可分为总体功能和局部功能。总体功能和局部功能之间是目的与手段的关系，总体功能以各局部功能为基础，又呈现出整体的新特征。

上述功能的分类不是功能定义的必要步骤，而是用以分辨确定各种功能的性质及其重要的程度。价值工程正是抓住产品功能整体性这一本质，通过对产品功能的分析研究，正确、合理地确定产品的必要功能，消除多余的不必要功能，加强不足功能，削弱过剩功能，从而改进设计，降低产品成本。因此，可以说价值工程是以功能为中心，在可靠地实现必要功能的基础上来考虑降低产品成本的。

价值工程中的功能定义就是根据收集到的信息资料，透过对象产品或零部件的物理特征(或现象)，找出其效用或功用的本质内容，并逐项加以区分和规定，以简洁的语言描述出来。功能定义的目的是：明确对象产品和组成产品各零部件的功能，借以弄清产品的特性；便于进行功能评价，因为功能评价的对象是产品的功能，所以只有在给功能下定义后才能进行功能评价，通过功能评价弄清哪些是价值低的功能和有问题的功能，才有可能去实现价值工程的目的；便于构思方案，对功能下定义的过程实际上也是为对象产品改进设计的构思过程，为价值工程的方案创造工作阶段做了准备，有利于方案构思。

8.3.4 功能整理

功能整理是利用功能的系统性，用系统的观点将已经定义了的功能加以系统化，找出各局部功能相互之间的逻辑关系，并用图表形式表达，以明确产品的功能系统，从而为功能评价和方案创造提供依据。通过整理要求达到以下几点。

(1) 明确功能范围，搞清楚有哪几个基本功能，这些基本功能又是通过什么功能实现的。

(2) 检查功能定义的准确程度，定义下得准确的就确定下来，不准确的加以修改，遗漏的加以补充，不必要的就取消。

(3) 明确功能之间上下位关系和并列关系，即功能之间的目的和手段关系。

功能整理的主要任务是建立功能系统图，如图 8.6 所示。功能系统图是突破了现有产品和零部件的局限所取得的结果，它是按照一定的原则，将定义的功能连接起来，从单个到局部、从局部到整体形成的一个完整的功能体系，是该产品的设计构思。

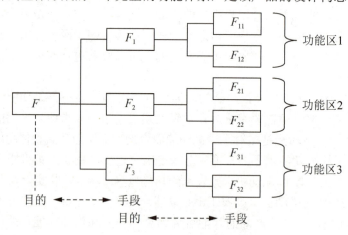

图 8.6 功能系统图

例如，住宅的最基本功能是居住，为实现该项功能，住宅必须具有遮风避雨、御寒防暑、采光、通风、隔声、防潮等功能。这些功能之间是属并列关系的，都是实现居住功能的手段，因而居住是上位功能，上述所列的并列功能是居住的下位功能，即上位功能是目的，下位功能是手段。功能之间的上下位关系是相对的。例如，为达到居住的目的必须通风，则居住是目的，是上位功能，通风是手段，是下位功能；为达到通风的目的，必须组织自然通风，则通风又是目的，是上位功能，组织自然通风是手段，是下位功能；为达到自然通风的目的，必须提供进出风口，则组织自然通风又是目的，是上位功能，提供进出风口是手段,是下位功能。将上述各功能按并列和上下位关系以一定的顺序排列,用图表示出来,即形成功能系统图。如图 8.7 所示为通风功能系统图。

图 8.7　通风功能系统图

通过绘制功能系统图,可以清楚地看出每个功能在全部功能中的作用和地位,使各功能之间的关系系统化,便于发现不必要功能,为功能评价、方案创造奠定基础。

8.3.5　功能评价

功能评价是在功能定义和功能整理完成之后,在已定性确定问题的基础上进一步做定量的确定,即评定功能的价值。

如前所述,价值 V 是功能 F 与成本 C 的比值,成本 C 是以货币形式来数量化的,功能 F 也必须数量化,即都用货币表示后才能把两者直接比较。但由于功能性质的不同,其度量单位也就多种多样,如美学功能属于不易量化的主观功能,一般是以美、比较美、不美等概念来表示,它是非定量的。因此,功能评价的基本问题是功能的数量化,即把定性指标转化为数量指标,使功能与成本具备可比性。

功能评价就是找出实现功能的最低费用作为功能的目标成本,以功能目标成本为基准,通过与功能现实成本的比较,求出目标成本下的价值 V_1 和现实成本下的价值 V 两者的比值(功能价值),以及目标成本 $(C-\Delta C)$ 和现实成本 C 的差异值(改善期望值 ΔC)。

例如,美国一个价值工程小组对海军登陆舰艇上的储油设备进行功能评价。该设备是用不锈钢特制的方形容器,它的功能是能储存 900L 汽油,成本为 520 美元。价值分析人员了解到有两种铁制的储油圆桶,一种容量是 1 100L,30 美元一只;另一种容量是 230L,6 美元一只。如果采用大的只需用 1 只,采用小的需要 4 只,再加上管道零件,80 美元就够了。根据设备的功能是储油,他们用市场上的铁制圆桶代替不锈钢特制方形容器,成本从 520 美元下降到了 80 美元。

又如,要设计一个实验室,在实验室里放置一架功能强大的 X 光机,用来探测铸钢金属内部损伤。为了不让实验室周围的地方受射线波及,设计人员设计了一座 2m 厚、3m 高的钢筋混凝土防护墙,建筑费用估计为 50 000 元。经过功能分析,分析人员了解到这座墙的功能是防护,对外观的需求极小,因此建议改用土墙。这样不但满足了防护功能,而且让建筑费用降低到 5 000 元,仅为原设计的 1/10。可见通过功能评价,可大大降低成本。

(1) 功能现实成本 C_1 的计算。功能现实成本的计算与一般传统的成本核算既有相同点,也有不同之处。两者相同点是它们在成本费用的构成项目上是完全相同的;而两者的不同之处在于功能现实成本的计算是以对象的功能为单位,而传统的成本核算是以产品或零部件为单位。因此,在计算功能现实成本时,就需要根据传统的成本核算资料,将产品或零部件的现实成本换算成功能的现实成本。具体来讲,当一个零部件只具有一个功能时,该零部件的成本就是它的功能现实成本;当一项功能要由多个零部件共同实现时,该功能现实成本就等于这些零部件的成本之和。当一个零部件具有多项功能或同时与多项功能有关时,就需要将零部件成本按成本指数分摊给各项有关功能,至于分摊的方法和分摊的比例,即成本指数,可根据具体情况确定。

应用实例 8-3

某产品的 6 种功能是由 5 种零部件实现的,则功能现实成本的计算步骤是:先将与功能相对应的零部件名称及现实成本填入表中(表 8-8);然后将功能领域 $F_1 \sim F_6$ 填入表中,将各零部件的现实成本逐一按其为实现多功能提供的成本分配至各功能领域,如 C 部件提供了 3 种功能,则将 C 部件的现实成本 2 500 元按上述思想分配到 3 种功能领域中;最后将每项功能分配的成本相加,即可得功能现实成本。

表 8-8 功能现实成本计算表   单位:元

零部件			功能(或功能领域)					
序号	名称	成本	F_1	F_2	F_3	F_4	F_5	F_6
1	A	3 000	1 000		1 000		1 000	
2	B	2 000		500		1 500		
3	C	2 500	500		500			1 500
4	D	1 500		1 000		500		
5	E	1 000			400		600	
合计		10 000	1 500	1 500	1 900	2 000	1 600	1 500

(2) 成本指数 C 的计算。成本指数是指评价对象即功能的功能现实成本在全部成本中所占的比率。其计算公式为

$$C_i = \frac{C_I}{C} \tag{8-11}$$

式中:C_i——第 i 个评价对象的成本指数;
C_I——功能现实成本(元);
C——全部成本(元)。

(3) 功能评价值 F 的计算。对象的功能评价值 $F(C-\Delta C)$ 是指可靠地实现用户要求功能的最低成本,对功能评价值的计算,其实质就是计算可靠地实现用户要求功能的最低成本。最低成本可以根据图纸和定额,也可根据国内外先进水平或市场竞争的价格等来确定。它可以理解为是企业有把握,或者说应该达到的实现用户要求功能的最低成本。从企业目标的角度来看,功能评价值可以看成是企业预期的、理想的成本目标值。

功能评价值一般以功能货币价值形式计算。求功能评价值的方法较多,常用功能重要性系数评价法。这种方法是把功能划分为几个功能单元(即子系统),根据各功能单元的重要程度和复杂程度,确定各个功能单元在总功能中所占的比重,即功能重要性系数,然后将产品的目标成本按功能重要性系数分配给各功能单元作为该功能区的目标成本,即功能评价值。

确定功能重要性系数的重要问题是对功能打分,常用功能打分法有 0—1 评分法或 0—

4 评分法、基点法，还有多比例评分法、逻辑评分法、环比评分法(又称 DARE 法)等。

0—1 评分法的分值只有 2 个，用两两比较，取 0 或 1 值的办法求得功能单元的功能重要性系数，具体做法见本章 8.3.1 节。0—4 评分法是将功能单元两两比较，根据重要程度差别(或成本费用差别)按 0、1、2、3、4 来打分，然后求其总分的方法。此外还可以用 0—10 或 0—100 等评分法。下面简单介绍 0—4 评分法，基本步骤如下。

① 请 5~15 个对产品熟悉的专家，每个专家将功能单元两两比较，根据重要程度差别(或成本费用差别)打分，打分依据为：两个功能相比，非常重要的功能得 4 分；比较重要的功能得 3 分；两个功能重要程度相同时各得 2 分；不太重要的功能得 1 分；很不重要的功能得 0 分；自身对比不得分，用"×"表示。

假设某产品的 5 项功能为 F_1、F_2、F_3、F_4 和 F_5，表 8-9 是评价人员的打分表。

表 8-9　0—4 评分法打分表

功能名称	专家 1	专家 2	专家 3	专家 4	专家 5	总得分
F_1	3	4	4	4	4	19
F_2	2	3	3	2	3	13
F_3	1	1	0	1	2	5
F_4	3	2	3	3	1	12
F_5	1	0	0	0	0	1
合计	10	10	10	10	10	50

将各功能得分相加后得总分，根据上表可知 F_1 得 19 分，F_2 得 13 分等。

② 计算每个功能平均得分值。平均得分值是将总得分除以评价人数，计算过程见表 8-10。

表 8-10　0—4 评分法计算表

功能名称	专家 1	专家 2	专家 3	专家 4	专家 5	总得分	平均得分值	功能重要性系数
F_1	3	4	4	4	4	19	3.8	0.38
F_2	2	3	3	2	3	13	2.6	0.26
F_3	1	1	0	1	2	5	1.0	0.10
F_4	3	2	3	3	1	12	2.4	0.24
F_5	1	0	0	0	0	1	0.2	0.02
合计	10	10	10	10	10	50	10	1.00

③ 计算功能重要性系数。功能重要性系数是将每个功能的平均得分值除以平均得分值总和，计算过程见表 8-10。功能重要性系数越大说明功能越重要。

(4) 计算功能价值 V，分析成本和功能的合理匹配程度。功能价值 V 的计算方法可分为两大类，即功能成本法与功能指数法。

① 功能成本法(又称绝对值法)是通过一定的测算方法，测定实现应有功能所必须消耗的最低成本，同时计算为实现应有功能所耗费的现实成本，求得评价对象的价值系数，经过分析对比，确定价值工程的改进对象。其表达式为

$$V_i = \frac{F_i}{C_{Ii}} \tag{8-12}$$

式中：V_i——第 i 个评价对象的价值系数；

F_i——第 i 个评价对象的功能评价值(元)；

C_{Ii}——第 i 个评价对象的功能现实成本(元)。

根据上述表达式，功能的价值系数不外乎以下 3 种结果。

$V_i=1$，表示功能评价值等于功能现实成本。这表明评价对象的功能现实成本与实现功能所必需的最低成本大致相当，说明评价对象的价值已为最佳，一般无须改进。

$V_i<1$，此时功能现实成本大于功能评价值。表明评价对象的功能现实成本偏高，而功能要求不高，这时一种可能是由于存在着过剩的功能，另一种可能是功能虽无过剩，但实现功能的条件或方法不佳，以至于实现功能的成本大于功能的实际需要。

$V_i>1$，说明评价对象的功能比较重要，但分配的成本较少，即功能现实成本低于功能评价值。此时应具体分析，可能功能与成本分配已较理想，或者有不必要的功能，或者应该提高成本。

② 功能指数法(又称相对值法)是通过评价对象的功能重要性系数进行加权，用功能指数 F_j 来表示其功能得分的比重，然后将评价对象的功能指数 F_j 与相对应的成本指数 C_j 进行比较，得出该评价对象的价值指数，从而确定改进对象。其表达式为

$$V_j = \frac{F_j}{C_j} \tag{8-13}$$

式中：V_j——第 j 个评价对象的价值指数；

F_j——第 j 个评价对象的功能指数；

C_j——第 j 个评价对象的成本指数。

计算结果也分 3 种情况。

$V_j=1$，此时评价对象的功能比重与成本比重大致平衡，合理匹配，可以认为功能现实成本是比较合理的。

$V_j<1$，此时评价对象的成本比重大于其功能比重，表明相对于系统内的其他对象而言，该对象目前所占的成本偏高，从而会导致该对象的功能过剩。

$V_j>1$，此时评价对象的成本比重小于其功能比重。出现这种结果的原因可能有 3 个：第一个原因是现实成本偏低，不能满足评价对象实现其应具有的功能的要求，致使评价对象功能偏低；第二个原因是评价对象目前具有的功能已经超过了其应该具有的水平，也即存在过剩功能；第三个原因是评价对象在技术、经济等方面具有某些特征，在客观上存在着功能很重要而需要消耗的成本却很少的情况。

> **特别提示**
>
> 以上功能评价的方法也可以用于对象选择和方案评价。当用于方案评价时，以 V 值最大的方案为最优方案。这是因为 V 值越大，说明方案能以更低的成本带来更高的收益，即方案的性价比越高。

应用实例 8-4

某开发公司在某公寓建设工作中采用价值工程的方法对其施工方案进行了分析。现有 3 个方案 A、B、C，经有关专家的分析论证，得到的信息见表 8-11。

表 8-11 某公寓施工方案信息表

方案功能	功能重要性系数	得分		
		A	B	C
F_1	0.227	9	10	9
F_2	0.295	10	10	8
F_3	0.159	9	9	10
F_4	0.205	8	8	8
F_5	0.114	9	7	9
单方造价/(元/m²)		1 420	1 230	1 150

试计算各方案的功能指数、成本指数、价值指数并进行方案选择。

【实例评析】

首先计算方案的功能得分。

A：9×0.227+10×0.295+9×0.159+8×0.205+9×0.114=9.090

B：10×0.227+10×0.295+9×0.159+8×0.205+7×0.114=9.089

C：9×0.227+8×0.295+10×0.159+8×0.205+9×0.114=8.659

总得分　　　9.090+9.089+8.659=26.838

则功能指数为

A：9.090/26.838≈0.339

B：9.089/26.838≈0.339

C：8.659/26.838≈0.323

成本指数为

A：1 420/(1 420+1 230+1 150)≈0.374

B：1 230/(1 420+1 230+1 150)≈0.324

C：1 150/(1 420+1 230+1 150)≈0.303

价值指数为

A：0.339/0.374≈0.906

B：0.339/0.324≈1.046

C：0.323/0.303≈1.066

方案 C 的价值指数最高，故方案 C 为最优方案。

(5) 确定改进范围。从以上分析可以看出，进行价值工程分析，就是使产品每个零部件或每个功能单元的功能价值尽可能趋近于 1。因此，确定改进范围的原则如下。

① 目标成本与现实成本的比值小于 1，属于低功能领域，基本上都应作为提高功能对

象，通过改进设计使 V 值达到 1。

② $\Delta C=C-F$ 的值大的功能区域，因为 $C-F$ 的值反映了成本应降低的绝对值，该值越大，说明成本可以降低的幅度也越大。如果有几个 VE 对象的 V 值都很低，则应选中 $C-F$ 值大的作为优先改进对象。

③ 复杂的功能领域，即要实现该功能需要许多零部件，且功能的组织或结构复杂，这些复杂的功能领域也应列为改进的重点。

本章导入案例分析

1. 选择最优方案

(1) 计算各方案的功能指数，见表 8-12。

表 8-12　各方案的功能指数计算表

方案功能	功能权重	方案功能加权得分		
		A	B	C
结构体系 F_1	0.25	10×0.25=2.50	10×0.25=2.50	8×0.25=2.00
模板类型 F_2	0.05	10×0.05=0.50	10×0.05=0.50	9×0.05=0.45
墙体材料 F_3	0.25	8×0.25=2.00	9×0.25=2.25	7×0.25=1.75
面积利用系数 F_4	0.35	9×0.35=3.15	8×0.35=2.80	7×0.35=2.45
窗户类型 F_5	0.10	9×0.10=0.90	7×0.10=0.70	8×0.10=0.80
合计		9.05	8.75	7.45
功能指数		9.05/25.25=0.358	8.75/25.25=0.347	7.45/25.25=0.295

(2) 计算各方案的成本指数，见表 8-13。

表 8-13　各方案的成本指数计算表

方案	A	B	C	合计
单方造价/(元/m²)	1 438	1 108	1 082	3 628
成本指数	0.396	0.305	0.298	0.999

(3) 计算各方案的价值指数，见表 8-14。

表 8-14　各方案的价值指数计算表

方案	A	B	C
功能指数	0.358	0.347	0.295
成本指数	0.396	0.305	0.298
价值指数	0.904	1.138	0.990

由计算结果可知，B 方案的价值指数最高，为最优方案。

2. 计算各功能项目的目标成本及成本可能降低的幅度(表 8-15)

表 8-15　功能项目的目标成本及成本降低额计算表

功能项目	功能评分	功能重要性系数	目前成本/万元	目标成本/万元	成本降低额/万元
桩基围护工程	10	0.106 4	1 520	1 295	225
地下室工程	11	0.117 0	1 482	1 424	58
主体结构工程	35	0.372 3	4 705	4 531	174
装饰工程	38	0.404 3	5 105	4 920	185
合计	94	1.000 0	12 812	12 170	642

根据成本降低额的大小，功能改进顺序为：桩基围护工程、装饰工程、主体结构工程、地下室工程。

8.3.6　方案创造

方案创造是从提高对象的功能价值出发，在正确的功能分析和评价的基础上，针对应改进的具体目标，通过创造性的思维活动，提出能够可靠地实现必要功能的新方案。

价值工程的活动能否取得成功，关键在于在功能分析和评价后能否构思出可行的方案。如果不能构思出可行的方案，则将前功尽弃。

方案创造的理论依据是功能载体具有替代性。为了引导和启发人们进行创造性的思考，常采用以下几种方法。

(1) 头脑风暴法(智暴法)。由提案人自由奔放、打破常规、创造性地思考问题，抓住瞬间的灵感或意识，得到新的方案和构思。

这种方法以开小组会的方式进行，人数不宜过多，以 5～10 人为宜。参会者关系要非常融洽，气氛要轻松愉快。会议有以下 4 个原则。

① 不评论好坏。
② 鼓励自由奔放地提出想法。
③ 要求提出大量方案。
④ 相互启发，要求结合别人意见提出设想。

经验证明，采用这种方法提方案比同样的人数单独提方案的方案数量要多 65%～90%，因而此法用得甚多。

(2) 戈登法(模糊目标法)。把研究的问题抽象化，以寻求新解法，主要抽象功能中的动态部分。

戈登法是美国麻省理工学院教授威廉•戈登(Gordon)在 1964 年提出的方法。这种方法的指导思想是：把要研究的问题适当抽象，以利于开阔思路。会议主持者并不把要解决的问题全部摊开，而只把问题抽象地介绍给大家，要求参会者天马行空地提出各种设想。例如，要研究一种新型割稻机，则只提出如何把东西割断和分开，大家围绕这一问题提方案。会议主持者要善于引导，步步深入，等到适当时机，再把问题讲明，以做进一步研究。

(3) 专家意见法(德尔菲法)。这种方法不采用开会的形式,而是由主管人员或部门把已构思的方案以信函的方式分发给有关的专业人员,征询他们的意见,然后将意见汇总,统计和整理之后再分发下去,希望再次补充修改;如此反复若干次,即经过几上几下,把原来比较分散的意见做集中处理,作为新的代替方案。

这种方法的优点主要是简便易行,具有一定科学性和实用性,可以避免会议讨论时产生的因害怕权威而随声附和,或固执己见,或因顾虑情面不愿与他人意见冲突等弊病;同时可以较快获得意见和结论,参加者也易接受结论,具有一定程度综合意见的客观性。

方案创造的方法很多,总的精神是要充分发挥各有关人员的智慧,集思广益,多提方案,从而为方案评价创造条件。

8.3.7 方案评价

方案评价是在方案创造的基础上对新构思方案的技术、经济和社会效果等几方面进行估价,以便于选择最优方案。

方案评价包括概略评价和详细评价两个阶段,其评价内容都包含技术可行性评价、经济可行性评价、社会评价以及综合评价。在对方案进行评价时,无论是概略评价还是详细评价,一般都可先做技术可行性评价,再分别做经济可行性评价和社会评价,最后做综合评价。

1. 技术可行性评价

技术可行性评价是评价方案实现必要功能的程度。以 VE 对象是产品为例,其技术可行性可以从以下几个方面进行评价:产品的性能、质量、寿命等;可靠性;可维修性;可操作性;安全性;整个系统的协调性;与环境的协调性。

进行技术可行性评价,应力求把技术指标定量化,以便进行比较选择。技术价值计算公式为

$$X = \frac{\overline{P}}{P_{\max}} \tag{8-14}$$

式中:X ——技术价值;
$\overline{P}$ ——各项技术指标相应得分的算术平均值;
$P_{\max}$ ——评分标准的最高分。

理想方案要求 $X=1$,一般 $X>0.8$ 的是很好的方案,$X<0.6$ 的为不可行方案。

2. 经济可行性评价

经济可行性评价从成本与利润两方面进行综合考虑,侧重以成本为指标进行评价,综合考虑企业经营需要、实施改进方案的费用情况、适用时期、方案实施条件等。

经济可行性评价的公式为

$$Y = \frac{H_i}{H} \tag{8-15}$$

式中:Y ——经济效益;

H_i——目标成本(理想成本);

H——新方案制造成本。

理想方案要求 $Y=1$，一般 $Y>0.7$ 的是很好的方案，$Y<0.5$ 的应舍弃。

经济可行性评价的方法一般有以下几种。

(1) 变动成本法。该法是指将成本划分为固定成本与变动成本，计算盈亏平衡点，其基本公式为

$$Q_E = \frac{C}{P-V} \quad (8\text{-}16)$$

式中：Q_E——盈亏平衡点产量；

C——固定成本；

P——产品单价；

V——单位产品变动成本。

(2) 总额法与差额法。总额法是指对影响利润或成本的全部因素加以计算，求出总利润或总成本并进行比较的一种方法。差额法是指只对影响利润或成本有差异的因素加以计算，进行差额比较的一种方法，这种方法简便、节省时间。

3．社会评价

社会评价是指对方案的社会效果的评价。企业作为社会的成员，有其社会属性，要谋求企业利益与社会利益的一致。社会评价主要包括以下几方面内容。

(1) 方案是否符合国家规划。

(2) 方案实施的资源利用是否合理。

(3) 方案实施是否达到国家关于环境保护的有关规定。

(4) 方案是否符合其他国家、社会要求。

4．综合评价

方案综合评价是在上述 3 种评价的基础上，对整个方案做出综合的、整体的评价。综合评价时要综合考虑各指标因素之间的重要性比重、各方案对评价指标的满足程度，从而判断和选择出最优方案。

综合评价的方法从整体上说，分为定性评价法和定量评价法。

定性评价法，又称为优缺点评价法，这种方法简单而且全面，但是缺乏定量依据，容易把一些相近的方案全部排除或难以选择最优方案。

定量评价法，是指用评分法评价每一方案的得分来选择方案的方法。定量评价法有许多具体操作方法，下面介绍几种。

(1) DARE 法。该法是指根据评价指标重要性程度和方案对评价指标的满足程度进行综合评价的方法。具体步骤如下。

① 确定重要性系数 W_i。

② 确定方案对评价指标的满足程度系数 S_i。

③ 确定方案的评分值 A_i，计算公式为

$$A_i = \sum W_i S_i \quad (8\text{-}17)$$

④ 选择评分值 A_i 最高的方案为最优方案。

(2) 加法评分法与乘法评分法。这两种方法都是将评价指标按满足程度分为若干等级，确定各级评分标准并进行评分。

① 加法评分法，见表 8-16。

表 8-16　加法评分法

指标	评价项目		对比方案			
	评价等级	评分标准	A	B	C	D
功能	绝对必要	30	30			
	一般	20		20		20
	非必要	10			10	
竞争能力	强	10	10			
	中	8	8			8
	弱	5			5	
市场规模	大	8	8			
	中	6		6		
	小	3			3	3
生产能力	充分利用现有设备	15	15			
	增加设备，少量投入	10		10	10	
	增加设备，大量投入	6				6
总评分		24～63	61	46	28	37

从表中可以看出，A 方案的评分值最高，确定为最优方案。

② 乘法评分法，与加法评分法类似，将各方案的每一个评价指标得分累计相乘。由于评分值由乘积确定，所以方案之间分值差距较大，对比醒目。

综合应用案例

某房地产开发商要在某城区内的二级地段进行住宅开发，地块面积为 130 000m², 一边临水，一边紧邻城市次干道，周边居民收入水平和环境条件一般。现对此地块住宅开发进行产品的档次定位分析。

【案例评析】

(1) 根据地块的城市规划用途、地段特征及周边城市居民的收入状况，现拟订建设 3 种不同建造标准的住宅小区，其建造标准见表 8-17。同时为了计算简便，将住宅建造成本和市场上居民愿意或实际购买住宅的整体功能所消耗的成本，转换为成本指数。

表 8-17 3 个方案的特征和成本指数分析表

方案名称	主要特征	平均成本/元		成本指数	
		单位造价	市场售价	单位造价	市场售价
A	环境幽雅、富有特色、智能化高档小区，小高层框架结构，内外结构布置具有人文气息	2 200	2 750	0.40	0.404
B	各种环境较好的中档住宅小区，框架结构，一般智能化条件	2 100	2 250	0.33	0.331
C	环境一般化的低档经济型住宅小区，框架砖混结构	1 500	1 800	0.27	0.265

(2) 进行功能指标系统的选择。把住房作为一个独立、完整的"产品"进行功能定义和评价，而不再将住房细分下去。功能指标系统的选取，主要考虑对住房市场需求和住房功能定位有直接影响的因素。因此，可整理得出下列功能：F_1经济适用(价格适中，布局合理)；F_2生活便捷(设施完备，使用方便)；F_3环境适宜(环境舒适，政策配套)；F_4使用安全(结构牢固，三防齐全)；F_5资产增值(地段改良，市场发展)。

(3) 进行功能重要性系数的确定。首先对上述五大类指标用市场调查方式打分，确定市场目前环境下指标的功能权重，以此作为确定市场各类人员对指标细分评分的有效性标准，以防止个人偏好导致与实际市场情况相差太远。

通过市场调查的数据整理分析可得

$F_1=0.30 \quad F_2=0.25 \quad F_3=0.20 \quad F_4=0.15 \quad F_5=0.10$

然后根据各功能指标在不同档次住宅中所占的地位不同，选取用户、专家、市场销售人员等有代表性的相关群体为调查对象，以保证市场调查结果的科学性和合理性，让其根据指标之间的相对重要性对各指标评分，再乘以加权系数(0.4，0.3，0.3)求和并归以后，得出各功能重要性系数(表 8-18)。

表 8-18 功能重要性系数评分表

功能		用户评分(G_1)		专家评分(G_2)		销售人员评分(G_3)		功能重要性系数 $G=(G_1+G_2+G_3)/100$
		得分	修正值(0.4)	得分	修正值(0.3)	得分	修正值(0.3)	
经济适用(0.30)	价格适中	20	8	17	5.1	21	6.3	0.194
	布局合理	13	5.2	14	4.2	11	3.3	0.127
生活便捷(0.25)	设施完备	12	4.8	12	3.6	14	4.2	0.126
	使用方便	7	2.8	10	3	10	3	0.088
环境适宜(0.20)	环境舒适	15	6	12	3.6	13	3.9	0.135
	政策配套	8	3.2	7	2.1	7	2.1	0.074
使用安全(0.15)	结构牢固	7	2.8	8	2.4	8	2.4	0.076
	三防齐全	7	2.8	8	2.4	5	1.5	0.067
资产增值(0.10)	地段改良	6	2.4	7	2.1	6	1.8	0.063
	市场发展	5	2	5	1.5	5	1.5	0.050
合计		100	40	100	30	100	30	1.000

(4) 对方案的功能进行满足程度评分。对 3 个方案的情况，采取按功能细分的状况和拟订方案的主要特征进行比较适应性评分，然后用细分功能重要性系数进行修正，得出功能指数(表 8-19)。

表 8-19　功能满足程度评分表

评价因素 细分功能	重要性系数	方案 A 得分	方案 A 修正值(d_1)	方案 B 得分	方案 B 修正值(d_2)	方案 C 得分	方案 C 修正值(d_3)
价格适中	0.194	4	0.776	7	1.358	8	1.552
布局合理	0.127	2	0.254	7	0.889	8	1.016
设施完备	0.126	4	0.504	8	1.008	7	0.882
使用方便	0.088	7	0.616	10	0.880	4	0.352
环境舒适	0.135	7	0.945	8	1.080	2	0.270
政策配套	0.074	6	0.444	9	0.666	4	0.296
结构牢固	0.076	5	0.375	9	0.675	4	0.300
三防齐全	0.067	8	0.536	7	0.469	3	0.201
地段改良	0.063	10	0.630	9	0.567	2	0.126
市场发展	0.050	4	0.200	7	0.350	8	0.400
功能总分		57	5.280	81	7.942	50	5.395
功能指数(F)			0.284		0.427		0.290

(5) 进行方案价值指数的计算。将表 8-19 的计算结果和 8-17 的成本指数分别代入表 8-20 和表 8-21，按功能价值指数计算公式($V=F/C$)，求出价值指数。

表 8-20　单位造价方案价值指数计算表

方案	功能指数 F	成本指数 C	价值指数 $V=F/C$	最优选择
A	0.284	0.40	0.710	
B	0.427	0.33	1.294	最优
C	0.290	0.27	1.074	

表 8-21　市场售价方案价值指数计算表

方案	功能指数 F	成本指数 C	价值指数 $V=F/C$	最优选择
A	0.284	0.404	0.703	
B	0.427	0.331	1.290	最优
C	0.290	0.265	1.094	

根据单位造价方案和市场售价方案的价值指数计算结果可知：B 方案最优。因此，在上述地段、环境等状况下，此项目选择建造中档价位住宅小区的方案最为合理。

第8章 价值工程

本章小结

价值工程是以提高产品(或作业)价值和有效利用资源为目的,通过有组织的创造性工作,寻求用最低的寿命周期成本,可靠地实现使用者所需功能,以获得最佳综合效益的一种管理技术。价值工程涉及价值、功能和成本3个基本要素。价值工程是以集体的智慧开展的有计划、有组织的管理活动,以用户需求为重点,强调不断改革和创新。

价值工程的工作阶段分为准备阶段、分析阶段、创新阶段及实施阶段。每个阶段又有详细的工作步骤,包括对象选择、信息收集、功能定义、功能整理、功能成本分析、功能评价、确定改进范围、方案创造、概略评价、调整完善、详细评价、提出提案、方案审批、实施与检查及成果鉴定。价值工程的核心在于功能分析。

本章重点阐述了价值工程的基本原理以及利用价值工程原理分析问题、解决工程问题的方法。价值工程原理的应用对于降低工程造价、优化工程方案有显著作用,是现代工程经济学中不可缺少的组成部分。

复习思考题

一、单项选择题

1. 价值工程的目标是( )。
   A. 以最低的生产成本实现最好的经济效益
   B. 以最低的生产成本实现使用者所需的功能
   C. 以最低的寿命周期成本实现使用者所需的最高功能
   D. 以最低的寿命周期成本可靠地实现使用者所需的必要功能

2. 价值工程的核心是( )。
   A. 功能分析   B. 成本分析
   C. 价值分析   D. 寿命周期成本分析

3. ( )是指价值工程研究对象所具有的能够满足某种需求的一种属性。
   A. 成本   B. 价值   C. 价值指数   D. 功能

4. 价值工程的目标表现为( )。
   A. 产品价值的提高   B. 产品功能的提高
   C. 产品功能与成本的协调   D. 产品价值与成本的协调

5. 产品的寿命周期成本由产品生产成本和( )组成。
   A. 使用及维护成本   B. 使用成本
   C. 生产前准备成本   D. 资金成本

6. 一般而言,随着产品质量的提高,产品在使用过程中的维修费用将呈( )趋势。
   A. 上升   B. 下降   C. 平衡   D. 不确定

7. 根据价值工程的原理，提高产品价值最理想的途径是( )。
   A．产品功能有较大幅度提高，产品成本有较少提高
   B．在产品成本不变的条件下，提高产品功能
   C．在提高产品功能的同时，降低产品成本
   D．在保持产品功能不变的前提下，降低产品成本

8. 价值工程应注重于( )阶段。
   A．研制设计   B．试制
   C．生产   D．使用和寿命终结

9. 某产品的零件甲，功能平均得分为 3.8 分，成本为 30 元，该产品各零件功能总分为 10 分，产品成本为 150 元，那么零件甲的价值系数为( )。
   A．0.3   B．0.38   C．1.9   D．0.79

10. 价值工程分析阶段的工作步骤是( )。
    A．功能整理—功能定义—功能成本分析—功能评价—确定改进范围
    B．功能定义—功能评价—功能整理—功能成本分析—确定改进范围
    C．功能整理—功能定义—功能评价—功能成本分析—确定改进范围
    D．功能定义—功能整理—功能成本分析—功能评价—确定改进范围

二、多项选择题

1. 价值工程中，提高价值可通过( )的途径来实现。
   A．成本不变，功能提高   B．功能不变，成本降低
   C．功能降低，成本降低   D．成本提高，功能提高
   E．功能提高，成本降低

2. 价值工程中，功能分析包括( )。
   A．功能定义   B．功能配置   C．功能组合
   D．功能整理   E．功能评价

3. 下列关于价值工程原理的描述中，正确的有( )。
   A．价值工程中所说的"价值"是指研究对象的使用价值
   B．运用价值工程的目的是提高研究对象的比较价值
   C．价值工程的核心是对研究对象进行功能分析
   D．价值工程是以最低的生产成本使产品具备其所必须具备的功能
   E．价值工程中所述的"成本"是指研究对象建造/制造阶段的全部费用

4. 价值工程中，实施阶段的工作包括( )。
   A．方案预审   B．方案审批   C．方案实施
   D．方案检查   E．成果总评

5. 在运用价值工程方法对某一选定设计方案进行功能评价时，下列有关功能指数法中功能价值分析的表述，正确的有( )。
   A．价值指数等于 1，说明评价对象无须改进
   B．价值指数大于 1，可能是存在过剩功能，评价对象无须改进
   C．价值指数大于 1，可能是成本偏低，对象功能也偏低，评价对象需要改进
   D．价值指数大于 1，可能是对象在技术、经济方面具有某些特殊性，评价对象无须改进

E．价值指数大于1，说明评价对象需要改进

6．价值工程准备阶段的主要工作有（　　）。
   A．功能定义　　B．确定改进范围　　C．对象选择
   D．功能评价　　E．信息收集

7．价值工程对象选择的方法有（　　）。
   A．ABC分析法　　B．强制确定法　　C．费用百分比法
   D．因素分析法　　E．年数总和法

8．按功能整理的逻辑关系分类，产品功能可以分为（　　）。
   A．不足功能　　B．并列功能　　C．过剩功能
   D．上下位功能　　E．使用功能

9．某人购买一块带夜光装置的手表，从功能分析角度来看，带夜光装置对于手表保证走时准确与黑夜看时间的功能分别是（　　）。
   A．多余功能　　B．美学功能　　C．辅助功能
   D．基本功能　　E．不必要功能

三、简答题

1．什么是价值工程？其表达形式是什么？
2．价值工程的实施步骤是怎样的？
3．选择价值工程对象的一般原则是什么？常用哪些方法？
4．什么是功能评价？通过价值概念简洁表达形式说明相对标准和绝对标准。
5．提高产品价值的途径有哪些？举例说明其中的一种。

四、计算题

1．造价工程师在某开发公司的某幢公寓建设工程中，采用价值工程的方法对该工程的设计方案和编制的施工方案进行了全面的技术经济评价，取得了良好的经济效益和社会效益。该工程有4个设计方案A、B、C、D，经有关专家对上述方案根据评价指标$F_1 \sim F_5$进行技术经济分析和论证，得出如下资料（表8-22和表8-23）。

表8-22　功能重要性评分表

方案功能	F_1	F_2	F_3	F_4	F_5
F_1	×	4	2	3	1
F_2	0	×	1	0	2
F_3	2	3	×	3	3
F_4	1	4	1	×	1
F_5	3	2	1	3	×

表 8-23 方案功能评分及单方造价表

方案功能	方案功能评分			
	A	B	C	D
F_1	9	10	9	8
F_2	10	10	8	9
F_3	9	9	10	9
F_4	8	8	8	7
F_5	9	7	9	6
单方造价/(元/m²)	1 420	1 230	1 150	1 360

问题：
(1) 计算功能重要性系数。
(2) 计算功能指数、成本指数、价值指数，并选择最优设计方案。

2. 某业主邀请若干厂家对某商务楼的设计方案进行评价，经专家讨论确定的主要评价指标分别为：功能适用性(F_1)、经济合理性(F_2)、结构可靠性(F_3)、外形美观性(F_4)与环境协调性(F_5) 5 项评价指标，各功能之间的重要性关系为：F_3 比 F_4 重要得多，F_3 比 F_1 重要，F_1 和 F_2 同等重要，F_4 和 F_5 同等重要，经过筛选后，最终对 A、B、C 3 个设计方案进行评价，3 个设计方案评价指标的得分结果和估算总造价见表 8-24。

表 8-24 各方案评价指标的得分结果和估算总造价表

功能	方案 A	方案 B	方案 C
功能适用性(F_1)	9	8	10
经济合理性(F_2)	8	10	8
结构可靠性(F_3)	10	9	8
外形美观性(F_4)	7	8	9
环境协调性(F_5)	8	9	8
估算总造价/万元	6 500	6 600	6 650

问题：
(1) 用 0—4 评分法计算功能重要性系数。
(2) 用功能指数法选择最佳设计方案。
(3) 若 A、B、C 3 个方案的年度使用费用分别为 340 万元、300 万元、350 万元，设计使用年限均为 50 年，基准收益率为 10%，用寿命周期年费用法选择最佳设计方案。
(表中数据保留 3 位小数，其余计算结果均保留 2 位小数。)

在线答题

第 9 章 建设项目的可行性研究

思维导图

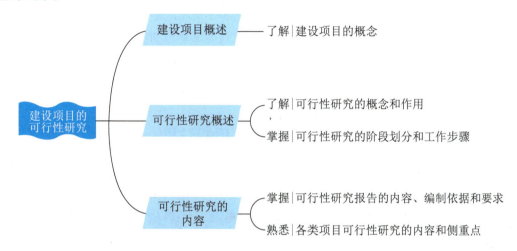

导入案例

某精密结构件研发中心建设项目选址位于浙江省某市某街道某地块,项目规划建设面积为 5 000 m²,拟建设成为公司新技术、新工艺和新应用的研发测试中心和展示平台。通过本项目的建设,公司的研发环境将得到较大程度的改善,有助于公司进一步增强自主创新能力和提高研发管理水平,满足公司高质量发展的迫切需求。同时,项目的建设还将提升公司在人才市场上的影响力,吸引高水平技术人才加入,壮大科研团队,进一步提升公司的技术研发实力。

项目计划总投资 6 590 万元,其中土地购置费 375 万元,建筑工程费 2 020 万元,设备购置费 2 527 万元,安装工程费 126 万元,工程建设其他费用 70 万元,预备费 380 万元,铺底流动资金 1 092 万元。

该项目是否可行?应该怎样去论证?

9.1 建设项目概述

建设项目是指在一个总体设计或初步设计范围内,由一个或几个单项工程所组成,经济上实行统一核算,行政上实行统一管理的建设单位。一般以一个企业(或联合企业)、事业单位或独立工程为一个建设项目。

凡属于一个总体设计中的主体工程和相应的附属配套工程、综合利用工程、环境保护工程、供水供电工程以及水库的干渠配套工程等,都可作为一个建设项目;凡是不属于一个总体设计,经济上分别核算,工艺流程上没有直接联系的几个独立工程,应分别列为几个建设项目。

导入案例中的某精密结构件研发中心建设就是一个建设项目,该项目围绕统筹建设研发中心用房、专业实验室和研发展示平台,购置研发测试硬件设备和相关软件开展。各主体工程和配套工程之间密切联系,不可分割,缺少任何一部分单项工程,都不能满足整体设计要求,不能生产出合格的产品。同时,任何一部分工程也都不可能独立发挥效益。

> **特别提示**
>
> 有的工业项目由于资金、场地或市场原因,常常会分期建设。这种情况下,尽管前后两期工程同属于一个总体设计,但只要经济上分别核算,每期均能够独立形成生产能力,就可将前后两期工程视为两个建设项目。

9.2 可行性研究概述

9.2.1 可行性研究的概念

可行性研究是目前国内外在工程建设中广泛采用的一种技术经济论证方法。这种方法经过几十年来不断充实和完善，已形成了一整套对建设项目进行综合的、全面的技术经济论证的科学体系。

可行性研究是投资决策科学化的必要步骤和手段。其实质是运用工程技术学和经济学原理，采用系统的观点和方法，对建设项目方案的各方面(技术、经济、市场、资源、社会、环境等方面)进行调查研究，分析预测，反复比较，综合论证，以便从各方面对项目的"可行"还是"不可行"做出结论，选出最优方案，为项目决策提供依据。其中，项目的经济评价是可行性研究的核心。

目前，国内外都把建设项目进展周期分为 3 个阶段，即投资前期、建设期和生产期。可行性研究是投资前期的主要内容。投资前期是决定建设项目经济效果的关键时期，是决定投资成败的关键。如果在项目实施过程中才发现工程费用过高、投资不足或原材料供应不足等问题，将会给投资者造成巨大损失。因此，为了减少投资项目的盲目性，降低风险，获取最大投资效益，就要把可行性研究作为工程建设的首要环节加以重视。

可行性研究不仅广泛应用于新建、改建、扩建的建设项目，且已扩大到资源的开发和综合利用、产品更新、技术改造、技术引进、新技术应用、科学技术试验项目以及技术政策制定等方面。

9.2.2 可行性研究的阶段划分

可行性研究是进行项目投资、工程建设之前的准备性研究工作，广义的可行性研究，按研究深度分为机会可行性研究、初步可行性研究和详细可行性研究 3 个阶段。

(1) 机会可行性研究阶段，也称为投资机会鉴定阶段。这一阶段的工作包括粗略的市场调查和预测，寻找某一地区或某一范围内的投资机会并初步估算投资费用。

机会研究又分一般机会研究和特定项目机会研究两种。应根据当时的条件，决定进行哪种机会研究，或两种机会研究都进行。

(2) 初步可行性研究阶段。在投资机会研究的基础上，进一步较为系统地研究投资机会的可行性，包括对市场的进一步考察分析等。其主要回答的问题如下。

① 投资机会是否有前途？值不值得进一步做详细项目论证？
② 确定的项目概念是否正确？有无必要通过可行性研究进一步详细分析？
③ 项目中有哪些关键性问题？是否需要通过市场调查、实验室实验、工业性试验等功

能研究做深入研究？

④ 是否有充分的资料足以说明该项目设想可行？项目对某一具体投资者有无足够的吸引力？

(3) 详细可行性研究阶段，也称技术经济可行性研究阶段。详细可行性研究是在项目决策前对项目有关的工程、技术、经济等各方面的条件和情况进行详尽、系统、全面的调查、研究、分析，对各种可能的建设方案和技术方案进行详细的比较论证，并对项目建成后的经济效益、国民经济效益、社会效益进行预测和评价的一种科学分析过程和方法，是对项目进行评估和决策的依据。

这是确定一个投资项目是否可行的最终研究阶段。需要研究的内容包括市场近期、远期需求，资源、能源、技术协作落实情况，最佳工艺流程及其相应设备，厂址选择及厂区布置，组织机构确定和人员培训，建设投资费用，资金来源及偿还办法，生产成本，以及投资效果等。

> **特别提示**
>
> 这 3 个阶段都处于项目投资前期，并按照先后顺序由粗到细、由浅及深地进行，且相互联系，前一阶段工作是后一阶段工作的基础。

9.2.3 可行性研究的作用

可行性研究是投资项目建设前期研究工作的关键环节。在投资项目的管理中，可行性研究具有如下作用。

(1) 作为经济主体投资决策的依据。可行性研究工作为投资者的最终决策提供直接的依据，这是建设项目投资建设的首要环节。项目主管部门主要根据项目可行性研究的评价结论，并结合国家财政经济条件和国民经济长远发展的需要，做出项目是否应该投资和如何投资的决定，这对于整个项目建设过程乃至整个国民经济都有非常重要的意义。

引汉济渭工程可行性研究报告获批

(2) 作为编制设计文件的依据。可行性研究报告一经审批通过，意味着项目已经批准立项，可以进行初步设计了。可行性研究所确定的投资估算是控制初步设计概算的依据。

(3) 作为筹集资金和向银行申请贷款的依据。银行通过审查项目的可行性研究报告，确认了项目的盈利水平、偿债能力和风险状况，才能做出是否同意贷款的决定，包括国际金融组织的贷款。

(4) 作为建设单位与各协作单位签订合同或协议的依据。根据批准的可行性研究报告，项目法人可以与有关的协作单位签订原材料、燃料、动力供应运输、设备采购、工程设计及施工等方面的合同或协议。

(5) 作为环保部门、地方政府和规划部门审批项目的依据。

(6) 作为施工组织设计、工程进度安排、竣工验收的依据。

(7) 作为项目建成投产后组织机构设置、劳动定员和职工培训计划的依据。

(8) 作为项目后评价的依据。

> **特别提示**
>
> 由于可行性研究工作对于整个项目建设过程乃至整个国民经济都有非常重要的意义，为了保证可行性研究工作的科学性、客观性和公正性，有效地防止错误和遗漏，在可行性研究中，要做到以下 3 点：一是必须站在客观公正的立场上进行调查研究，做好基础资料的收集工作，通过科学分析，得出项目是否可行的结论；二是可行性研究报告的内容和深度必须达到国家规定的标准，能够指导工程的初步设计；三是为保证可行性研究的工作质量，应保证咨询设计单位可行性研究工作有足够的工作周期，防止粗枝大叶，避免投资失误。

9.2.4 可行性研究的工作步骤

1. 签订委托协议

可行性研究编制单位与委托单位，就项目可行性研究工作的范围、重点、深度要求、完成时间、费用预算和质量要求交换意见，并签订委托合同，据以开展可行性研究各阶段的工作。

2. 组建工作小组

根据委托项目可行性研究的工作量、内容、范围、技术难度、时间要求等，组建项目可行性研究工作小组。一般工业项目和交通运输项目可分为市场组、工艺技术组、设备组、工程组、总图运输及公用工程组、环保组、技术经济组等专业组。为使各专业组协调工作，保证可行性研究工作的总体质量，一般应由总工程师、总经济师负责统筹协调。

3. 制订工作计划

工作计划的内容包括工作的范围、重点、深度、进度安排、人员配置、费用预算及可行性研究报告编制大纲，并与委托单位交换意见。

4. 市场调查和预测

各专业组根据可行性研究报告编制大纲进行实地调查，收集整理有关资料，即进行市场和社会调查，行业主管部门调查，项目所在地区调查，项目涉及的有关企业、单位调查，收集项目建设、生产运营等各方面所必需的信息资料和数据，对项目未来原材料市场和产品市场供求进行定性和定量的分析。

5. 方案编制与优化

在调查研究和收集资料的基础上，对项目的建设规模、产品方案、厂址方案、技术方案、设备方案、工程方案、原材料供应方案、总图布置与运输方案、公用工程与辅助工程方案、环境保护方案、组织机构设置方案、实施进度方案以及项目投资与资金筹措方案等，进行方案论证、比选和优化，提出推荐方案。

6. 项目评价

对推荐方案进行环境评价、经济评价、社会评价及风险分析，以判别项目的环境可行性、经济可行性、社会可行性和抗风险能力。其中经济评价是可行性研究的核心部分。当有关评价指标结论不足以支持项目方案成立时，应对原设计方案进行调整或重新设计。

7. 编写可行性研究报告

项目可行性研究各专业方案，经过以上论证和优化之后，由各专业组分工编写。项目负责人进行综合汇总，提出可行性研究报告初稿。经委托单位审核、修改、完善后，向委托单位提出正式的可行性研究报告。

9.3 可行性研究的内容

9.3.1 可行性研究报告的编制依据

(1) 项目建议书(初步可行性研究报告)及其批复文件。

(2) 国家经济和社会发展的长期规划，部门与地区规划，经济建设的指导方针、任务、产业政策、投资政策和技术经济政策，以及国家和地方性法规等。

(3) 包含项目所需全部市场信息的市场调研报告。

(4) 中外合资、合作项目各方签订的协议书或意向书。

(5) 进行可行性研究的委托合同。

(6) 有关机构发布的工程技术经济方面的标准、规范、定额，以及有关工程经济评价的基本参数、指标和规定。

(7) 有关工程选址、工程设计的水文、地质、气象、地理条件、市政配套条件的基础资料。

(8) 其他有关依据资料。

9.3.2 可行性研究报告的编写要求

(1) 全面、客观地选用资料。可行性研究报告应当实事求是、数据准确、结论明确。由于在进行可行性研究时涉及的评价指标众多，一旦数据发生变化，将会影响到项目评价的准确性。因此，资料、数据都要经过反复核实，以确保内容的准确性和全面性。

(2) 明确报告的写作目的。可行性研究报告不仅要考虑项目的先进性技术、经济和资金筹措方面的可行性，还要从法律政策等方面审查项目的合法性和合理性，以及投资各方的经济实力和项目投向等。因此，在编写时需要提供可供审批部门决策的信息，以便综合分析。

(3) 全面、准确、具体地回答可行性研究的问题。可行性研究报告有自己特定的内容和固定的格式，需要全面、准确、具体地回答相关问题。要对提出的设想和方案加以分析，说明合理性，说明项目得以实施的条件。此外，可行性研究报告还应对各种制约因素提出解决办法，深入分析，说明项目的风险和不确定因素。

(4) 论证科学严密。论证性是可行性研究报告的一个显著特点。要使其有论证性，在论证时，必须做到运用系统的分析方法，围绕影响项目的各种因素进行全面、系统的分析，实事求是、客观公正、思维周密。

(5) 目标明确。可行性研究报告要目标明确，前后一致，始终围绕项目的必要性、可能性和可行性进行分析、论证。切忌因内容复杂、材料繁多而出现目标不明确和前后脱节等问题。

(6) 重视附件的特殊作用。可行性研究报告往往会附有大量的附件，这是可行性研究报告的重要组成部分。这些附件具有专业性高、技术性强、数量多等特点，除了有使正文表达更简练的作用，更具有补充正文，使正文论证观点更严密、更具科学性的独特作用。

9.3.3 可行性研究的基本内容

各类建设项目可行性研究的内容及侧重点因行业特点而差异很大，但一般应包括以下几方面的内容。

(1) 投资必要性：主要根据市场调查及预测的结果，以及有关的产业政策等因素，论证项目投资建设的必要性。在投资必要性的论证上，一是要做好投资环境的分析，对构成投资环境的各种要素进行全面的分析论证；二是要做好市场研究，包括市场供求预测、竞争力分析、价格分析、市场细分、定位及营销策略论证。

(2) 技术可行性：主要从项目实施的技术角度，合理设计、比选和评价技术方案，进行技术论证。各行业不同项目技术可行性的研究内容及深度差别很大。对于工业项目，可行性研究的技术论证应达到能够比较明确地提出设备清单的深度；对于各种非工业项目，技术论证也应达到目前工程方案初步设计的深度，以便与国际惯例接轨。

(3) 财务可行性：主要从项目及投资者的角度，合理设计财务方案；从企业理财的角度，进行资本预算，评价项目的财务盈利能力，进行投资决策；从融资主体(企业)的角度，评价股东投资收益、现金流量计划及债务清偿能力。

(4) 组织可行性：制订合理的项目实施进度计划，设计合理的组织机构，制订合适的培训计划等，保证项目顺利执行。

(5) 经济可行性：主要从资源配置的角度衡量项目的价值，评价项目在实现区域经济发展目标、有效配置经济资源、增加供应、创造就业、改善环境、提高人民生活等方面的效益。

(6) 社会可行性：主要分析项目对社会的影响，包括政治体制、方针政策、经济结构、法律道德、宗教民族、妇女儿童及社会稳定性等。

(7) 风险因素及对策：主要对项目的市场风险、技术风险、财务风险、组织风险、法律风险、经济及社会风险等风险因素进行评价，制定规避风险的对策，为项目全过程的风险管理提供依据。

> **特别提示**
>
> 上述可行性研究的内容，适用于不同行业各种类型的建设项目。各类项目的可行性研究工作都是围绕上述内容进行论证的，但因行业特点不同，内容上各有侧重。

知识链接

目前我国要求在投资项目的经济评价工作中使用《建设项目经济评价方法与参数(第三版)》(国家发展改革委、建设部以发改投资〔2006〕1325号文印发)。同时，有些地方或行业主管部门也在此基础上制定了适用于本地区或本行业的可行性研究报告大纲。

但现阶段我国仍缺乏对各类投资项目可行性研究的内容及深度进行统一规范的方法，目前各地区、各部门制定的各种可行性研究的规定，基本上都是以工业项目可行性研究的内容为主线制定的。

9.3.4　一般工业项目可行性研究报告的编制

每个建设项目应根据自身的技术经济特点来确定可行性研究的工作要点以及相应可行性研究报告的内容。一般工业项目可行性研究报告，可按以下结构和内容编写。

1．项目总论
1.1 项目背景
1.2 项目概况
1.3 问题与建议
2．市场分析
2.1 市场现状调查
2.2 产品供需预测
2.3 价格预测
2.4 竞争力分析
2.5 市场风险分析
3．建设条件和厂址选择
3.1 厂址现状
3.2 厂址方案比选
3.3 推荐的厂址方案
3.4 技术改造项目现有厂址的利用情况
4．建设规模与产品方案
4.1 建设规模与产品方案构成
4.2 建设规模与产品方案的比选
4.3 推荐的建设规模与产品方案
4.4 技术改造项目与原有设施利用情况

5．技术方案、设备方案和工程方案

5.1 技术方案选择

5.2 主要设备方案选择

5.3 工程方案选择

5.4 技术改造项目改造前后的比较

6．原材料、燃料供应

6.1 主要原材料供应方案

6.2 燃料供应方案

7．总图运输与公用辅助工程

7.1 总图布置方案

7.2 场内外运输方案

7.3 公用工程与辅助工程方案

7.4 技术改造项目现有公用辅助设施利用情况

8．环境保护与劳动安全

8.1 节能措施

8.2 环境影响评价

8.3 劳动安全卫生与消防

9．企业组织和劳动定员

9.1 组织机构设置及其适应性分析

9.2 人力资源配置

9.3 职工培训计划

10．项目实施进度安排

10.1 建设工期

10.2 实施进度安排

10.3 技术改造项目建设与生产的衔接

11．投资估算和资金筹措

11.1 建设投资和流动资金估算

11.2 筹资方案及分析

12．财务效益、经济与社会效益评价

12.1 财务评价

12.2 国民经济评价

12.3 社会评价

12.4 风险评价

13．可行性研究结论与建议

本章导入案例分析

下面是某精密结构件研发中心建设项目可行性研究报告摘要。

1. 项目概况

浙江省××市××精密结构件研发中心建设项目，规划建设面积 5 000m^2，拟建设成为公司新技术、新工艺和新应用的研发测试中心和展示平台。

2. 项目建设必要性

(1) 项目建设是改善研发环境，提高市场竞争力的需要。

精密结构件生产需经过模具设计加工、注塑成型等多道工序，每一道工序都将对产品质量产生影响，需要严格把关，这对公司在产品设计研发、生产设备、人员素质、产线管理等方面提出较高要求。为此，公司需要持续加大研发投入，配置先进的研发设备和软件工具，改善研发中心的研发环境，补充加强新技术、新工艺、新应用的研发能力，提高公司的市场竞争力。研发中心项目建成后，公司的研发环境将得到较大程度的改善，有助于公司进一步提高研发技术和管理水平，夯实公司的核心竞争力。

(2) 项目建设是提升科技创新水平，贴合下游行业发展趋势的需要。

经过十余年的深耕细作，公司凭借良好的产品品质和服务水平，获得了较高的市场认可度。但随着精密结构件下游应用领域的不断发展，下游终端产品迭代更新频率加快，产品智能化、轻薄化和集成化的发展趋势对精密结构件产品的精度、性能和工艺提出了更高的要求。为及时把握客户最新需求，公司需不断增强自主创新能力，紧跟行业发展动态。本次研发中心建设有利于公司实现科技创新水平的提升，且公司将坚持以市场需求为导向，契合下游行业发展趋势，为企业高质量发展保驾护航。

(3) 项目建设是培养和引进高端技术人才的需要。

公司要突破发展瓶颈，出路在创新，关键靠科技，根基在人才。技术研发和创新归根到底要靠人才，只有持续引进更多科研人才，才能推动公司技术研发不断取得新突破。尤其在行业竞争日趋激烈的现状下，科研人才成为各家企业争相夺取的重要资源。公司现有的研发环境无法满足公司对高水平科研人才的需求，对于完善公司创新人才梯队形成了一定的制约。本次研发中心建设将有助于提升公司在人才市场上的影响力，更好地吸引高端技术人才加入公司团队，使公司在日趋激烈的市场竞争中抢占先机。

(4) 项目建设是实现公司战略发展目标的重要步骤。

研发中心是公司经营管理、战略发展的重要支撑平台，对公司产品、技术开发及应用起着重要作用。研发中心项目推进后，公司可结合市场需求，积极开发新技术，扩大核心技术储备，整合协调技术资源，将技术成果转化为生产力，缩短新产品研制周期，提升公司的核心技术竞争力，实现公司的可持续发展。本项目的实施为公司长远发展提供了有力的技术支撑，是公司实现战略发展目标的重要步骤。

3. 项目建设可行性

(1) 较为深厚的技术储备是项目实施的基础。

技术研发是公司创新和持续发展的原动力。目前，公司已掌握标准化模具设计和数字化模具验证技术，搭建了运转流畅的标准化模具设计平台，建立了涵盖手机、可穿戴设备、智慧安居和汽车电子等领域的高达 3 000 多套模具设计参数的数据库，同时自主研发了多项核心技术，建立了较为完善的核心技术体系，为项目建设提供了技术保障。

(2) 专业的研发技术团队有助于项目的推进。

公司秉承"以人为本"的管理理念，将人才视为公司核心竞争力的重要组成部分。公司有一支专业素质良好、工作经验丰富、创新意识较强的研发技术团队，其中大部分成员在精密制造行业有 10 年以上的从业经验，具备敏锐的市场洞察能力、应变能力和创新能力，可为本次研发中心项目的实施提供理论支持和经验指导，有助于项目顺利推进。公司还将在现有研发技术团队的基础上，持续引进高端技术人才，进一步强化团队实力，巩固公司的研发技术优势。

(3) 当前外部政策环境有利于项目的实施。

精密制造行业对智能终端产业的技术创新和产品升级发挥着重要的作用，属于国家政策鼓励和支持发展的重要行业。《增强制造业核心竞争力三年行动计划(2018—2020 年)》《产业结构调整指导目录(2019 年本)》等国家政策文件均鼓励精密模具和基础零部件的研发与生产，为行业的持续发展提供了有力的政策支持。随着国家政策加码，智能终端产业的发展前景良好，精密结构件制造行业也得到政策倾斜，使公司的研发中心建设拥有良好的外部政策环境。

4. 建设内容与建设方案

项目建设内容主要为新建研发中心用房，建设专业实验室，购置研发测试硬件设备与相关软件，组建研发展示平台，从而建成在技术及管理运作上达到行业领先水平的研发中心。

(1) 新建研发中心用房。

项目拟在浙江省××市××街道××地块新建 5 000 m² 的研发中心用房，作为研发、办公、实验与测试场地。

(2) 建设专业实验室。

项目拟规划精工实验室、精度检测实验室、机械性能测试实验室、电气性能测试实验室、环境测试实验室等，依照专业实验室标准对实验场地进行装修和相应环境、条件配置。

(3) 购置研发测试硬件设备与相关软件。

项目将配置研发、测试、品质检测等硬件设备及 3D 设计、CAE 模拟、模流分析等软件，可以开展精密模具和精密结构件开发设计过程中的大部分常规实验，同时满足工程师对多种研发工具的使用需求。

(4) 组建研发展示平台。

项目建成的研发中心将作为公司的研发展示平台，规划设立公司各项新技术、新工艺和新应用的展示区域等。

5. 项目实施进度

本项目建设期为 24 个月。

6. 项目投资预算

项目计划总投资 6 590 万元，其中土地购置费 375 万元，建筑工程费 2 020 万元，设备购置费 2 527 万元，安装工程费 126 万元，工程建设其他费用 70 万元，预备费 380 万元，铺底流动资金 1 092 万元。

7. 项目环保情况

项目已取得宁波市生态环境局出具的余环建〔2021〕121 号批复意见。

8. 项目经济效益分析

项目主要为公司发展提供技术支撑，不直接产生经济效益。项目建成后，将对公司生产技术水平提高、工艺流程改进、新产品快速量产所带来的生产成本降低和盈利水平提升起到极大的促进作用，进而提升公司的经济效益。

本章小结

建设项目的可行性研究是项目前期的主要工作内容，也是决定投资成败的关键环节，对于项目的科学决策有着至关重要的作用。本章主要介绍了可行性研究的概念、作用、工作步骤、内容和侧重点，并以一般工业项目为例，说明了可行性研究报告的格式和内容。

复习思考题

一、单项选择题

1. 关于可行性研究报告的内容，下面说法正确的有（   ）。
   A. 包括建设规模的确定
   B. 不包括技术方案、设备方案和工程方案
   C. 不包括投产后的组织机构和人力资源配置
   D. 不考虑劳动安全和卫生

2. 可行性研究的核心是（   ）。
   A. 经济评价   B. 建设条件与设计方案论证
   C. 投资估算   D. 市场调查与预测

3. 经批准的可行性研究报告的投资估算是编制（   ）的依据。
   A. 施工图预算   B. 修正概算   C. 初步设计概算   D. 工程结算

二、多项选择题

1. 可行性研究的 3 个阶段包括（   ）。
   A. 机会可行性研究阶段   B. 初步可行性研究阶段
   C. 详细可行性研究阶段   D. 项目后评价阶段
   E. 项目建议书阶段

2. 关于可行性研究，下列说法中正确的有（   ）。
   A. 可作为资金筹措和向银行申请贷款的依据
   B. 可作为建设单位与有关部门、单位签订合同、协议的依据
   C. 可作为项目投产后机构设置的依据
   D. 可作为签订工程施工合同的依据
   E. 可作为项目后评价的依据

三、简答题

1. 为什么要对工程项目进行可行性研究？研究的主要内容有哪些？

2．可行性研究包括哪几个阶段？简述每个阶段的工作内容及要求。

3．可行性研究报告的编制依据有哪些？

四、论述题

工程项目可行性研究的实质是什么？试通过一个简单的例子，分析工程项目因为没有进行可行性研究而可能产生的不良后果。

附录 复利系数表

1%的复利系数表

年序	一次支付		等额系列			
	终值系数	现值系数	年金终值系数	年金现值系数	资本回收系数	偿债基金系数
n	$(F/P, i, n)$	$(P/F, i, n)$	$(F/A, i, n)$	$(P/A, i, n)$	$(A/P, i, n)$	$(A/F, i, n)$
1	1.010	0.9901	1.000	0.9910	1.0100	1.0000
2	1.020	0.9803	2.010	1.9704	0.5075	0.4975
3	1.030	0.9706	3.030	2.9401	0.4300	0.3300
4	1.041	0.9610	4.060	3.9020	0.2563	0.2463
5	1.051	0.9515	5.101	4.8534	0.2060	0.1960
6	1.062	0.9421	6.152	5.7955	0.1726	0.1626
7	1.072	0.9327	7.214	6.7282	0.1486	0.1386
8	1.083	0.9235	8.286	7.6517	0.1307	0.1207
9	1.094	0.9143	9.369	8.5660	0.1168	0.1068
10	1.105	0.9053	10.426	9.4713	0.1056	0.0956
11	1.116	0.8963	11.567	10.3676	0.0965	0.0865
12	1.127	0.8875	12.683	11.2551	0.0889	0.0789
13	1.138	0.8787	13.809	12.1338	0.0824	0.0724
14	1.149	0.8700	14.974	13.0037	0.0769	0.0669
15	1.161	0.8614	16.097	13.8651	0.0721	0.0621
16	1.173	0.8528	17.258	14.7191	0.0680	0.0580
17	1.184	0.8444	18.430	15.5623	0.0634	0.0543
18	1.196	0.8360	19.615	16.3983	0.0610	0.0510
19	1.208	0.8277	20.811	17.2260	0.0581	0.0481
20	1.220	0.8196	22.019	18.0456	0.0554	0.0454
21	1.232	0.8114	23.239	18.8570	0.0530	0.0430
22	1.245	0.8034	24.472	19.6604	0.0509	0.0409
23	1.257	0.7955	25.716	20.4558	0.0489	0.0389
24	1.270	0.7876	26.973	21.2434	0.0471	0.0371
25	1.282	0.7798	28.243	22.0232	0.0454	0.0354
26	1.295	0.7721	29.526	22.7952	0.0439	0.0339
27	1.308	0.7644	30.821	23.5596	0.0425	0.0325
28	1.321	0.7568	32.129	24.3165	0.0411	0.0311
29	1.335	0.7494	33.450	25.0658	0.0399	0.0299
30	1.348	0.7419	34.785	25.8077	0.0388	0.0288
31	1.361	0.7346	36.133	26.5423	0.0377	0.0277
32	1.375	0.7273	37.494	27.2696	0.0367	0.0267
33	1.389	0.7201	38.869	27.9897	0.0357	0.0257
34	1.403	0.7130	40.258	28.7027	0.0348	0.0248
35	1.417	0.7050	41.660	29.4086	0.0340	0.0240

2%的复利系数表

年序	一次支付		等额系列			
	终值系数	现值系数	年金终值系数	年金现值系数	资本回收系数	偿债基金系数
n	$(F/P, i, n)$	$(P/F, i, n)$	$(F/A, i, n)$	$(P/A, i, n)$	$(A/P, i, n)$	$(A/F, i, n)$
1	1.0200	0.9804	1.0000	0.9804	1.0200	1.0000
2	1.0404	0.9612	2.0200	1.9416	0.5150	0.4950
3	1.0612	0.9423	3.0604	2.8839	0.3468	0.3268
4	1.0824	0.9238	4.1216	3.8077	0.2626	0.2426
5	1.1041	0.9057	5.2040	4.7135	0.2122	0.1922
6	1.1262	0.8880	6.3081	5.6014	0.1785	0.1585
7	1.1487	0.8706	7.4343	6.4720	0.1545	0.1345
8	1.1717	0.8535	8.5830	7.3255	0.1365	0.1165
9	1.1951	0.8368	9.7546	8.1622	0.1225	0.1025
10	1.2190	0.8203	10.9497	8.9826	0.1113	0.0913
11	1.2434	0.8043	12.1687	9.7868	0.1022	0.0822
12	1.2682	0.7885	13.4121	10.5753	0.0946	0.0746
13	1.2936	0.7730	14.6803	11.3484	0.0881	0.0681
14	1.3195	0.7579	15.9739	12.1062	0.0826	0.0626
15	1.3459	0.7430	17.2934	12.8493	0.0778	0.0587
16	1.3728	0.7284	18.6393	13.5777	0.0737	0.0537
17	1.4002	0.7142	20.0121	14.2919	0.0700	0.0500
18	1.4282	0.7002	21.4123	14.9920	0.0667	0.0467
19	1.4568	0.6864	22.8406	15.6785	0.0638	0.0438
20	1.4859	0.6730	24.2974	16.3514	0.0612	0.0412
21	1.5157	0.6598	25.7833	17.0112	0.0588	0.0388
22	1.5460	0.6468	27.2990	17.6580	0.0566	0.0366
23	1.5769	0.6342	28.8450	18.2922	0.0547	0.0347
24	1.6084	0.6217	30.4219	18.9139	0.0529	0.0329
25	1.6406	0.6095	32.0303	19.5235	0.0512	0.0312
26	1.6734	0.5976	33.6709	20.1210	0.0497	0.0297
27	1.7069	0.5859	35.3443	20.7069	0.0483	0.0283
28	1.7410	0.5744	37.0512	21.2813	0.0470	0.0270
29	1.7758	0.5631	38.7922	21.8444	0.0458	0.0258
30	1.8114	0.5521	40.5681	22.3965	0.0446	0.0246

3%的复利系数表

年序	一次支付		等额系列			
	终值系数	现值系数	年金终值系数	年金现值系数	资本回收系数	偿债基金系数
n	$(F/P, i, n)$	$(P/F, i, n)$	$(F/A, i, n)$	$(P/A, i, n)$	$(A/P, i, n)$	$(A/F, i, n)$
1	1.030	0.9709	1.000	0.9709	1.0300	1.0000
2	1.061	0.9426	2.030	1.9135	0.5226	0.4926
3	1.093	0.9152	3.091	2.8286	0.3535	0.3235
4	1.126	0.8885	4.184	3.7171	0.2690	0.2390
5	1.159	0.8626	5.309	4.5797	0.2184	0.1884
6	1.194	0.8375	6.468	5.4172	0.1846	0.1546
7	1.230	0.8131	7.662	6.2303	0.1605	0.1305
8	1.267	0.7894	8.892	7.0197	0.1425	0.1125
9	1.305	0.7664	10.159	7.7861	0.1284	0.0984
10	1.344	0.7441	11.464	8.5302	0.1172	0.0872
11	1.384	0.7224	12.808	9.2526	0.1081	0.0781
12	1.426	0.7014	14.192	9.9540	0.1005	0.0705
13	1.469	0.6810	15.618	10.6450	0.0940	0.0640
14	1.513	0.6611	17.086	11.2961	0.0885	0.0585
15	1.558	0.6419	18.599	11.9379	0.0838	0.0538
16	1.605	0.6232	20.157	12.5611	0.0796	0.0496
17	1.653	0.6050	21.762	13.1661	0.0760	0.0460
18	1.702	0.5874	23.414	13.7535	0.0727	0.0427
19	1.754	0.5703	25.117	14.3238	0.0698	0.0398
20	1.806	0.5537	26.870	14.8775	0.0672	0.0372
21	1.860	0.5376	28.676	15.4150	0.0649	0.0349
22	1.916	0.5219	30.537	15.9369	0.0628	0.0328
23	1.974	0.5067	32.453	16.4436	0.0608	0.0308
24	2.033	0.4919	34.426	16.9356	0.0591	0.0291
25	2.094	0.4776	36.495	17.4132	0.0574	0.0274
26	2.157	0.4637	38.553	17.8769	0.0559	0.0259
27	2.221	0.4502	40.710	18.3270	0.0546	0.0246
28	2.288	0.4371	42.931	18.7641	0.0533	0.0233
29	2.357	0.4244	45.219	19.1885	0.0521	0.0221
30	2.427	0.4120	47.575	19.6005	0.0510	0.0210
31	2.500	0.4000	50.003	20.0004	0.0500	0.0200
32	2.575	0.3883	52.503	20.3888	0.0491	0.0191
33	2.652	0.3770	55.078	20.7658	0.0482	0.0182
34	2.732	0.3661	57.730	21.1318	0.0473	0.0173
35	2.814	0.3554	60.462	21.4872	0.0465	0.0165

4%的复利系数表

年序	一次支付		等额系列			
	终值系数	现值系数	年金终值系数	年金现值系数	资本回收系数	偿债基金系数
n	$(F/P, i, n)$	$(P/F, i, n)$	$(F/A, i, n)$	$(P/A, i, n)$	$(A/P, i, n)$	$(A/F, i, n)$
1	1.040	0.9615	1.000	0.9615	1.0400	1.0000
2	1.082	0.9246	2.040	1.8861	0.5302	0.4902
3	1.125	0.8890	3.122	2.7751	0.3604	0.3204
4	1.170	0.8548	4.246	3.6199	0.2755	0.2355
5	1.217	0.8219	5.416	4.4518	0.2246	0.1846
6	1.265	0.7903	6.633	5.2421	0.1908	0.1508
7	1.316	0.7599	7.898	6.0021	0.1666	0.1266
8	1.396	0.7307	9.214	6.7382	0.1485	0.1085
9	1.423	0.7026	10.583	7.4351	0.1345	0.0945
10	1.480	0.6756	12.006	8.1109	0.1233	0.0833
11	1.539	0.6496	13.486	8.7605	0.1142	0.0742
12	1.601	0.6246	15.036	9.3851	0.1066	0.0666
13	1.665	0.6006	16.627	9.9857	0.1002	0.0602
14	1.732	0.5775	18.292	10.5631	0.0947	0.0547
15	1.801	0.5553	20.024	11.1184	0.0900	0.0500
16	1.873	0.5339	21.825	11.6523	0.0858	0.0458
17	1.948	0.5134	23.698	12.1657	0.0822	0.0422
18	2.026	0.4936	25.645	12.6593	0.0790	0.0390
19	2.107	0.4747	27.671	13.1339	0.0761	0.0361
20	2.191	0.4564	29.778	13.5093	0.0736	0.0336
21	2.279	0.4388	31.969	14.0292	0.0713	0.0313
22	2.370	0.4220	34.248	14.4511	0.0692	0.0292
23	2.465	0.4057	36.618	14.8569	0.0673	0.0273
24	2.563	0.3901	39.083	15.2470	0.0656	0.0256
25	2.666	0.3751	41.646	15.6221	0.0640	0.0240
26	2.772	0.3067	44.312	15.9828	0.0626	0.0226
27	2.883	0.3468	47.084	16.3296	0.0612	0.0212
28	2.999	0.3335	49.968	16.6631	0.0600	0.0200
29	3.119	0.3207	52.966	16.9873	0.0589	0.0189
30	3.243	0.3083	56.085	17.2920	0.0578	0.0178
31	3.373	0.2965	59.328	17.5885	0.0569	0.0169
32	3.508	0.2851	62.701	17.8736	0.0560	0.0160
33	3.648	0.2741	66.210	18.1477	0.0551	0.0151
34	3.794	0.2636	69.858	18.4112	0.0543	0.0143
35	3.946	0.2534	73.652	18.6646	0.0536	0.0136

5%的复利系数表

年序	一次支付		等额系列			
	终值系数	现值系数	年金终值系数	年金现值系数	资本回收系数	偿债基金系数
n	$(F/P, i, n)$	$(P/F, i, n)$	$(F/A, i, n)$	$(P/A, i, n)$	$(A/P, i, n)$	$(A/F, i, n)$
1	1.050	0.9524	1.000	0.9524	1.0500	1.0000
2	1.103	0.9070	2.050	1.8594	0.5378	0.4878
3	1.158	0.8638	3.153	2.7233	0.3672	0.3172
4	1.216	0.8227	4.310	3.5460	0.2820	0.2320
5	1.276	0.7835	5.526	4.3295	0.2310	0.1810
6	1.340	0.7462	6.802	5.0757	0.1970	0.1470
7	1.407	0.7107	8.142	5.7864	0.1728	0.1228
8	1.477	0.6768	9.549	6.4632	0.1547	0.1047
9	1.551	0.6446	11.027	7.1078	0.1407	0.0907
10	1.629	0.6139	12.587	7.7217	0.1295	0.0795
11	1.710	0.5847	14.207	8.3064	0.1204	0.0704
12	1.796	0.5568	15.917	8.8633	0.1128	0.0628
13	1.886	0.5303	17.713	9.3936	0.1065	0.0565
14	1.980	0.5051	19.599	9.8987	0.1010	0.0510
15	2.079	0.4810	21.597	10.3797	0.0964	0.0464
16	2.183	0.4581	23.658	10.8373	0.0932	0.0432
17	2.292	0.4363	25.840	11.2741	0.0887	0.0387
18	2.407	0.4155	28.132	11.6896	0.0856	0.0356
19	2.527	0.3957	30.539	12.0853	0.0828	0.0328
20	2.653	0.3769	33.066	12.4622	0.0803	0.0303
21	2.786	0.3590	35.719	12.8212	0.0780	0.0280
22	2.925	0.3419	38.505	13.1630	0.0760	0.0260
23	3.072	0.3256	41.430	13.4886	0.0741	0.0241
24	3.225	0.3101	44.502	13.7987	0.0725	0.0225
25	3.386	0.2953	47.727	14.0940	0.0710	0.0210
26	3.556	0.2813	51.113	14.3753	0.0696	0.0196
27	3.733	0.2679	54.669	14.6340	0.0683	0.0183
28	3.920	0.2551	58.403	14.8981	0.0671	0.0171
29	4.116	0.2430	62.323	15.1411	0.0661	0.0161
30	4.322	0.2314	66.439	15.3725	0.0651	0.0151
31	4.538	0.2204	70.761	15.5928	0.0641	0.0141
32	4.765	0.2099	75.299	15.8027	0.0633	0.0133
33	5.003	0.1999	80.064	16.0026	0.0625	0.0125
34	5.253	0.1904	85.067	16.1929	0.0618	0.0118
35	5.516	0.1813	90.320	16.3742	0.0611	0.0111

6%的复利系数表

年序	一次支付		等额系列			
	终值系数	现值系数	年金终值系数	年金现值系数	资本回收系数	偿债基金系数
n	$(F/P, i, n)$	$(P/F, i, n)$	$(F/A, i, n)$	$(P/A, i, n)$	$(A/P, i, n)$	$(A/F, i, n)$
1	1.060	0.9434	1.000	0.9434	1.0600	1.0000
2	1.124	0.8900	2.060	1.8334	0.5454	0.4854
3	1.191	0.8396	3.184	2.6704	0.3741	0.3141
4	1.262	0.7291	4.375	3.4561	0.2886	0.2286
5	1.338	0.7473	5.637	4.2124	0.2374	0.1774
6	1.419	0.7050	6.975	4.9173	0.2034	0.1434
7	1.504	0.6651	8.394	5.5824	0.1791	0.1191
8	1.594	0.6274	9.897	6.2098	0.1610	0.1010
9	1.689	0.5919	11.491	6.8071	0.1470	0.0870
10	1.791	0.5584	13.181	7.3601	0.1359	0.0759
11	1.898	0.5268	14.972	7.8869	0.1268	0.0668
12	2.012	0.4970	16.870	8.3839	0.1193	0.0593
13	2.133	0.4688	18.882	8.8527	0.1130	0.0530
14	2.261	0.4423	21.015	9.2956	0.1076	0.0476
15	2.397	0.4173	23.276	9.7123	0.1030	0.0430
16	2.540	0.3937	25.673	10.1059	0.0990	0.0390
17	2.693	0.3714	28.213	10.4773	0.0955	0.0355
18	2.854	0.3504	30.906	10.8276	0.0924	0.0324
19	3.026	0.3305	33.760	11.1581	0.0896	0.0296
20	3.207	0.3118	36.786	11.4699	0.0872	0.0272
21	3.400	0.2942	39.993	11.7641	0.0850	0.0250
22	3.604	0.2775	43.329	12.0461	0.0831	0.0231
23	3.820	0.2618	46.996	12.3034	0.0813	0.0213
24	4.049	0.2470	50.816	12.5504	0.0797	0.0197
25	4.292	0.2330	54.865	12.7834	0.0782	0.0182
26	4.549	0.2198	59.156	13.0032	0.0769	0.0169
27	4.822	0.2074	63.706	13.2105	0.0757	0.0157
28	5.112	0.1956	68.528	13.4062	0.0746	0.0146
29	5.418	0.1846	73.640	13.5907	0.0736	0.0136
30	5.744	0.1741	79.058	13.7648	0.0727	0.0127
31	6.088	0.1643	84.802	13.9291	0.0718	0.0118
32	6.453	0.1550	90.890	14.0841	0.0710	0.0110
33	6.841	0.1462	97.343	14.2302	0.0703	0.0103
34	7.251	0.1379	104.184	14.3682	0.0696	0.0096
35	7.686	0.1301	111.435	14.4983	0.0690	0.0090

7%的复利系数表

年序	一次支付		等额系列			
	终值系数	现值系数	年金终值系数	年金现值系数	资本回收系数	偿债基金系数
n	$(F/P, i, n)$	$(P/F, i, n)$	$(F/A, i, n)$	$(P/A, i, n)$	$(A/P, i, n)$	$(A/F, i, n)$
1	1.070	0.9346	1.000	0.9346	1.0700	1.0000
2	1.145	0.8734	2.070	1.8080	0.5531	0.4831
3	1.225	0.8163	3.215	2.6234	0.3811	0.3111
4	1.311	0.7629	4.440	3.3872	0.2952	0.2252
5	1.403	0.7130	5.751	4.1002	0.2439	0.1739
6	1.501	0.6664	7.153	4.7665	0.2098	0.1398
7	1.606	0.6228	8.645	5.3893	0.1856	0.1156
8	1.718	0.5280	10.260	5.9713	0.1675	0.0975
9	1.838	0.5439	11.978	6.5152	0.1535	0.0835
10	1.967	0.5084	13.816	7.0236	0.1424	0.0724
11	2.105	0.4751	15.784	7.4987	0.1334	0.0634
12	2.252	0.4440	17.888	7.9427	0.1259	0.0559
13	2.410	0.4150	20.141	8.3577	0.1197	0.0497
14	2.597	0.3878	22.550	8.7455	0.1144	0.0444
15	2.759	0.3625	25.129	9.1079	0.1098	0.0398
16	2.952	0.3387	27.888	9.4467	0.1059	0.0359
17	3.159	0.3166	30.840	9.7632	0.1024	0.0324
18	3.380	0.2959	33.999	10.0591	0.0994	0.0294
19	3.617	0.2765	37.379	10.3356	0.0968	0.0268
20	3.870	0.2584	40.996	10.5940	0.0944	0.0244
21	4.141	0.2415	44.865	10.8355	0.0923	0.0223
22	4.430	0.2257	49.006	11.0613	0.0904	0.0204
23	4.741	0.2110	53.436	11.2722	0.0887	0.0187
24	5.072	0.1972	58.177	11.4693	0.0872	0.0172
25	5.427	0.1843	63.249	11.6536	0.0858	0.0158
26	5.807	0.1722	68.676	11.8258	0.0846	0.0146
27	6.214	0.1609	74.484	11.9867	0.0834	0.0134
28	6.649	0.1504	80.698	12.1371	0.0824	0.0124
29	7.114	0.1406	87.347	12.2777	0.0815	0.0115
30	7.612	0.1314	94.461	12.4091	0.0806	0.0106
31	8.145	0.1228	102.073	12.5318	0.0798	0.0098
32	8.715	0.1148	110.218	12.6466	0.0791	0.0091
33	9.325	0.1072	118.933	12.7538	0.0784	0.0084
34	9.978	0.1002	128.259	12.8540	0.0778	0.0078
35	10.677	0.0937	138.237	12.9477	0.0772	0.0072

8%的复利系数表

年序	一次支付		等额系列			
	终值系数	现值系数	年金终值系数	年金现值系数	资本回收系数	偿债基金系数
n	$(F/P, i, n)$	$(P/F, i, n)$	$(F/A, i, n)$	$(P/A, i, n)$	$(A/P, i, n)$	$(A/F, i, n)$
1	1.080	0.9259	1.000	0.9259	1.0800	1.0000
2	1.166	0.8573	2.080	1.7833	0.5608	0.4808
3	1.260	0.7938	3.246	2.5771	0.3880	0.3080
4	1.360	0.7350	4.506	3.3121	0.3019	0.2219
5	1.496	0.6806	5.867	3.9927	0.2505	0.1705
6	1.587	0.6302	7.336	4.6229	0.2163	0.1363
7	1.714	0.5835	8.923	5.2064	0.1921	0.1121
8	1.851	0.5403	10.637	5.7466	0.1740	0.0940
9	1.999	0.5003	12.488	6.2469	0.1601	0.0801
10	2.159	0.4632	14.487	6.7101	0.1490	0.0690
11	2.332	0.4289	16.645	7.1390	0.1401	0.0601
12	2.518	0.3971	18.977	7.5361	0.1327	0.0527
13	2.720	0.3677	21.459	7.8038	0.1265	0.0465
14	2.937	0.3405	24.215	8.2442	0.1213	0.0413
15	3.172	0.3153	27.152	8.5595	0.1168	0.0368
16	3.426	0.2919	30.324	8.8514	0.1130	0.0330
17	3.700	0.2703	33.750	9.1216	0.1096	0.0296
18	3.996	0.2503	37.450	9.3719	0.1067	0.0267
19	4.316	0.2317	41.446	9.6036	0.1041	0.0241
20	4.661	0.2146	45.762	9.8182	0.1019	0.0219
21	5.034	0.1987	50.423	10.0168	0.0998	0.0198
22	5.437	0.1840	55.457	10.2008	0.0980	0.0180
23	5.871	0.1703	60.893	10.3711	0.0964	0.0164
24	6.341	0.1577	66.765	10.5288	0.0950	0.0150
25	6.848	0.1460	73.106	10.6748	0.0937	0.0137
26	7.396	0.1352	79.954	10.8100	0.0925	0.0125
27	7.988	0.1252	87.351	10.9352	0.0915	0.0115
28	8.627	0.1159	95.339	11.0511	0.0905	0.0105
29	9.317	0.1073	103.966	11.1584	0.0896	0.0096
30	10.063	0.0994	113.283	11.2578	0.0888	0.0088
31	10.868	0.0920	123.346	11.3498	0.0881	0.0081
32	11.737	0.0852	134.214	11.4350	0.0875	0.0075
33	12.676	0.0789	145.951	11.5139	0.0869	0.0069
34	13.690	0.0731	158.627	11.5869	0.0863	0.0063
35	14.785	0.0676	172.317	11.6546	0.0858	0.0058

9%的复利系数表

年序	一次支付		等额系列			
	终值系数	现值系数	年金终值系数	年金现值系数	资本回收系数	偿债基金系数
n	$(F/P, i, n)$	$(P/F, i, n)$	$(F/A, i, n)$	$(P/A, i, n)$	$(A/P, i, n)$	$(A/F, i, n)$
1	1.090	0.9174	1.000	0.9174	1.0900	1.0000
2	1.188	0.8417	2.090	1.7591	0.5685	0.4785
3	1.295	0.7722	3.278	2.5313	0.3951	0.3051
4	1.412	0.7084	4.573	3.2397	0.3087	0.2187
5	1.539	0.6499	5.985	3.8897	0.2571	0.1671
6	1.677	0.5963	7.523	4.4859	0.2229	0.1329
7	1.828	0.5470	9.200	5.0330	0.1987	0.1087
8	1.993	0.5019	11.028	5.5348	0.1807	0.0907
9	2.172	0.4604	13.021	5.9953	0.1668	0.0768
10	2.367	0.4224	15.193	6.4177	0.1558	0.0658
11	2.580	0.3875	17.560	6.8052	0.1470	0.0570
12	2.813	0.3555	20.141	7.1607	0.1397	0.0497
13	3.066	0.3262	22.953	7.4869	0.1336	0.0436
14	3.342	0.2993	26.019	7.7862	0.1284	0.0384
15	3.642	0.2745	29.361	8.0607	0.1241	0.0341
16	3.970	0.2519	33.003	8.3126	0.1203	0.0303
17	4.328	0.2311	36.974	8.5436	0.1171	0.0271
18	4.717	0.2120	41.301	8.7556	0.1142	0.0242
19	5.142	0.1945	46.018	8.9501	0.1117	0.0217
20	5.604	0.1784	51.160	9.1286	0.1096	0.0196
21	6.109	0.1637	56.765	9.2023	0.1076	0.0176
22	6.659	0.1502	62.873	9.4424	0.1059	0.0159
23	7.258	0.1378	69.532	9.5802	0.1044	0.0144
24	7.911	0.1264	76.790	9.7066	0.1030	0.0130
25	8.623	0.1160	84.701	9.8226	0.1018	0.0118
26	9.399	0.1064	93.324	9.9290	0.1007	0.0107
27	10.245	0.0976	102.723	10.0266	0.0997	0.0097
28	11.167	0.0896	112.968	10.1161	0.0989	0.0089
29	12.172	0.0822	124.135	10.1983	0.0981	0.0081
30	13.268	0.0754	136.308	10.2737	0.0973	0.0073
31	14.462	0.0692	149.575	10.3428	0.0967	0.0067
32	15.763	0.0634	164.037	10.4063	0.0961	0.0061
33	17.182	0.0582	179.800	10.4645	0.0956	0.0056
34	18.728	0.0534	196.982	10.5178	0.0951	0.0051
35	20.414	0.0490	215.711	10.5680	0.0946	0.0046

10%的复利系数表

年序	一次支付		等额系列			
	终值系数	现值系数	年金终值系数	年金现值系数	资本回收系数	偿债基金系数
n	$(F/P, i, n)$	$(P/F, i, n)$	$(F/A, i, n)$	$(P/A, i, n)$	$(A/P, i, n)$	$(A/F, i, n)$
1	1.100	0.9091	1.000	0.9091	1.1000	1.0000
2	1.210	0.8265	2.100	1.7355	0.5762	0.4762
3	1.331	0.7513	3.310	2.4869	0.4021	0.3021
4	1.464	0.6880	4.641	3.1699	0.3155	0.2155
5	1.611	0.6299	6.105	3.7908	0.2638	0.1638
6	1.772	0.5645	7.716	4.3553	0.2296	0.1296
7	1.949	0.5132	9.487	4.8684	0.2054	0.1054
8	2.144	0.4665	11.436	5.3349	0.1875	0.0875
9	2.358	0.4241	13.579	5.7590	0.1737	0.0737
10	2.594	0.3856	15.937	6.1446	0.1628	0.0628
11	2.853	0.3505	18.531	6.4951	0.1540	0.0540
12	3.138	0.3186	21.384	6.8137	0.1468	0.0468
13	3.452	0.2897	24.523	7.1034	0.1408	0.0408
14	3.798	0.2633	27.975	7.3667	0.1358	0.0358
15	4.177	0.2394	31.772	7.6061	0.1315	0.0315
16	4.595	0.2176	35.950	7.8237	0.1278	0.0278
17	5.054	0.1979	40.545	8.0216	0.1247	0.0247
18	5.560	0.1799	45.599	8.2014	0.1219	0.0219
19	6.116	0.1635	51.159	8.3649	0.1196	0.0196
20	6.728	0.1487	57.275	8.5136	0.1175	0.0175
21	7.400	0.1351	64.003	8.6487	0.1156	0.0156
22	8.140	0.1229	71.403	8.7716	0.1140	0.0140
23	8.954	0.1117	79.543	8.8832	0.1126	0.0126
24	9.850	0.1015	88.497	8.9848	0.1113	0.0113
25	10.835	0.0923	98.347	9.0771	0.1102	0.0102
26	11.918	0.0839	109.182	9.1610	0.1092	0.0092
27	13.110	0.0763	121.100	9.2372	0.1083	0.0083
28	14.421	0.0694	134.210	9.3066	0.1075	0.0075
29	15.863	0.0630	148.631	9.3696	0.1067	0.0067
30	17.449	0.0573	164.494	9.4269	0.1061	0.0061
31	19.194	0.0521	181.943	9.4790	0.1055	0.0055
32	21.114	0.0474	201.138	9.5264	0.1050	0.0050
33	23.225	0.0431	222.252	9.5694	0.1045	0.0045
34	25.548	0.0392	245.477	9.6086	0.1041	0.0041
35	28.102	0.0356	271.024	9.6442	0.1037	0.0037

12%的复利系数表

年序	一次支付		等额系列			
	终值系数	现值系数	年金终值系数	年金现值系数	资本回收系数	偿债基金系数
n	$(F/P, i, n)$	$(P/F, i, n)$	$(F/A, i, n)$	$(P/A, i, n)$	$(A/P, i, n)$	$(A/F, i, n)$
1	1.120	0.8929	1.000	0.8929	1.1200	1.0000
2	1.254	0.7972	2.120	1.6901	0.5917	0.4717
3	1.405	0.7118	3.374	2.4018	0.4164	0.2964
4	1.574	0.6355	4.779	3.0374	0.3292	0.2092
5	1.762	0.5674	6.353	3.6048	0.2774	0.1574
6	1.974	0.5066	8.115	4.1114	0.2432	0.1232
7	2.211	0.4524	10.089	4.5638	0.2191	0.0991
8	2.476	0.4039	12.300	4.9676	0.2013	0.0813
9	2.773	0.3606	14.776	5.3283	0.1877	0.0677
10	3.106	0.3220	17.549	5.6502	0.1770	0.0570
11	3.479	0.2875	20.655	5.9377	0.1684	0.0484
12	3.896	0.2567	24.133	6.1944	0.1614	0.0414
13	4.364	0.2292	28.029	6.4236	0.1557	0.0357
14	4.887	0.2046	32.393	6.6282	0.1509	0.0309
15	5.474	0.1827	37.280	6.8109	0.1468	0.0268
16	6.130	0.1631	42.752	6.9740	0.1434	0.0234
17	6.866	0.1457	48.884	7.1196	0.1405	0.0205
18	7.690	0.1300	55.750	7.2497	0.1379	0.0179
19	8.613	0.1161	63.440	7.3658	0.1358	0.0158
20	9.646	0.1037	72.052	7.4695	0.1339	0.0139
21	10.804	0.0926	81.699	7.5620	0.1323	0.0132
22	12.100	0.0827	92.503	7.6447	0.1308	0.0108
23	13.552	0.0738	104.603	7.7184	0.1296	0.0096
24	15.179	0.0659	118.155	7.7843	0.1285	0.0085
25	17.000	0.0588	133.334	7.8431	0.1275	0.0075
26	19.040	0.0525	150.334	7.8957	0.1267	0.0067
27	21.325	0.0469	169.374	7.9426	0.1259	0.0059
28	23.884	0.0419	190.699	7.9844	0.1253	0.0053
29	26.750	0.0374	214.583	8.0218	0.1247	0.0047
30	29.960	0.0334	421.333	8.0552	0.1242	0.0042
31	33.555	0.0298	271.293	8.0850	0.1237	0.0037
32	37.582	0.0266	304.848	8.1116	0.1233	0.0033
33	42.092	0.0238	342.429	8.1354	0.1229	0.0029
34	47.143	0.0212	384.521	8.1566	0.1226	0.0026
35	52.800	0.0189	431.664	8.1755	0.1223	0.0023

15%的复利系数表

年序	一次支付		等额系列			
	终值系数	现值系数	年金终值系数	年金现值系数	资本回收系数	偿债基金系数
n	$(F/P, i, n)$	$(P/F, i, n)$	$(F/A, i, n)$	$(P/A, i, n)$	$(A/P, i, n)$	$(A/F, i, n)$
1	1.150	0.8696	1.000	0.8696	1.1500	1.0000
2	1.323	0.7562	2.150	1.6257	0.6151	0.4651
3	1.521	0.6575	3.473	2.2832	0.4380	0.2880
4	1.749	0.5718	4.993	2.8550	0.3503	0.2003
5	2.011	0.4972	6.742	3.3522	0.2983	0.1483
6	2.313	0.4323	8.754	3.7845	0.2642	0.1142
7	2.660	0.3759	11.067	4.1604	0.2404	0.0904
8	3.059	0.3269	13.727	4.4873	0.2229	0.0729
9	3.518	0.2843	16.786	4.7716	0.2096	0.0596
10	4.046	0.2472	20.304	5.0188	0.1993	0.0493
11	4.652	0.2150	24.349	5.2337	0.1911	0.0411
12	5.350	0.1869	29.002	5.4206	0.1845	0.0345
13	6.153	0.1652	34.352	5.5832	0.1791	0.0291
14	7.076	0.1413	40.505	5.7245	0.1747	0.0247
15	8.137	0.1229	47.580	5.8474	0.1710	0.0210
16	9.358	0.1069	55.717	5.9542	0.1680	0.0180
17	10.761	0.0929	65.075	6.0472	0.1654	0.0154
18	12.375	0.0808	75.836	6.1280	0.1632	0.0132
19	14.232	0.0703	88.212	6.1982	0.1613	0.0113
20	16.367	0.0611	102.444	6.2593	0.1598	0.0098
21	18.822	0.0531	118.810	6.3125	0.1584	0.0084
22	21.645	0.0462	137.632	6.3587	0.1573	0.0073
23	24.891	0.0402	159.276	6.3988	0.1563	0.0063
24	28.625	0.0349	184.168	6.4338	0.1554	0.0054
25	32.919	0.0304	212.793	6.4642	0.1547	0.0047
26	37.857	0.0264	245.712	6.4906	0.1541	0.0041
27	43.535	0.0230	283.569	6.5135	0.1535	0.0035
28	50.066	0.0200	327.104	6.5335	0.1531	0.0031
29	57.575	0.0174	377.170	6.5509	0.1527	0.0027
30	66.212	0.0151	434.745	6.5660	0.1523	0.0023
31	76.144	0.0131	500.957	6.5791	0.1520	0.0020
32	87.565	0.0114	577.100	6.5905	0.1517	0.0017
33	100.700	0.0099	664.666	6.6005	0.1515	0.0015
34	115.805	0.0086	765.365	6.6091	0.1513	0.0013
35	133.176	0.0075	881.170	6.6166	0.1511	0.0011

20%的复利系数表

年序	一次支付		等额系列			
	终值系数	现值系数	年金终值系数	年金现值系数	资本回收系数	偿债基金系数
n	$(F/P, i, n)$	$(P/F, i, n)$	$(F/A, i, n)$	$(P/A, i, n)$	$(A/P, i, n)$	$(A/F, i, n)$
1	1.200	0.8333	1.000	0.8333	1.2000	1.0000
2	1.440	0.6845	2.200	1.5278	0.6546	0.4546
3	1.728	0.5787	3.640	2.1065	0.4747	0.2747
4	2.074	0.4823	5.368	2.5887	0.3863	0.1963
5	2.488	0.4019	7.442	2.9906	0.3344	0.1344
6	2.986	0.3349	9.930	3.3255	0.3007	0.1007
7	3.583	0.2791	12.916	3.6046	0.2774	0.0774
8	4.300	0.2326	16.499	3.8372	0.2606	0.0606
9	5.160	0.1938	20.799	4.0310	0.2481	0.0481
10	6.192	0.1615	25.959	4.1925	0.2385	0.0385
11	7.430	0.1346	32.150	4.3271	0.2311	0.0311
12	8.916	0.1122	39.581	4.4392	0.2253	0.0253
13	10.699	0.0935	48.497	4.5327	0.2206	0.0206
14	12.839	0.0779	59.196	4.6106	0.2169	0.0169
15	15.407	0.0649	72.035	4.7655	0.2139	0.0139
16	18.488	0.0541	87.442	4.7296	0.2114	0.0114
17	22.186	0.0451	105.931	4.7746	0.2095	0.0095
18	26.623	0.0376	128.117	4.8122	0.2078	0.0078
19	31.948	0.0313	154.740	4.8435	0.2065	0.0065
20	38.338	0.0261	186.688	4.8696	0.2054	0.0054
21	46.005	0.0217	225.026	4.8913	0.2045	0.0045
22	55.206	0.0181	271.031	4.9094	0.2037	0.0037
23	66.247	0.0151	326.237	4.9245	0.2031	0.0031
24	79.497	0.0126	392.484	4.9371	0.2026	0.0026
25	95.396	0.0105	471.981	4.9476	0.2021	0.0021
26	114.475	0.0087	567.377	4.9563	0.2018	0.0018
27	137.371	0.0073	681.853	4.9636	0.2015	0.0015
28	164.845	0.0061	819.223	4.9697	0.2012	0.0012
29	197.814	0.0051	984.068	4.9747	0.2010	0.0010
30	237.376	0.0042	1181.882	4.9789	0.2009	0.0009
31	284.852	0.0035	1419.258	4.9825	0.2007	0.0007
32	341.822	0.0029	1704.109	4.9854	0.2006	0.0006
33	410.186	0.0024	2045.931	4.9878	0.2005	0.0005
34	492.224	0.0020	2456.118	4.9899	0.2004	0.0004
35	590.668	0.0017	2948.341	4.9915	0.2003	0.0003

25%的复利系数表

年序	一次支付		等额系列			
	终值系数	现值系数	年金终值系数	年金现值系数	资本回收系数	偿债基金系数
n	$(F/P, i, n)$	$(P/F, i, n)$	$(F/A, i, n)$	$(P/A, i, n)$	$(A/P, i, n)$	$(A/F, i, n)$
1	1.250	0.8000	1.000	0.8000	1.2500	1.0000
2	1.156	0.6400	2.250	1.4400	0.6945	0.4445
3	1.953	0.5120	3.813	1.9520	0.5123	0.2623
4	2.441	0.4096	5.766	2.3616	0.4235	0.1735
5	3.052	0.3277	8.207	2.6893	0.3719	0.1219
6	3.815	0.2622	11.259	2.9514	0.3388	0.0888
7	4.678	0.2097	15.073	3.1611	0.3164	0.0664
8	5.960	0.1678	19.842	3.3289	0.3004	0.0504
9	7.451	0.1342	25.802	3.4631	0.2888	0.0388
10	9.313	0.1074	33.253	3.5705	0.2801	0.0301
11	11.642	0.0859	42.566	3.6564	0.2735	0.0235
12	14.552	0.0687	54.208	3.7251	0.2685	0.0185
13	18.190	0.0550	68.760	3.7801	0.2646	0.0146
14	22.737	0.0440	86.949	3.8241	0.2615	0.0115
15	28.422	0.0352	109.687	3.8593	0.2591	0.0091
16	35.527	0.0282	138.109	3.8874	0.2573	0.0073
17	44.409	0.0225	173.636	3.9099	0.2558	0.0058
18	55.511	0.0180	218.045	3.9280	0.2546	0.0046
19	69.389	0.0144	273.556	3.9424	0.2537	0.0037
20	86.736	0.0115	342.945	3.9539	0.2529	0.0029
21	108.420	0.0092	429.681	3.9631	0.2523	0.0023
22	135.525	0.0074	538.101	3.9705	0.2519	0.0019
23	169.407	0.0059	673.626	3.9764	0.2515	0.0015
24	211.758	0.0047	843.033	3.9811	0.2512	0.0012
25	264.698	0.0038	1054.791	3.9849	0.2510	0.0010
26	330.872	0.0030	1319.489	3.9879	0.2508	0.0008
27	413.590	0.0024	1650.361	3.9903	0.2506	0.0006
28	516.988	0.0019	2063.952	3.9923	0.2505	0.0005
29	646.235	0.0016	2580.939	3.9938	0.2504	0.0004
30	807.794	0.0012	3227.174	3.9951	0.2503	0.0003
31	1009.742	0.0010	4034.968	3.9960	0.2503	0.0003
32	1262.177	0.0008	5044.710	3.9968	0.2502	0.0002
33	1577.722	0.0006	6306.887	3.9975	0.2502	0.0002
34	1972.152	0.0005	7884.609	3.9980	0.2501	0.0001
35	2465.190	0.0004	9856.761	3.9984	0.2501	0.0001

30%的复利系数表

年序	一次支付		等额系列			
	终值系数	现值系数	年金终值系数	年金现值系数	资本回收系数	偿债基金系数
n	$(F/P,i,n)$	$(P/F,i,n)$	$(F/A,i,n)$	$(P/A,i,n)$	$(A/P,i,n)$	$(A/F,i,n)$
1	1.300	0.7692	1.000	0.7692	1.3000	1.0000
2	1.690	0.5917	2.300	1.3610	0.7348	0.4348
3	2.197	0.4552	3.990	1.8161	0.5506	0.2506
4	2.856	0.3501	6.187	2.1663	0.4616	0.1616
5	3.713	0.2693	9.043	2.4356	0.4106	0.1106
6	4.827	0.2072	12.756	2.6428	0.3784	0.0784
7	6.275	0.1594	17.583	2.8021	0.3569	0.0569
8	8.157	0.1226	23.858	2.9247	0.3419	0.0419
9	10.605	0.0943	32.015	3.0190	0.3312	0.0312
10	13.786	0.0725	42.620	3.0915	0.3235	0.0235
11	17.922	0.0558	65.405	3.1473	0.3177	0.0177
12	23.298	0.0429	74.327	3.1903	0.3135	0.0135
13	30.288	0.0330	97.625	3.2233	0.3103	0.0103
14	39.374	0.0254	127.913	3.2487	0.3078	0.0078
15	51.186	0.0195	167.286	3.2682	0.3060	0.0060
16	66.542	0.0150	218.472	3.2832	0.3046	0.0046
17	86.504	0.0116	285.014	3.2948	0.3035	0.0035
18	112.455	0.0089	371.518	3.3037	0.3027	0.0027
19	146.192	0.0069	483.973	3.3105	0.3021	0.0021
20	190.050	0.0053	630.165	3.3158	0.3016	0.0016
21	247.065	0.0041	820.215	3.3199	0.3012	0.0012
22	321.184	0.0031	1067.280	3.3230	0.3009	0.0009
23	417.539	0.0024	1388.464	3.3254	0.3007	0.0007
24	542.801	0.0019	1806.003	3.3272	0.3006	0.0006
25	705.641	0.0014	2348.803	3.3286	0.3004	0.0004
26	917.333	0.0011	3054.444	3.3297	0.3003	0.0003
27	1192.533	0.0008	3971.778	3.3305	0.3003	0.0003
28	1550.293	0.0007	5164.311	3.3312	0.3002	0.0002
29	2015.381	0.0005	6714.604	3.3317	0.3002	0.0002
30	2619.996	0.0004	8729.985	3.3321	0.3001	0.0001
31	3405.994	0.0003	11349.981	3.3324	0.3001	0.0001
32	4427.793	0.0002	14755.975	3.3326	0.3001	0.0001
33	5756.130	0.0002	19183.768	3.3328	0.3001	0.0001
34	7482.970	0.0001	24939.899	3.3329	0.3001	0.0001
35	9727.860	0.0001	32422.868	3.3330	0.3000	0.0000

35%的复利系数表

年序	一次支付		等额系列			
	终值系数	现值系数	年金终值系数	年金现值系数	资本回收系数	偿债基金系数
n	$(F/P, i, n)$	$(P/F, i, n)$	$(F/A, i, n)$	$(P/A, i, n)$	$(A/P, i, n)$	$(A/F, i, n)$
1	1.350	0.7407	1.000	0.7404	1.3500	1.0000
2	1.823	0.5487	2.350	1.2894	0.7755	0.4255
3	2.460	0.4064	4.173	1.6959	0.5897	0.2397
4	3.322	0.3011	6.633	1.9969	0.5008	0.1508
5	4.484	0.2230	9.954	2.2200	0.4505	0.1005
6	6.053	0.1652	14.438	2.3852	0.4193	0.0693
7	8.172	0.1224	20.492	2.5075	0.3988	0.0488
8	11.032	0.0906	28.664	2.5982	0.3849	0.0349
9	14.894	0.0671	39.696	2.6653	0.3752	0.0252
10	20.107	0.0497	54.590	2.7150	0.3683	0.0183
11	27.149	0.0368	74.698	2.7519	0.3634	0.0134
12	36.644	0.0273	101.840	2.7792	0.3598	0.0098
13	49.470	0.0202	138.485	2.7994	0.3572	0.0072
14	66.784	0.0150	187.954	2.8144	0.3553	0.0053
15	90.159	0.0111	254.739	2.8255	0.3539	0.0039
16	121.714	0.0082	344.897	2.8337	0.3529	0.0029
17	164.314	0.0061	466.611	2.8398	0.3521	0.0021
18	221.824	0.0045	630.925	2.8443	0.3516	0.0016
19	299.462	0.0033	852.748	2.8476	0.3512	0.0012
20	404.274	0.0025	1152.210	2.8501	0.3509	0.0009
21	545.770	0.0018	1556.484	2.8519	0.3506	0.0006
22	736.789	0.0014	2102.253	2.8533	0.3505	0.0005
23	994.665	0.0010	2839.042	2.8543	0.3504	0.0004
24	1342.797	0.0007	3833.706	2.8550	0.3503	0.0003
25	1812.776	0.0006	5176.504	2.8556	0.3502	0.0002
26	2447.248	0.0004	6989.280	2.8560	0.3501	0.0001
27	3303.785	0.0003	9436.528	2.8563	0.3501	0.0001
28	4460.110	0.0002	12740.313	2.8565	0.3501	0.0001
29	6021.148	0.0002	17200.422	2.8567	0.3501	0.0001
30	8128.550	0.0001	23221.570	2.8568	0.3500	0.0000
31	10973.542	0.0001	31350.120	2.8569	0.3500	0.0000
32	14814.282	0.0001	42323.661	2.8569	0.3500	0.0000
33	19999.280	0.0001	57137.943	2.8570	0.3500	0.0000
34	26999.028	0.0000	77137.223	2.8570	0.3500	0.0000
35	36448.688	0.0000	104136.250	2.8571	0.3500	0.0000

40%的复利系数表

年序	一次支付		等额系列			
	终值系数	现值系数	年金终值系数	年金现值系数	资本回收系数	偿债基金系数
n	$(F/P, i, n)$	$(P/F, i, n)$	$(F/A, i, n)$	$(P/A, i, n)$	$(A/P, i, n)$	$(A/F, i, n)$
1	1.400	0.7143	1.000	0.7143	1.4001	1.0001
2	1.960	0.5103	2.400	1.2245	0.8167	0.4167
3	2.744	0.3654	4.360	1.5890	0.6294	0.2294
4	3.842	0.2604	7.104	1.8493	0.5408	0.1408
5	5.378	0.1860	10.946	2.0352	0.4914	0.0914
6	7.530	0.1329	16.324	2.1680	0.4613	0.0613
7	10.541	0.0949	23.853	2.2629	0.4420	0.0420
8	14.758	0.0678	34.395	2.3306	0.4291	0.0291
9	20.661	0.0485	49.153	2.3790	0.4204	0.0204
10	28.925	0.0346	69.814	2.4136	0.4144	0.0144
11	40.496	0.0247	98.739	2.4383	0.4102	0.0102
12	56.694	0.0177	139.234	2.4560	0.4072	0.0072
13	79.371	0.0126	195.928	2.4686	0.4052	0.0052
14	111.120	0.0090	275.299	2.4775	0.4037	0.0037
15	155.568	0.0065	386.419	2.4840	0.4026	0.0026
16	217.794	0.0046	541.986	2.4886	0.4019	0.0019
17	304.912	0.0033	759.780	2.4918	0.4014	0.0014
18	426.877	0.0024	104.691	2.4942	0.4010	0.0010
19	597.627	0.0017	1491.567	2.4959	0.4007	0.0007
20	836.678	0.0012	2089.195	2.4971	0.4005	0.0005
21	1171.348	0.0009	2925.871	2.4979	0.4004	0.0004
22	1639.887	0.0007	4097.218	2.4985	0.4003	0.0003
23	2295.842	0.0005	5373.105	2.4990	0.4002	0.0002
24	3214.178	0.0004	8032.945	2.4993	0.4002	0.0002
25	4499.847	0.0003	11247.110	2.4995	0.4001	0.0001
26	6299.785	0.0002	15746.960	2.4997	0.4001	0.0001
27	8819.695	0.0002	22046.730	2.4998	0.4001	0.0001
28	12347.570	0.0001	30866.430	2.4998	0.4001	0.0001
29	17286.590	0.0001	43213.990	2.4999	0.4001	0.0001
30	24201.230	0.0001	60500.580	2.4999	0.4001	0.0001

45%的复利系数表

年序	一次支付		等额系列			
	终值系数	现值系数	年金终值系数	年金现值系数	资本回收系数	偿债基金系数
n	$(F/P, i, n)$	$(P/F, i, n)$	$(F/A, i, n)$	$(P/A, i, n)$	$(A/P, i, n)$	$(A/F, i, n)$
1	1.450	0.6897	1.000	0.690	1.45000	1.00000
2	2.103	0.4756	2.450	1.165	0.85816	0.40816
3	3.049	0.3280	4.552	1.493	0.66966	0.21966
4	4.421	0.2262	7.601	1.720	0.58156	0.13156
5	6.410	0.1560	12.022	1.867	0.53318	0.08318
6	9.294	0.1076	18.431	1.983	0.50426	0.05426
7	13.477	0.0742	27.725	2.057	0.48607	0.03607
8	19.541	0.0512	41.202	2.109	0.47427	0.02427
9	28.334	0.0353	60.743	2.144	0.46646	0.01646
10	41.085	0.0243	89.077	2.168	0.46123	0.01123
11	59.573	0.0168	130.162	2.158	0.45768	0.00768
12	86.381	0.0116	189.735	2.196	0.45527	0.00527
13	125.252	0.0080	267.115	2.024	0.45326	0.00362
14	181.615	0.0055	401.367	2.210	0.45249	0.00249
15	263.342	0.0038	582.982	2.214	0.45172	0.00172
16	381.846	0.0026	846.324	2.216	0.45118	0.00118
17	553.676	0.0018	1228.170	2.218	0.45081	0.00081
18	802.831	0.0012	1781.846	2.219	0.45056	0.00056
19	1164.105	0.0009	2584.677	2.220	0.45039	0.00039
20	1687.952	0.0006	3748.782	2.221	0.45027	0.00027
21	2447.530	0.0004	5436.743	2.221	0.45018	0.00018
22	3548.919	0.0003	7884.246	2.222	0.45013	0.00013
23	5145.932	0.0002	11433.182	2.222	0.45009	0.00009
24	7461.602	0.0001	16579.115	2.222	0.45006	0.00006
25	10819.322	0.0001	24040.716	2.222	0.45004	0.00004
26	15688.017	0.0001	34860.038	2.222	0.45003	0.00003
27	22747.625	0.0000	50548.056	2.222	0.45002	0.00002
28	32984.056	0.0000	73295.681	2.222	0.45001	0.00001
29	47826.882	0.0000	106279.740	2.222	0.45001	0.00001
30	69348.978	0.0000	154106.620	2.222	0.45001	0.00001

50%的复利系数表

年序	一次支付		等额系列			
	终值系数	现值系数	年金终值系数	年金现值系数	资本回收系数	偿债基金系数
n	$(F/P,i,n)$	$(P/F,i,n)$	$(F/A,i,n)$	$(P/A,i,n)$	$(A/P,i,n)$	$(A/F,i,n)$
1	1.500	0.6667	1.000	0.667	1.50000	1.00000
2	2.250	0.4444	2.500	1.111	0.90000	0.40000
3	3.375	0.2963	4.750	1.407	0.71053	0.21053
4	5.063	0.1975	8.125	1.605	0.62308	0.12308
5	7.594	0.1317	13.188	1.737	0.57583	0.07583
6	11.391	0.0878	20.781	1.824	0.54812	0.04812
7	17.086	0.0585	32.172	1.883	0.53108	0.03108
8	25.629	0.0390	49.258	1.922	0.52030	0.02030
9	38.443	0.0260	74.887	1.948	0.51335	0.01335
10	57.665	0.0173	113.330	1.965	0.50882	0.00882
11	86.498	0.0116	170.995	1.977	0.50585	0.00585
12	129.746	0.0077	257.493	1.985	0.50388	0.00388
13	194.620	0.0051	387.239	1.990	0.50258	0.00258
14	291.930	0.0034	581.859	1.993	0.50172	0.00172
15	437.894	0.0023	873.788	1.995	0.50114	0.00114
16	656.841	0.0015	1311.682	1.997	0.50076	0.00076
17	985.261	0.0010	1968.523	1.998	0.50051	0.00051
18	1477.892	0.0007	2953.784	1.999	0.50034	0.00034
19	2216.838	0.0005	4431.676	1.999	0.50023	0.00023
20	3325.257	0.0003	6648.513	1.999	0.50015	0.00015
21	4987.885	0.0002	9973.770	2.000	0.50010	0.00010
22	7481.828	0.0001	14961.655	2.000	0.50007	0.00007
23	11222.742	0.0001	22443.483	2.000	0.50004	0.00004
24	16834.112	0.0001	33666.224	2.000	0.50003	0.00003
25	25251.168	0.0000	50500.337	2.000	0.50002	0.00002

参 考 文 献

《投资项目可行性研究指南》编写组，2002．投资项目可行性研究指南：试用版[M]．北京：中国电力出版社．
国家发展改革委，建设部，2006．建设项目经济评价方法与参数[M]．3 版．北京：中国计划出版社．
黄有亮，徐向阳，谈飞，等，2021．工程经济学[M]．4 版．南京：东南大学出版社．
李南，2018．工程经济学[M]．5 版．北京：科学出版社．
李忠富，杨晓冬，2016．工程经济学[M]．2 版．北京：科学出版社．
刘晓君，张炜，李玲燕，2020．工程经济学[M]．4 版．北京：中国建筑工业出版社．
刘伊生，2014．建设项目管理[M]．3 版．北京：北京交通大学出版社．
刘玉明，2014．工程经济学[M]．2 版．北京：清华大学出版社：北京交通大学出版社．
全国一级建造师执业资格考试用书编写委员会，2020．建设工程经济[M]．北京：中国建筑工业出版社．
邵颖红，黄渝祥，邢爱芳，2015．工程经济学[M]．5 版．上海：同济大学出版社．
时思，2022．工程经济学[M]．4 版．北京：科学出版社．
吴全利，2012．建筑工程经济[M]．2 版．重庆：重庆大学出版社．
武献华，宋维佳，屈哲，2020．工程经济学[M]．5 版．大连：东北财经大学出版社．
肖跃军，2021．工程经济学[M]．3 版．徐州：中国矿业大学出版社．
杨克磊，廖青虎，2021．工程经济学[M]．2 版．上海：复旦大学出版社．
杨青，胡艳，兰飞，2016．技术经济学[M]．3 版．武汉：武汉理工大学出版社．